통일 외교관의 눈으로 보다

2019년 8월 2일 초판 1쇄 발행

글쓴이	백범흠
펴낸곳	(주)늘품플러스
펴낸이	전미정
책임편집	최효준
디자인	윤종욱·정영춘
출판등록	2004년 3월 18일 제2-4350호
주소	서울 중구 퇴계로 182 가락회관 6층
전화	02-2275-5326
팩스	02-2275-5327
이메일	go5326@naver.com
홈페이지	www.npplus.co.kr
ISBN	979-11-88024-28-5 03340

값 16,000원

통일 외교관의 눈으로 보다

통일은 비구름 뒤에 숨은 태양이
잠깐 얼굴을 내민 짧은 순간을 움켜쥐어 달성하는 것

프롤로그
세계를 보는 2가지 시각 : 외교사와 지정학

『총·균·쇠Guns, Germs, and Steel』의 저자 다이아몬드Jered Diamond는 한 나라의 흥망은 '장기계획 수립과 핵심가치 조정 능력'에 달려 있다고 한다. 위기를 선제적으로 감지하여 기존 가치 중 지킬 것과 버릴 것을 확실히 구분하고, 새로운 가치를 수용하는 결정을 잘 해낸 국가는 흥하고, 그렇지 못한 국가는 망했다 한다. 『국가는 왜 실패하는가? Why nations fail?』의 저자 로빈슨James Robinson은 포용적inclusive 제도를 채택한 나라는 성공하고, 착취적·배제적extractive·exclusive 제도를 채택한 나라는 실패했다 한다. 다이아몬드와 로빈슨은 조선이 멸망한 이유를 잘 설명해 준다. 조선은 성리학性理學·朱子學을 제외한 여타 모든 이념·학문과 새로운 가치에 대해 배타적이었으며, 착취적인 제도를 갖고 있었다.

14세기 말 조선 건국 후 우리는 강대국, 즉 17세기 초까지는 한족漢族의 명明, 17세기 중엽부터 19세기 말까지는 만주족의 청淸, 19세기 말부터 1945년까지는 일본, 그 이후부터 21세기 초 현재까지는 세계제국world empire 미국만 바라보고 살아왔다. 지금도 우리 자신보다 미국을 더 많이 걱정하고, 미국이 돌아설까봐 우려하는 사람들이 많다.

주체主體와 자주를 내세우는 북한도 예외가 아니다. 북한은 1945년 해방 이후 처음에는 소련과 중국, 1990년대 초 소련 붕괴 이후에는 중국에 기대어 생존해왔다. 지금 북한은 미국에도 매달리고 있다.

1592년 임진왜란이 일어나 일본군이 서西로는 대동강 유역, 동東으로는 두만강 이북까지 유린하는 상황에 처하자 선조 이연李昖·李鈞은 명明나라로 망명하려 했다. 17세기 초 명·청 교체기에는 일본의 침공으로부터 조선왕조를 구해준 '재조지은再造之恩'의 명나라에 대한 의리를 앞세운 인조 이종李倧을 비롯한 집권층의 과오로 인해 신흥 만주의 침공을 두 차례나 당한 끝에 수십만 명의 국민이 살해되거나 포로로 잡혀가고 국왕 이종이 항복하는 수치를 겪었다. 이 와중에도 삼학사三學士와 김상헌을 비롯한 성리학자들은 명나라에 대한 충성과 오랑캐 만주淸 배격을 주장했다. 국왕조차도 사대부 성리학자들로부터 명나라에 진심으로 충성하는지 여부를 끊임없이 평가받았다. 지금도 우리 사회 일각은 대통령에게 동맹국 미국에 충성을 다하고 있는지 여부를 묻고 또 묻는다.

삼학사와 김상헌의 후예後裔들은 1704년 민간에서는 만동묘萬東

廟, 궁중에서는 대보단大報壇을 만들어 놓고 이미 망하고 없는 명나라에 대한 충성을 거듭 다짐했다. '황하는 수없이 굽이쳐도 결국 동쪽으로 흘러간다.'는 뜻의 '만절필동萬折必東'에서 유래한 '만동萬東'은 '천자국天子國 명나라에 대한 제후국諸侯國 조선의 변함없는 충성'을 의미한다. 성리학자들은 누가 더 성리학 원리에 충실한지, 명나라에 진심으로 충성하는지 여부를 놓고 편을 갈라 싸웠으며, 반대편을 청나라보다 더 미워했다. 지금도 우리는 주로 북한과 일본에 대한 시각과 정책을 놓고, 외부 세력보다 상대 진영을 더 증오憎惡한다. 자기 침대 크기에 맞지 않은 모든 이의 팔다리를 자르거나 늘여서 죽인 그리스 신화의 악한惡漢 '프로크루스테스Procrustes'와 같은 행태를 보인다.

갈리폴리 반도

진보·보수 간 화해와 통합

제1차 세계대전 때 오스만터키 제국 지도부는 연합국영국·프랑스·러시아
과 동맹국독일·오스트리아—헝가리 중 어느 쪽에 서느냐를 두고 친영파와
친독파 간 격심한 정쟁을 벌였다. 터키 공화국의 국부國父가 되는 소장
장교 케말 파샤는 친영적, 주독대사관 무관武官을 지낸 실력자 엔베르
파샤는 친독적 입장이었다. 엔베르 파샤는 오스만터키의 영토를 탈취
해 간 러시아에 대한 구원舊怨과 함께 독일·오스트리아가 전쟁에서 승
리할 것을 확신하고, 독·오 동맹 편에 서기로 결정했다.

오스만터키는 영·프 군과의 갈리폴리겔리볼루 전투 등에서 선전宣
戰했지만, 결국 제1차 세계대전 패전과 함께 제국은 해체되었다. 좌우
대립이 극심하던 1936년 프랑스에서 좌파 인민전선의 집권이 임박해
보이자 일부 우파는 "차라리 히틀러를…"이라고 외친 적도 있다.

분단 시대의 우리에게 무엇보다 필요한 것은 포용이고, 통합이다.
진보·보수 간 화해와 통합이 절실하다. 이를 위해서는 사회 각 계층과
부문의 이해관계를 고루 반영할 수 있는 선거제도 도입과 개혁이 필
요하다. 진보·보수 간 화해·통합을 해야 현행 헌법상 5년일 수밖에 없
는 단임 정부를 넘어서는 정책의 지속이 가능하다.

진보는 보수가 동의하지 않는 정치·사회 문제 해결은 거의 불가
능하다는 점을 인식할 필요가 있다. 보수는 남·북 대결로 국내정치적
이익을 보려는 시대착오적 유혹을 떨쳐야 한다. 한반도 평화유지와
통일 문제에는 진보·보수가 따로 없다는 국민적 합의를 지켜야 한다.
'전사불망 후사지사前事不忘 後事之師'라는 말이 있다. 과거를 잊어버린

자는 똑같은 잘못을 되풀이한다는 뜻이다. 과거에서 배우지 못하고, 상대를 무조건 배제하며, 적전敵前 분열하고, 강대국에 국가안보를 맡긴 선조先祖의 과오를 되풀이해서는 안 된다.

중국의 부상浮上과 미·일의 대응

21세기 초인 지금은 △일대일로一帶一路와 아시아인프라투자은행 AIIB, 5G 통신기술, 인공지능Artificial Intelligence, 빅데이터BD 등으로 상징되는 중국의 부상浮上, △미국의 상대적 약화, △일본의 재무장 시도rearmament라는, 오간스키Kenneth Organski가 말한 세력전환power transition이 눈앞에서 벌어지는 격변기이다. 유럽연합EU은 지난 3월 중국을 더 이상 개발도상국이 아닌 선도적 기술 강국이라고 정의했다. 제2차 세계대전 이전부터 완만히 진행되던 영·미 간 세력전이power shift와는 달리 미·중 간 세력전이는 문화적·인종적 배경이 다른 나라 간, 그리고 우리 바로 옆에서 벌어진다는 점에서 의미가 크다. 세계제국world empire 미국의 쇠퇴는 도처에서 감지된다. 미국의 지배 기둥 중 하나인 경제·금융 축은 중국이 주도하는 AIIB에 영국, 독일, 프랑스, 호주 등이 가입하면서 붕괴의 굉음轟音을 내기 시작했다.

중국은 한·당漢唐 전성기 재현을 목표로 한 중국몽中國夢 실현을 위해 유라시아-아프리카-중남미 등 전 세계적 차원에서 일대일로一帶一路 정책을 추진하고 있다.

이탈리아는 지난 3월 G7 국가 중 최초로 일대일로 지지 의사를 표명했다. 시진핑 중국 국가주석은 "태평양은 미·중 두 나라 모두를 수용할 만큼 넓다."고 말했다. 미국의 태평양 패권에 도전하겠다는 뜻으로 해석된다. 중국은 중국판 먼로주의Monroe Doctrine, 즉 '아시아인에 의한 아시아'를 주장한다.

미국은 여야與野, 진보·보수를 불문하고 중국의 팽창을 크게 우려하고 있다. 2009년 2월 힐러리 클린턴 국무장관은 아시아 소사이어티 Asia Society 연설을 통해 미국의 '아시아 복귀pivot to Asia'를 선언했다. 2017년 초 취임한 트럼프 대통령은 중국과의 협력을 통한 패권 유지를 주장한 키신저Henry Kissinger가 아니라, 중국 봉쇄를 통한 패권 유지를 주장한 미어샤이머John Mearsheimer의 제안을 채택했다.

미국은 세계 도처에서 다양한 도전을 받고 있는 터라 단독으로는 중국의 팽창을 저지할 수 없음을 인식하고 있다. 트럼프 집권 후 미국은 △'인도-태평양 전략' △제조업 재건 등 경제력 강화, △대중對中 무역전쟁 등을 통해 중국의 팽창을 저지하려 한다. 19세기 말 러시아의 남진에 맞서 일본의 힘을 빌리려 한 당시 영英·미美와 마찬가지로 21세기 초 미국도 중국의 부상에 맞서 세계 제3위 경제대국 일본과의 동맹을 강화하고 있다.

△중국의 동중국해 방공식별구역ADIZ 선포, 남중국해 지배 강화, 태평양 분할 발언, 일대일로 추진과 △북핵 문제로 인한 한반도 불안정 등은 아베 총리 포함 일본 지도부로 하여금 과거와는 다른 차원의 대응을 하게 만들었다. 국가적 위기를 감지한 일본은 아베의 주도 아래 보통국가화, 즉 재무장 추진으로 대응하고 있다. 아베는 지난 3월 일본방위대학교 졸업식에서 (평화)헌법 9조 1, 2항 개정 의사를 다시

한 번 명확히 밝혔다.

　일본의 정치·사회 엘리트는 일본을 요시다 쇼인, 다카스키 신사쿠, 사이고 다카모리, 오쿠보 도시미치 포함 근대 일본민족주의자들이 주도하던 19세기 말 메이지 시대로 되돌려놓으려 한다. 일본은 중국이 센가쿠 열도와 대한해협으로 동진하는 현 상황을 러시아가 다롄만大連灣과 원산만, 부산영도으로 남진하던 19세기 말과 유사하다고 보고, 이에 대응코자 미국의 후원하에 국가안보체제의 근간을 바꾸어나가고 있다.

안미경중安美經中, 안보는 미국-경제는 중국은 가능한가?

안미경중은 듣기에는 그럴듯하나 현실성이 부족하다. 경제적 이해관계가 집중되면 안보적 이해도 집중되기 마련이기 때문이다. 한국은 미·중 간 세력전이가 불러일으키는 '태풍의 언저리'에 자리해 있어 활동 공간이 크게 제한돼 있다. 사면수적四面受敵의 한국에게 국가적 위기는 상시화常時化할 것이며 화웨이 사태와 AIIB, 사드THAAD, 고고도미사일방어체계 한국 배치, 남중국해 미·중 군사대립 등에서 드러난 것처럼 미·중 사이에서 전략적 선택을 강요받는 사안은 늘어만 갈 것이다. 일본도 고민을 던져주고 있다. 이런 상황에서 '한·미동맹을 강화하면서 중국과의 관계도 긴밀히 하라.'는 모순된 주문에 따라, 국가 좌표를 설정하지 않고 원칙 없이 미국과 중국 사이를 시계추처럼 왔다 갔다 하는 정책을 취하면 20세기 초 조선과 같이 망국의 비극을 당할 가능성이 있다. 동맹은 약자가 아닌 강자의 선택이다.

　한·미동맹의 성격과 강도, 용도도 한국이 아닌 미국의 판단에 따라 결정된다. 미·중 세력전환기에 상대적으로 약한 우리나라가 한·미 동맹 강화와 함께 중국과의 관계도 더 밀접히 하는 것은 결코 쉽지 않다. 많은 외교·안보 전문가가 국가 위기 타개 방안으로 미·중 간 균형 외교와 함께 용미用美, 용중用中을 제시한다. 그러나 상대적으로 약한 우리가 대가를 치르지 않고, 미국이나 중국과 같은 강대국을 활용할 방법은 없다. 사드 한국 배치, 화웨이, 남중국해 사태에서 보듯이 우리가 미국과 중국 사이에 끼여 전전긍긍해야 하는 경우가 늘어나고 있다. 살아남기 위해서는 우리의 능력과 처지를 냉정히 평가하고 분석해야 한다. 우리는 갑甲이 아닌 을乙이다.

분단 시대의 리더십

다수의 외교·안보 전문가들이 미·중 세력전환이라는 위기 시대에 대처하는 방법으로 주장하는 '균형외교'는 ①앗시리아·신新바빌로니아·이집트 사이에서 시계추 외교를 한 유다 왕국BC 10세기~BC 6세기, ②중국 춘추전국시대 남방 강국 초楚와 북방 강국 진晉 사이에 끼여 고통을 겪은 정鄭, ③프로이센, 러시아, 오스트리아 사이에 끼여 있던 폴란드 왕국, ④청清과 일본사쓰마번에 양속兩屬된 오키나와琉球 등 수 많은 역사적 사례가 증명하듯 단기적 효과밖에 없다.

유다 왕국, 정나라, 폴란드 왕국, 오키나와 모두 인근 강대국으로부터 지속적으로 침탈당한 끝에 멸망당하고 말았다는 점에서 알 수 있듯이 상대적으로 약한 나라의 기계적 균형외교는 좋은 방책이라 할 수 없다.

현실주의 국제정치학자 모겐소Hans Morgenthau에 의하면, '과거

수세기 간 한반도의 운명은 대륙세력과 해양세력 간 세력균형에 의해 좌우되어 왔다' 한다. 미·중이 대립하는 상황에서 균형외교는 근본적 해결책이 될 수 없다. 국가 좌표를 설정하고, 스스로 강해져야 한다.

분단 시대의 지도자는 ①이순신처럼 자신을 먼저 희생할 준비가 되어 있고, ②국민의 신뢰를 받으며, ③유능하고, ④특히 무엇보다 '화해와 통합'이라는 시대정신Zeitgeist에 충실해야 한다. 지도자는 △투철한 역사의식, △민주주의에 대한 확고한 신념, △경제와 사회, 외교·안보 분야에 대한 통찰력도 갖춰야 한다.

지도자는 종적縱的으로는 역사, 횡적橫的으로는 지금 이 땅에 살고 있는 모든 국민에게 무한 책임을 진다. 이순신 같은 유능하고 헌신적인 지도자가 국가사회를 통합할 때 통일정책은 순조롭게 추진될 수 있을 것이며, 5,200만 인구의 한국은 한반도 통일은 물론, 14억 인구의 중국과 1억 2,000만 인구의 일본에 맞서 스스로를 성장시키고 지속 발전시켜나갈 수 있을 것이다.

시간외교사과 공간지정학

분단 상태의 우리나라가 생존은 물론, 번영을 지속하기 위해서는 우선 북한과 공존공영, 나아가 통일을 달성해야 한다. 통일을 이룩하기 위해서는 시간時間이라는 측면에서는 국가 간 행태를 기록한 외교사에서 배우고, 공간空間이라는 측면에서는 지리와 국가 행태 간 상관관계를 분석한 지정학에서 지혜를 얻어야 한다.

통일 문제 역시 우리가 살고 있는 지리적 공간인 한반도와 인근국의 행보를 떼어놓고는 생각할 수 없다. 필자는 이 책을 통해 시간從과 공간橫, 즉 외교사와 지정학이라는 두 가지 시각에서 △북한 핵과 통일 문제, △경제력과 군사력, △미국, 중국, 일본, 러시아 등 한반도 인근 강대국의 행태, △중국 포함 동아시아 지정학 등을 분석했다. 지난 30여 년간 외교관이자 국제정치학자로 살아오면서 외교사와 지정학 두 가지 시각으로 읽고, 보고, 들은 것을 집성集成한 이 책이 특히 외교 안보정책 기획자들과 정치인들에게 참고가 되기를 바란다. 정치학 박사이자 유수有數 대학 객원교수라는 국제정치학자 자격으로 쓴 것임을 밝힌다.

2015년 5월 랴오둥반도의 끝단
뤼순항이 내려다보이는 러일전쟁 격전지 203고지에서,
그리고 2019년 7월 봄내春川를 굽이치는
북한강과 6·25전쟁 격전지 봉의산鳳儀山을 바라보며.

뤼순항(좌) 입구와 203고지 위령탑

목차

부록

한반도 문제

중동·중앙아 문제

통일 외교관의 눈으로 보다

1

국가 생존과 통일

1
남·북 공존공영과 통일

동아시아 질서 변화와 해방

19세기 말 20세기 초 '일본의 굴기崛起'라는 동아시아 정세 급변으로 인해 망국이 찾아왔듯이, 1945년 8월 15일 해방도 일제日帝 패망에 따른 동아시아 질서 변화와 함께 찾아왔다. 8월 15일부터 며칠간, 위로는 만주 하얼빈哈爾濱, 선양瀋陽에서부터 아래로는 제주도까지 우리 민족 거주 지역 전체가 해방의 환호로 뒤덮였다.

환호는 오래가지 못했다. 북위 38도 이남以南과 이북以北에 각기 미군과 소련군이 진주하고, 일제 점령기에 배태胚胎된 좌·우 갈등이 폭발하면서 국내외 상황이 최악으로 흘러가 한반도는 남북으로 분단되고 말았다. 여순麗順 사건, 4·3 제주 사건을 포함한 한반도 내 정치·사회세력 간 모순과 갈등이 폭발, 미국과 소련의 국제권력정치와 맞물려 분단으로 이어졌다. 1950년 6월 25일 새벽, 단기간 내 무력통일 가능성을 확신한 북한의 남침은 해양세력을 대표하는 미국과 대륙세력을 대표하는 중국의 군사 개입으로 이어졌다.

전선戰線은 38도선에서 출발하여 낙동강과 압록강 사이를 왔다 갔다 하다가 38도선 부근에서 멈췄다. 6·25는 우리 민족에게 회복하기 어려운 상처를 남겼다. 엄청난 인명피해와 경제손실보다 더 크고 깊은 것은 남북 간 증오의 골이 메울 수 없을 정도로 커졌다는 것이다. 6·25는 한국 사회 내 이념 갈등의 씨앗이 되기도 했다. 1945년 8월 15일부터 1950년 6월 25일까지 약 5년의 기간이 한반도 분단과 전쟁, 그리고 분단 고착화를 결정했다.

해방 공간에서 한국이 가진 가장 심각한 문제 3가지는 ①경제·군사력 부재, ②외교력 부재, ③정치·사회통합 부재였다. 이를 통해 볼 때, 우리는 해방 공간과는 다르게 행보해야 평화적으로 북한과 통합하거나 최소한 공존공영 할 수 있다는 것을 알 수 있다. 우리 내부 통합부터 이루고 경제력을 강화하며, 강대국이 주도하는 국제질서 변화에 대해 국가 좌표에 따르되, 유연하게 대응해야 통일의 기회도 찾아올 것이다. 유효수요有效需要 부족과 잠재성장률 저하로 고민하는 한국이나 경제개발을 위한 자본과 기술 모두 갖고 있지 못한 북한 모두 상호 협력을 필요로 한다.

잠재성장률 저하의 탈출구가 보이지 않는 한국이나 아직 도약 take-off 기회조차 잡지 못한 북한 모두 서로를 필요로 한다. 지금이 제국주의 시대라면 한국은 식민지를 개척하여 활로를 찾아야 했을 것이다. 지금은 제국주의 시대가 아니다. 하지만 다행하게도 한국에게는 그 어느 나라도 넘볼 수 없는 북한이라는 뉴 프론티어new frontier가 있다. 한국은 북한에게 경제개발에 필요한 자본과 기술 제공자가 될 수 있다. 하지만 북한의 대량파괴무기WMD 무장과 이에 따른 국제연합UN 안전보장이사회의 대對북한 제재는 남·북 경제협력을 초기 단계에서부터 가로막고 있다.

북한 핵문제는 북한 문제이자 곧 한반도 문제

북한 핵문제 해결을 위해 김대중 정부와 노무현 정부는 햇볕정책을, 이명박 정부와 박근혜 정부는 제재봉쇄정책을 취했다. 하지만 햇볕이나 봉쇄 여부와 관계없이 북한 핵문제는 2019년 상반기 현재까지도 해결될 기미조차 보이지 않고 있다. 첫째, 북한 핵문제는 남·북만의 문제가 아니라, 미·중 등 다수가 관여된 국제 권력정치의 일부이기 때문이다. 둘째, 북한에게 있어 핵은 움직임을 멈추면 죽는 심장 그 자체이기 때문이다. 북핵 문제는 북한의 존망이 걸린, 그리고 미·중 등 강대국들의 첨예한 이해관계가 좌우되는 한반도 문제이기 때문에 남·북 접근만으로는 풀 수 없다.

이는 2019년 2월 말 하노이에서 개최된 북·미 2차 정상회담 결렬로 증명되었다. 남·북 경제협력을 가로막고, 동아시아의 불안정 요소로 작용하고 있는 북한 핵은 이른바 백두혈통을 비롯한 북한 지배 엘리트에게 어떤 의미를 갖고 있을까? 북한 지도부에게 있어 핵무기는 정권 안정은 물론 전환기에 처한 북한 체제의 안정도 보장해 주는 방패이다. '만능의 보검寶劍'이라고도 한다. 북한이 자발적, 비자발적으로 핵무기를 포기할 가능성이 거의 없다는 것을 알 수 있다. 북한이 지난 5월 4일원산과 5월 9일구성 핵무기 탑재 가능한 이스칸데르알렉산더급 단거리 미사일 발사시험을 감행한 것은 체제 안정을 위해 필요하니 UN 제재를 조속히 해제해 달라는 대對미국, 대對한국 호소 겸 협박이었다. 북한 핵문제는 북한또는 최소한 지배 엘리트이 망하지 않는 한 계속될 것이다. 구체 이유는 다음과 같다.

첫째, 북한에게 있어 핵무기는 김정은 포함 이른바 '백두혈통'과 북한 체제를 보호하는 '파워의 원천'이다. 북핵은 이솝우화 속 '나그네의 외투外套'가 결코 아니다. 북한은 핵무기의 원료가 되는 천연우라늄 매장지와 플루토늄 생산시설은 물론, 각종 불화우라늄Uranium Fluoride과 삼중수소H3 등 핵무기 생산에 필요한 재료와 생산·실험 시설들을 영변과 평양, 흥남, 길주 등 전국에 걸쳐 갖고 있다. 둘째, 미·중 두 나라의 한반도에 대한 이해관계가 불일치하기 때문이다. 미국과 중국 모두 상대국 영향 아래의 통일한국을 받아들일 수 없다. 그리고 미국 주류세력은 한반도 분단 문제를 해결할 의지가 약하고, 한반도 현상타파 필요성도 크게 느끼지 못하는 듯하다. 중국 역시 현상 유지를 선호한다.

셋째, 보다 더 근본적으로는 한국이 북한 핵과 북한 문제를 해결할 수 있는 역량을 갖고 있지 못하기 때문이다. 분열된 한국 정치·사회 엘리트는 국가·사회 통합과 한반도 통일 비전을 보여 주지 못하고 있다.

한반도 안정, 통일을 위해서는 북한 핵문제가 해결되어야 한다. 그런데 북한 핵문제는 북한 문제이자 한반도 문제이기도 하다. 따라서 해결될 가능성이 거의 없는, 북한 핵문제 해결을 통한 북한 문제 해결에 매달리기 보다는 북한 문제를 먼저 해결하고 난 다음 북한 핵문제 해결을 추구하는 것이 현실적이다. 북한이라는 숙주宿主가 사라지면 북핵 이라는 기생충寄生蟲도 자연스레 말라 죽기 때문이다.

'Big Deal'은 비현실적

북한은 '신성가족神性家族' 백두혈통 포함 소수 권력 엘리트가 얼마 '되지 않는' 경제이익을 독점하는 가산국가patrimonial state이다. 1990년

대 초 공산권 붕괴와 '고난의 행군'으로 상징되는 혹독한 경제위기 이래 북한 정권은 국가노동당와 사회가 분리된 단절정권severed regime이 되었다. 이러한 상황에서 국가와 사회를 연결시켜주는 2가지 고리는 공포terror와 부패corruption이다. 북한은 국가를 대표하는 노동당선군시대의 군이 사회를 공포로 다스리고, 사회가 국가에 뇌물을 바침으로서 아직 국가와 사회가 완전히 분리되지는 않은 채 유지되고 있다. 이러한 상황에 처한 북한에게 있어 핵무기는 정권 안보는 물론 내부 폭발implosion을 사전 방지하는 '마법의 지팡이' 역할을 수행하고 있다. 수령 김정은마저 이러한 북한 핵의 기능을 마음대로 바꿀 수 없다.

북한은 장마당 확대로 대표되는 시장화의 길을 걷고 있다. 일반 주민뿐만 아니라 국가와 지배 엘리트도 시장화 영향을 받고 있다. 장마당의 대규모 매대賣臺 운영자가 국가기관이나 국유기업일 정도이다. 만연한 부패로 인해 지배 기구인 노동당과 군대, 심지어 통치체제

북한 무산 시내

인 법령과 제도마저 시장화되고 있다. UN 제재가 작동하는 것은 북한 경제가 개방무역의존도 60% 이상되어 있으며, 사실상 시장화되었기 때문이다. 북한 문제 해결을 가능하게 만들 수 있는 가장 중요한 요소 중하나는 시장화 과정에서 등장한 자생적 자본가와 권력형 자본가를 아우르는 5,000여 가족으로 구성된 신흥자본가의 존재이다. 그들은 북한 체제를 바꿀 수 있는 거의 유일한 세력이다. 그들은 북한의 시장화를 촉진하면서도 시장화 과정에서 독점적 경제이익地代, rent 확보에 방해가 되는 일정 수준 이상의 개혁에는 제동을 거는 '양날의 검'으로 작동할 수 있다. 북한을 이끌어가는 신흥자본가의 관점에서 볼 때 핵무기와 경제개발은 불가분의 관계에 있다. 국가와 사회의 시장화가 진행 중인 현 상황에서 핵과 경제개발 중 택일擇—을 강요하는 제재 sanction 일변도 정책은 실효성에 제약을 받을 수밖에 없다.

　　미국 국가안보보좌관 볼턴John Robert Bolton식 '대량파괴무기WMD 완전 포기-모든 제재 해제' 라는 '일괄타결all for all'은 현실적이지 못하다. 북한은 비핵화 최종단계를 제시할 수 있는 자신감이나 능력이 없다. 일괄 타결은 최종 목표가 되어야 한다. 북한 핵은 북한 지도부의 생명도 달린 문제이다. 외부 세계를 신뢰할 수 없는 북한 지도부도 받아들일 수 있는 대안을 제시해야 한다. 북한 체제의 내구력을 소진케 함으로써 '핵이냐, 경제냐?' 양자택일할 수밖에 없게 만드는 봉쇄제재 일변도 전략은 해양세력 미·일과 대륙세력 중·러가 대립하는 한반도의 지정학적 구조상 현실성이 부족하다.

　　중국은 북한이 가진, '외곽의 참호塹壕'라는 지전략적geo-strategic 자산을 포기할 생각이 없다. 시진핑 국가주석이 2018년 6월싱가포르과 2019년 2월하노이 북핵 문제 관련 미국과 건곤일척乾坤—擲 담판에 나선 김정은을 4차례 면담하고, 지난 6월 20일부터 21일까지 북한을 방문하는 등 중국은 북한의 뒷배가 되어 주고 있다. 러시아도 미국 견제 차원에서 북한을 지원하고 있다. 북한과의 지속적인 교류를 통해 종국에는 핵을 안고 넘어지게 해야 한다.

북폭北爆은 제2의 6·25전쟁 야기

군사적 해결 방안 역시 현실성이 없다. 1994년 4월 영변 핵시설에 대한 외과수술적 정밀공격surgical strike 계획을 세웠던 페리William Perry 전前 미국 국방장관은 2009년 5월 다시 영변 핵시설에 대한 군사공격 가능성을 거론했다. 우리 외교안보 전문가 일부도 북한 핵시설에 대한 외과수술적 정밀공격 옵션option을 북한 핵문제 해결방안에서 배제해서는 안 된다고 주장한다. 이를 통해 핵과 미사일 등 대량파괴무기WMD 개발 및 확산과 관련된 북한의 행동을 제어할 수 있기 때문이라는 것이다. 우리 외교안보전문가들 일부는 우리가 할 수 있는 것과 미국이 할 수 있는 것을 혼동한다. 우리는 북한 핵시설에 대한 외과수술적 정밀 공격을 단행할 수 있는 수단을 갖고 있지 못하다. 우리가 정밀 공격이 가능한 수단을 확보하더라도 실제 단행하기 위해서는 전시작전권을 갖고 있는 미국의 동의가 필요하다. 군사공격이 가져올 후유증도 생각해야 한다. 안호영 전前 주미대사에 의하면, 강경파 볼턴 보좌관도 북폭北爆에는 반대한다 한다. 군인 포함 8~9만여 명의 미국인이 한국에 살고 있기 때문이라는 것이다.

　　미국 주도 북폭 옵션은 제2의 한반도 전쟁, 6·25로 확산escalation 될 수 있다. 1994년 당시 클린턴 행정부가 F-117 스텔스기 등을 동원하여 북한 핵시설에 대한 외과수술적 정밀공격을 감행하려 하자, 김영삼 대통령이 막판에 이르러 미국에 간청하여 저지할 수 있었다. 제2의 한반도 전쟁이 가져올 심각한 결과를 일촉즉발—觸卽發의 위기상황에서야 깨달았다. 한승주 전(前) 외무장관은 이를 부인한다. 1962년 쿠바 미사일 위기 시 쿠바 지도자 피델 카스트로는 미국과 타협하여 쿠바 배치 미사일을 철수할 것을 지시한 소련 지도자 니키타 흐루쇼프Nikita Khrushchyov에게 항의하면서, 미국의 위협에 정면으로 맞설 것을 요구했다. 흐루쇼프는 "만약 쿠바에서 미·소 전쟁이 발발하면, 소련인은 1,000~2,000명이 사망할 것이나, 쿠바인은 100~200만 명이 희생될 것이다."라고 응답하여, 카스트로를 머쓱하게 만들었다. 한반도에서 대량파괴무기WMD가 동원된 전면전이 재발하면, 미국인은 3~4만 명이 사망할 것이나, 한반도인은 1천만 명 가까이 희생될 것으로 추산된다. 한반도 전쟁 재발은 한반도의 우크라이나화분단상태의 전쟁터, 시리아화국제 전쟁터로 이어질 수 있다.

미·중·일 자동 개입

한반도 전쟁이 재발하면, 미국은 물론 중·일·러 등 인근 강대국도 개입할 가능성이 크다. 로이터 통신은 2014년 9월 미·일 당국자들이 북한 미사일 기지를 직접 타격할 수 있는 첨단무기를 일본 자위대에 공급하는 문제를 협의하고 있다고 보도했다. 일본 정부도 유사시 자위대의 북한 투입 가능성을 배제하지 않고 있다. 북한 문제 관련 가장 중요한 두 나라는 미국과 중국이다. 2030년대까지 세계 제1의 경제대국이 될 것으로 예측되는 중국은 큰 가마솥으로 죽을 끓일 때 조금만 불을 세게 하더라도 죽물이 넘칠 수도 있는 것과 같은 위험한 상황을 늘 안고 있다. 중국 지도부는 죽을 끓이는 것과 같은, 일어날 수 있는 큰 문제에 선제적으로 대응하여 해결해 왔다.

중국은 경제 발전에 암초暗礁가 될 수 있는 한반도 전쟁 재발을 원하지 않는다. 2013년 2월 북한의 제3차 핵실험 시 "문 앞의 난동을 좌시하지 않겠다."고 말했듯이, 중국은 한반도 포함 동아시아를 혼란에 빠뜨릴 수 있는 북한의 군사도발을 용납하지 않을 것이다. 여기에다가 세계 제7위 전력으로 평가받는 국군과 함께 약 2만 8,500명에 달하는 주한미군도 있기 때문에 자폭自爆을 생각하지 않는 한 북한이 전면 도발을 감행할 가능성은 거의 없다.

2012년 11월 시진핑 집권 이후 한 때 한·중 관계가 크게 발전했던 것은 중국의 대對미국, 일본, 북한 관계와 관련하여 한국이 이전보다 더 중요해 졌기 때문이었지만, 중국이 동아시아 전략과 관련하여 가능한한 한국을 포용하려는 입장을 갖고 있었던 것도 한 가지 이유다. 19세기 후반기와 20세기 전반기, 미국과 일본, 독일 등이 보여 주었듯이, 국력이 급격히 증강되는 국가는 무력·비무력적으로 가능한 모든 방법을 동원하여 인근 지역에 대한 영향력을 확대하려는 공격적 현실주의offensive realism적 경향을 보인다. 시진핑이 2014년 7월 사상 최초로 북한에 앞서 한국을 방문한 것도 공격적 현실주의의 일환으로 판단된다. 중국은 해양세력과의 대치선confrontation line을 휴전선에서 대한해협으로 옮기기를 바란다.

2014년 11월 베이징에서 만난 중국 외교부 고위 인사는 중국은 '동아시아 공동체East Asian Community' 건설을 추구하고 있다고 말했다. 중국은 '중국식 먼로주의'에 기초한 현대판 '동아시아 조공체제' 구축을 희망하는 것이다. 중국은 일대일로─帶─路, 아시아인프라투자은행AIIB, 역내포괄적경제동반자협정RCEP을 주도하는 등 지경학적地

經學的 접근을 통해 중국 중심 동아시아 신질서 구축을 시도하고 있다. 미국 주도 대對중국 포위망 중 약한 고리인 타이완과 남중국해에서 보여 주고 있는 것과 같이 군사력 투입 가능성도 배제하지 않고 있다.

진보와 보수는 서로 적敵이 아니다

남·북 갈등이 격화되면, 이득을 보는 것은 일본 포함 인근 국가들이다. 우리에게 시간이 많이 남아있지 않다. 핵무기와 탄도미사일 등 북핵·북한 문제 해결 추진과 관련 살경제협력을 내어주고, 뼈통합를 취하는 마키아벨리적 고육계苦肉計가 절실히 필요하다. 하지만, 전제인 북핵과 UN 제재 문제가 아직 해결되지 않고 있다. 2018년, 2019년 상반기까지 총 세 차례의 북·미 정상회동에서 확인되었듯이 미국은 한반도 현상 유지status quo를 타파할 생각이 거의 없어 보인다. 우리가 유인을 제공해야 한다. 실패국가a failed state 북한은 이미 오래전 한반도의 주인 자격을 잃었다. 한국이 한반도의 주인이다. 주인은 주인답게 행동해야 한다. 주인이 주인답지 못하면, 제3국이 주인을 무시한다. 제3국에게 국가안보를 맡기고, 제3국의 힘으로 한반도 문제를 해결하려 해서는 안 된다. 통일은 우리의 숙제宿題이다. 하지만, 통일은 아이디어나 수사修辭로만 이룰 수 있는 것이 아니다. 통일할 준비가 되어 있어야 한다. 무엇보다 우선하여 우리 사회 내부의 갈등을 해소해야 한다. 여·야, 진보·보수는 경쟁자이지 적이 아니다.

　한반도 문제에 대한 외부 2대 주주인 미·중의 한반도 통일에 대한 입장은 이율배반적二律背反的이다. 미국은 친중적親中的 통일한국을 받아들일 수 없을 것이며, 중국은 외교·군사적으로 미국의 영향력 아래에 있는 한국 주도 한반도 통일을 수용할 수 없을 것이다. 1950년 발표된 애치슨라인미국의 동아시아 방어선에서 한국과 타이완 제외을 통해서도 알 수 있듯이, 극단적인 경우 미국에게 있어 한국은 상실해도 어쩔 수 없는 정도의 비중을 갖고 있지만, 중국에게 있어 북한은 바다 건너 해양 강국 일본이 버티고 있는 한 포기할 수 없는 사활死活의 땅이다. 우리는 한반도 문제에 발언권을 가진 미국, 중국, 일본, 러시아 등 모두와 좋은 관계를 유지해야 한다.

일본은 경제와 금융 수단 등을 동원하여 언제든지 우리의 발목을 잡을 수 있는 나라이다. 외교는 변화무쌍한 국민감정의 기반 위에서는 제대로 작동할 수 없다. 대對북한 경협은 남·북 갈등은 줄이고, 협력은 확대할 수 있는 거의 유일한 수단이다. 북한사회가 변화·발전해야 핵을 포기할 수 있는 힘도 갖는다. 우리가 문제 해결 방안을 찾아 북한과 미국 모두를 설득해야 한다. 우리는 1945년~1950년 해방 공간과 다르게 행보해야 통일의 문을 열 수 있다.

한 나라의 외교·안보정책은 그 나라의 지정학적 위치와 안보·경제 이익 등에 좌우된다. 미국, 중국, 일본, 러시아 등 4강은 대對한반도 정책을 글로벌한 관점에서, 그리고 상호 간 관계 등 보다 큰 틀에서 바라보고 있다. 상대적으로 작은 나라인 우리나라는 4강과 북한의 관점에서도 상황을 관찰해야 한다. 그래야 답을 찾을 수 있다. 청·일 전쟁1894~1895 전후처리戰後處理와 관련, 일본의 무츠陸奧宗光 외상은 랴오둥반도 반환 문제에 대해 열국다자회의를 개최하게 되면 강대국들의 일본에 대한 간섭이 증가할 것이라고 하면서 다자회의 개최에 반대했다. 한반도 문제 관여국가 수를 가급적 줄여야 한다. 하지만 이전 개최되었던 6자회담 참가국들인 미·중·일·러 모두 한반도 문제에서 발을 빼고 싶어 하지 않을 것이다. 줄다리기를 하는 것과 같은 절대균형 상황에서 어느 한 나라가 발을 빼는 순간 그 나라는 한반도 문제에 대한 발언권을 잃는 등 치명타를 입을 것이기 때문이다.

동학군東學軍 진압을 위해 먼저 청군을 끌어들인 결과 나라를 잃고 만 19세기 말 조선의 교훈을 잊지 말아야 한다. 우리가 미·일축軸에 경사되어 대對중국 전선戰線으로 기능하게 되면, 남·북 간 및 중국과의 긴장이 격화되어 한반도에서 국지전局地戰이 일어날 수도 있다. 타이완 해협이나 남중국해에서 벌어질 전쟁에 휘말려 들 수도 있다. 미국과의 군사안보동맹은 필수적이지만, 지나치게 미·일축에 기울어서는 안 된다. 국가 좌표 설정이 필요하다.

우리를 지키는 것은 우리 자신

미국과의 군사안보동맹이 필요하지만, 우리를 지키는 것은 미국이 아닌 바로 우리 자신이다. 우리가 외부 세력의 국지局地 공격 정도에는 제대로 반격을 가할 수 있을 정도로 강력해질 때 비로소 미국이나 중국, 일본, 그리고 북한도 우리를 업신여기지 않는다. 한국의 대對북한 경제협력을 위해서는 동맹국 미국의 이해가 필요하다. 남·북 접근은 한반도에 접하고 있는 중국에게 유리하게 작용할 것이기 때문이다. 러시아 출신 란코프Andrei Lankov 교수에 의하면, 북한 지배 엘리트들이 쉽게 개혁·개방을 결정하지 못하는 이유는 개혁·개방은 한국과의 접촉 증대를 의미하고, 이는 결국 체제 붕괴를 야기할 것으로 보기 때문이라 한다. 개혁·개방은 지배 엘리트의 특권 상실은 물론, 생명까지 위협할 가능성이 큰 것으로 보고 있기 때문이라는 것이다. 동독, 폴란드, 헝가리 등 동유럽 공산체제가 비교적 쉽게 무너진 것은 공산정권 지도자들이 체제 변혁 이후에도 기득권을 잃지 않으리라 계산했기 때문이었다.

　북한이 정권 안보와 생존에 위협을 느끼지 않으면서도 경제 발전에 도움이 되는 것으로 판단하게 할 만한 방안을 제시해야 한다. △조림 지원, △관광 단지 건설, △경제특구 건설, △고속철·고속도 건설, △초고압 송배전선 건설 프로젝트 추진 등이 그것이다. 대對북한 경협은 국제연합UN 안보리 제재와 연관되어 있는 까닭에 우리의 돌파 의지도 중요하다. 한반도 현상 유지는 타파되어야 한다. 북한으로 하여금 제재 문제가 잘 풀리지 않을 때 핵실험이나 미사일 발사시험 재개 등의 수단에 호소하려는 유혹을 느끼게 해서는 안 된다.

　우리는 육군 현대화와 함께 해·공군력도 증강해야 한다. 우리가 세계 12위의 경제력을 가졌다고는 하나, 이는 중국과 일본에 비해 각 1/9, 1/3에 불과하다. 우리는 군사력에 있어서도 압도적 열세에 처해 있다.

우물 안 개구리는 세상 흐름을 못 봐

일부 보수적 외교안보 전문가들은 핵무기를 가진 북한과는 대화가 불가능하다고 말한다. 북한이 북핵문제 관련 진정성을 보여 주어야 우리도 상응하는 조치를 취할 수 있다 한다. 절대 빈곤의 고립된 성리학적 종교왕정독재국가 북한이 체제 해체 위험을 무릅쓰면서까지 핵무기를 선제 포기할 가능성은 없다. 북한도 변화하고 있다. 변화하지 않으면 견디지 못할 상황에 처해 있다. 김정은은 2018년 4월 북한 노동당 제7기 3차 전원회의를 통해 핵·경제 병진 노선을 그만두고, 경제건설에 매진하자는 새로운 노선을 천명했다. 북한은 더 이상 중앙계획을 기초로 경제를 운용하는 폐쇄경제가 아니다. 1990년대 중후반 '고

난의 행군'을 경험한 북한은 장마당 경제로 이행했다. 북한 경제의 대외의존도는 60% 가까이 되며, 부패지수는 소말리아와 유사하다.

북한 핵은 민관유착을 뜻하는 부패와 함께 북한 체제의 안정성을 보장하는 2대 요소의 하나이다. 북한을 변화시키기 위해서는 신흥자본가에게 북한을 개혁할 수 있는 인센티브를 제공해야 한다. 외부 자본 투입과 함께 사업규모 확대와 경제이익을 제공함으로써 신흥자본가를 변화시키고, 북한 체제도 변화·발전시켜야 한다. 그래야 북한이 핵을 포기할 수 있다.

현재같이 극도로 어려운 여건하에서도 대對북한 접근을 계속해야 통일의 가능성을 엿볼 수 있다. 북한을 봉쇄한 채 내버려두면, 북한은 인민의 피를 팔아서라도 핵 무력만은 유지하려 할 것이며, 중국과 러시아에 더 의존하게 될 것이다. 북한은 중국, 러시아로부터 제한된 지원만 확보하더라도 체제를 유지해 나가는 데 문제가 없을 것이기 때문이다. 북한이 붕괴implosion 또는 explosion하면 우리가 큰 문제없이 북한을 흡수할 수 있으리라고 보는 것은 좌정관천坐井觀天, 즉 '우물 안 개구리'와 같은 시각이다.

통일을 위해서는 통일할 수 있는 역량이 전제

세계는 물론, 동아시아도 결코 서울이나 평양을 중심으로 돌아가지 않는다. 북한이 혼란에 처하면 적어도 3~4백만 명이 압록강과 두만강을 건너 만주로, 2~3백만 명은 휴전선을 넘어 한국으로, 그리고 수십만 명은 선박 편으로 동해 또는 서해를 건너 일본과 중국 본토로 건너가려 할 것이다. 중국과 일본은 이를 두고만 볼 것인가? 미군은 우리가 바라는 대로 용병傭兵처럼 움직여 줄 것인가? 중국이 북한 난민 입국 저지와 핵무기 통제를 이유로 붕괴된 북한에 병력을 진주시키고, 이를 빌미로 미국과 일본, 러시아도 파병하면 어떤 상황이 야기될까? 우리는 외교적, 경제적, 군사적으로 이를 감당할 만한 역량을 갖고 있는가?

통일은 특정 지도자나 정부의 뛰어난 아이디어나 전략·전술만으로 성취할 수 있는 것이 아니다. 통일을 위해서는 국가·사회 통합과 함께 특히, 경제력의 기초인 산업경쟁력 강화가 긴요하다.

진보·보수 간 화해와 통합을 기초로 경제력·군사력 강화 등 국가사회가 역량을 갖추고, 동아시아와 세계정세가 우리에게 유리하게 변화할 때를 기다려야 한다. 통일은 역량을 갖춘 후 찰나刹那의 기회를 낚아채어 이룰 수 있다.

2
서독의 서방정책, 동방정책에서 무엇을 배울 것인가?

통일 전 베를린 지도

1989년 11월 9일 저녁 동독Deutsche Demokratische Republik 집권당인 사회주의통일당SED 샤보프스키Günter Schabowski 정보담당 서기는 술렁대는 기자단 앞에서 동독 국민들은 '지금 즉시' 자유롭게 해외여행을 할 수 있다고 (잘못) 말했다. 이 소식이 전해지자 수많은 동베를린 시민들이 동–서 베를린을 가로지른 베를린 장벽으로 몰려들었다. 베를린 장벽은 몰려든 시민들에 의해 세워진 지 28년 만에 무너졌다. 다음해인 1990년 초 서독Bundesrepublik Deutschland이 경제난에 처한 소련에 원조를 제공하면서 동·서독과 미국, 소련, 영국, 프랑스가 참

브란데부르크 문

가하는, 독일 통일 문제 논의를 위한 2+4회담이 개최되었다. 1990년 8월 말 통일조약이 체결되고, 9월 2+4 회의의 승인을 받아 10월 3일 '거짓말같이' 통일이 이루어졌다. 많은 외교관들과 국제정치학자들은 독일 통일을 '동방정책Ostpolitik'의 승리라고 평하고 있다. 아직도 많은 사람들이 동방정책에 앞서 '서방정책Westpolitik'이 있었으며, 동방정책은 '서방정책의 또 다른 이름'이라는 것을 알지 못한다.

콘라드 아데나워Konrad Adenauer

1939년 5월 유라시아 대륙의 동쪽 동몽골東蒙古 노몽한할힌골 일대에서 벌어진 일본 관동군과 소련군 간 전투는 기갑부대 돌격과 함께 밀집사격전술을 활용한 주코프Georgi Zhukov 장군 휘하 소련군의 압승으로 끝났다. 일본의 노몽한 전투 패배는 1941년 4월 일·소 중립조약 체결로 이어졌다. 그 2개월 뒤인 6월 독·소 전쟁이 발발하자 독일은 동맹국 일본에게 소련 동부를 공격해 줄 것을 간청했지만, 일본은 대소對蘇 전쟁에서 끝까지 중립을 고수했다. 이는 결국 독일이 2차 대전에서 패배하게 되는 결정적 원인의 하나로 작용했다. 노몽한 전투는 1939년 9월 독일군과 소련군의 폴란드 침공, 1940년 5월 독일군의 벨기에·프랑스 침공, 1941년 6월 독일군의 소련 침공, 1941년 12월 일본군의 하와이 진주만 기습 등 제2차 세계대전으로 가는 시발점이 되었다. 독일 제3제국히틀러 제국은 소련 침공 이후 소련은 물론, 미국·영국 등 사방에서 적을 맞게 되었으며, 1945년 4월 수도 베를린마저 함락당하고, 역사의 저편으로 사라졌다. 독일은 패전으로 인해 프로이센 왕국 이래의 고유 영토 오더-나이세선Oder-Neiße Line 이동 약 10만㎢ 이상을 소련Kaliningrad, 옛 Königsberg 할양과 폴란드에게 빼앗겼으며, 나머지 영토도 미국·소련·영국·프랑스에게 분할 점령당했다.

1918년 제1차 세계대전 패전에 이어 불과 27년 만인 1945년 두 번째 패전을 겪은 독일인들은 심리적 공황에 빠졌다. 공황 상태의 서독을 추슬러 '라인강의 기적'을 이루어내고, 북대서양조약기구NATO와 유럽공동체EC에 가입시켜 다시 열강의 하나로 우뚝 서게 만든 전前 서독 총리 아데나워Konrad Adenauer가 지금으로부터 52년 전인 1967년 4월 19일 라인강변의 소도시 뢴도르프Röhndorf에서 91세로 서거했다. 제1차 세계대전 이후 세워진 바이마르 공화국1919~1933 시절 쾰른Köln 시장을 지낸 보수 기민당CDU 출신 아데나워는 1949년 73세의 나이로 서독 총리로 선출되었다. 당시 미국·영국·프랑스는 필요하다고 판단되면 합법적으로 서독 내정에 개입할 수 있었다. 아데나워는 우선 △경제성장과 △서독의 국제지위 회복이라는 2대 목표 달성에 주력했다.

아데나워는 경제를 성장시켜야 공산주의의 위협을 저지할 수 있고, 서독의 국제지위도 회복할 수 있을 것으로 판단했다. 아데나워는 에르하르트Ludwig Erhard에게 경제정책을 위임하여 지금도 전 세계가 찬탄하는 라인강의 기적을 이루어 내었다. 라인강의 기적에 힘입어 서독의 1인당 GDP는 2019년 현재 경상가치 기준 1950년 약 1,000달러에서 1969년 약 6,000달러로 급증했다.

미텔 오이로파Mittel Europa 독일

제2차 세계대전이 끝난 1945년까지 독일인들에게 있어 민족주의란 대체로 보수측의 가치였다. 진보측은 일반적으로 국제주의적 성향을 보였다. 아데나워는 1951년부터 1955년까지 외무장관을 겸직했다. 아데나워는 일정기간 미·영·프의 간섭은 어쩔 수 없이 받아들이되 서독의 주권을 강화하는 것을 최우선 목표로 삼았다. 아데나워 외교 방향은 바이마르공화국 시절 총리 슈트레제만Gustaf Stresemann이 추진한 '영·프와의 관계 개선 후 소련러시아에 접근한다.'는 방식과 유사했다. 아데나워나 슈트레제만의 외교정책은 모두 '독일에 대한 궁극적 위협은 동쪽의 소련러시아으로부터 나오며, 서쪽 영·프와의 관계를 개선하고 난 다음 소련러시아에 대응한다.'는 독일 국가전략에 기초했다. 유럽의 중심Mittel Europa에 위치한 독일은 18세기 이후 외교나 전쟁이나 할 것 없이 일관되게 서쪽을 먼저 정리하고 난 다음 동쪽의 움직임에 대응하는 정

책을 취해 왔다. 제2차 세계대전 패전 후의 아데나워와 제1차 세계
대전 패전 후의 슈트레제만 외교는 모두 '독일이 취약한 상태에 있
다.'는 것을 인정하는 데서 출발했다. 아데나워 외교의 중심은 환대
서양transatlantic 관계, 즉 미국과의 관계 강화와 프랑스·베네룩스
3국과의 경제협력 증진이었다. 핵무장한 소련으로부터 위협받는 상
황에서 서독은 미국으로부터 경제와 함께 군사 지원도 필요로 했다.
아데나워는, 영국을 혐오했던 슈트레제만과는 달리 소련의 위협에
맞서기 위해서는 미·영·프와의 동맹이 필요하다고 확신했다. 서독은
1950년 발의된 슈망 플랜Schuman Plan을 통해 패전국의 멍에를 벗을
수 있었다. 슈망 플랜에 근거하여, 1951년 서독과 프랑스·이탈리아·베
네룩스 3국이 참가하는 유럽석탄철강공동체ECSC가 창설되었다. 서
독은 유럽석탄철강공동체를 통해 해외시장을 확보하여 경제를 계속

프랑크푸르트 근교 젤리겐슈타트

성장시키고 주권도 강화해 나갈 수 있었다.

경제력 강화, 공산당에 대한 면역력 확보

아데나워의 '서방정책'은 (진보) 사민당SPD 쿠르트 슈마허Kurt Schumacher 대표의 반대에 부딪혔다. 독일 통일을 최우선 과제로 제시한 사민당은 '아데나워가 서독을 (미·영·프에) 팔아넘기고 있다.'고 비난하는 한편, 슈망 플랜 참가도 반대했다. 사민당은 아데나워의 서방정책이 서독을 미국 블록에 편입시킴으로써 독일 통일을 어렵게 할 것으로 보았다. 하지만 아데나워는 독일 통일은 유럽질서가 근본적으로 변해야만 이루어질 수 있을 것이라고 판단했다. 아데나워는 당장 독일 통일을 추구하는 것보다는 서독을 유럽에 통합시켜야만 독일 통일도 가능해질 수 있을 것이라고 생각했다. 이에 따라, 아데나워는 1952년 스탈린이 제안한 '중립국 통일안'을 거부했다.

　　1950년 한반도에서 발발한 6·25전쟁은 서독에게 큰 기회로 작용했다. 6·25전쟁 특수는 라인강의 기적을 이루어내는 밑거름이 되었다. 6·25전쟁으로 인해 미국의 주 관심이 유럽에서 동아시아로 향했다. 유럽은 소련의 군사력에 그대로 노출되었다. 한반도 다음은 유럽이 아닌가 하는 공포가 서독의 재무장에 대한 영·프의 알레르기적 반응을 희석시켰다. 이에 따라, 서독의 재무장 논의가 급진전되었다. 미·영·프 등은 6·25전쟁이 발발한 몇 개월 후 개최된 뉴욕 외무장관 회담에서 서독 재무장에 합의했다. 서독은 1955년 5월 파리 조약 발효와 함께 군사 주권을 회복하고, 다시 연방군을 조직할 수 있었다. 서독은 1958년 북대서양조약기구NATO에 가입했으며, 그 1년전 인 1957년 유럽경제공동체 설립을 위한 로마조약에도 가입했다. 이를 통해 동·서독 분단은 더 굳어졌다. 서독이 라인강의 기적에 힘입어 국력을 회복함에 따라 미국과 소련 등 강대국들은 서독의 국제지위를 인정해주는 한편, 독일 통일의 주체로도 인식하기 시작했다. 서독의 국제지위 회복이라는 1차 목표를 달성한 아데나워는 유라시아 대륙의 상황변화에 주목했다.

아데나워와 드골

아데나워는 어느 나라 지도자보다 더 빨리 중·소 분쟁 진전 상황에 관심을 기울였다. 아데나워는 1962년 3월 『르몽드』 인터뷰에서 '소련이 중국을 큰 위협으로 간주하고 있는 것으로 알고 있다.'고 말했다. 아데나워는 중국과 소련은 △6·25전쟁, △타이완 해협 위기, △중국의 대약진운동 등을 거치면서 단순한 갈등을 넘어 적대 관계에 들어갔다고 판단했다. 당시 중국 인구가 7억여 명이었던데 반해 소련 인구는 2억여 명에 불과했다. 아데나워는 당시 이미 중국의 거대한 잠재력에 주목했다. 아데나워는 1960년대 말 나타나는 미국-소련-중국 간 3각 구도도 예상했다. 아데나워는 중·소 분쟁은 서독을 포함한 유럽의 안정과 평화에도 도움을 줄 것이라고 보았다. 소련이 중국을 제압하기 위해서는 군사력과 경제력을 동아시아에 집중시켜야 하므로 서독과 프랑스 포함 유럽에 대해 온건하게 나올 수밖에 없을 것이라고 판단했다. 아데나워는 1962년, 1963년 샤를 드골Charles De Gaulle 프랑스 대통령과의 정상회담 시 서독과 프랑스가 중·소 분쟁을 어떻게 활용할 수 있을지에 대해 논의했다. 이러한 호의적 분위기를 배경으로 서독은 1963년 독·프 우호조약을 체결하여 프랑스와 동등한 국제지위를 확보하는 데 성공했다. 드골이 중국에 접근한 것은 중국을 강화시켜 소련으로 하여금 유럽에 보다 우호적인 정책을 취하지 않을 수 없도록 만들기 위해서였다. 프랑스와 중국은 마침내 1964년 1월 외교관계 수립이라는 역사적 결정에 도달했다.

아데나워의 서방정책은 서독의 급속한 경제성장과 국제지위 향상에 기여했다. 그의 서방정책은 결코 목적이 아니라 독일 통일로 가기 위한 하나의 수단이었다. 아데나워의 다른 업적 중 하나는 서독사회로 하여금 공산당에 대한 면역력을 갖게 했다는 것이다. 서독공산당KPD은 1949년 실시된 서독 총선에서 5.7%를 득표하여 연방의회에 진출했다. 하지만 서독공산당은 동독 사회주의통일당SED과의 연계를 의심받은 데에다 스탈린을 옹호하는 실책을 저질러 1953년 총선에서는 겨우 2.2%를 득표하여 연방의회 진출에 실패했다. 서독공산당은 1956년 연방헌법재판소에서 정당 활동이 자유민주적 기본질서에 반한다는 판결을 받아 해산 당했다. 서독공산당 해산 과정에서 아데나워 행정부와 미국 CIA의 역할이 숨어 있었음은 물론이다. 서독공산당을 계승한 서독평화연합DFU은 1961년 총선에서 1.9%, 1962년 노동자 집중 거주 지역인 노트라인-베스트팔렌주 의회선거에서 2.0%를 득표하는 데 그쳐 연방은 물론 주 의회 진출에도 실패했다. 서독사회의 공산당에 대한 면역력이 확인된 것이다.

동방정책, 접근을 통한 변화

보수 정치인 아데나워가 이루어놓은 △경제성장과 국제지위 향상, △공산당에 대한 면역력 확보는 진보 정치인 브란트Willy Brandt, 본명

Herbert Ernst Karl Frahm가 집권하고, 동방정책을 추진할 수 있는 힘이 되었다. 1960년을 전후하여 소련이 핵과 미사일 전력을 대폭 강화함에 따라 미국은 더 이상 소련에 대한 전략적 우위를 유지하지 못하게 되었다. 보수 기민/기사연합CDU/CSU이 사회복지 등 진보정책을 대거 수용하자 정치적 위기에 몰리게 된 진보 사민당SPD은 1959년 바트 고데스베르크Bad Godesberg 전당대회를 계기로 이념 정당에서 탈피하였으며, 아데나워 주도의 '서방정책'도 일부 받아들이기 시작했다. 아데나워의 서방정책은 독일의 분단을 강화하는 것은 물론 독재체제 아래 동독 주민들의 삶을 더 피폐하게 만드는 약점도 갖고 있었다. 나중 독일 통일의 책사로 알려지게 되는 기자 출신 바르Egon Karl-Heinz Bahr는 1963년 바이에른주 휴양지에서 독일 통일을 향한 새로운 접근 방식을 구상했다. 바르는 모든 문제를 독일민족주의 프레임frame으로 생각했다.

바르는 보수 정치인 아데나워는 물론 진보 정치인 슈마허도 독일 분리주의자라고 생각했다. 그의 관점에서 볼 때 아데나워는 무엇이 서독의 진정한 국익인지 제대로 이해하지 못하고 있었다. 바르는 아데나워가 서독과 미국의 국익을 혼동하고 있다고 생각했다. 그는 독일 통일을 위한 조건들은 소련과 함께 가야만 확보할 수 있다고 보았다. 따라서 동독을 흔들 것이 아니라 안정시켜야 소련과의 타협이 가능하다고 생각했다. 바르는 서독이 동독을 인정하고, 교역을 통해 동독 주민의 삶을 개선시켜 동·서독 간 정치·경제·문화적 유대를 증진함으로써 장기적으로 통일을 달성할 수 있다고 생각했다. 바르는 이를 '접근을 통한 변화Wandel durch Annäherung'라는 말로 정리했다. 1968년 미국 대선에서 닉슨Richard Nixon이 당선되었으며, 닉슨의 외교책사 키신저Henry Kissinger는 같은 해 8월 벌어진 프라하 사태바르샤바 동맹군의 체코슬로바키아 침공에도 불구하고, 소련에 대해 긴장완화 정책을 취하기 시작했다.

키신저는 이에 앞선 1964년 워싱턴에서 바르와 만났는데, 바르의 새 아이디어가 게르만 민족주의에서 비롯되었다고 보았다. 키신저는 바르를 비스마르크적 전통을 가진 게르만 민족주의자라고 생각했다. 1969년 사민당좌파 출신으로 사상 최초로 총리로 선출된 브란트는 1960년 서베를린 시장 시절부터 함께 일해 온 정치 동지 바르를 특임장관으로 기용했다.

유태인의 마음을 얻다

바르는 미국과는 다소 거리를 두면서 소련에 접근하는 외교정책을 폈다. 키신저는 소련이 서독의 동방정책을 이용하여 서방을 분열시킬 수 있다고 보았다.

하지만 키신저는 미국이 서독의 동방정책을 반대하면 서독과의 관계가 불편해질 수 있다는 점을 고려하여 반대하지는 않기로 했다. 동방정책이 베를린 문제에 대한 소련의 양보를 이끌어내어 근 20년 간이나 지속된 베를린 위기를 종식시키는 데 기여했다는 이유도 있었다. 브란트는 1970년 12월 폴란드를 방문하여 겨울비 내리는 바르샤바 유태인 희생자 기념비 앞에 무릎을 꿇었다. 키신저를 포함한 미국 유태인들의 마음을 얻지 못하고서는 독일 통일이 불가능하다는 것을 파악한 까닭이었다.

1972년 11월 동·서독 간 '동독을 주권국가로 인정하며, 동·서독 간 교류를 확대해 나가자'는 내용의 기본조약이 체결되었다. 기본조약은 동·서독 간 교류를 촉진시켰다. 이산가족이 재결합하고, 동독인의 서독 이주도 일부 허용되었다. 동·서독 간 교류 확대는 서독에 대한 동독의 경제 의존 증대로 이어졌다.

보수 우파가 진보 좌파의 동방정책을 이어받다

동독 스파이 기욤Guenter Guillaume 사건으로 인해 실각한 브란트에 이어 1974년 5월 집권한 사민당SPD 우파 출신 헬무트 슈미트Helmut Schmidt도 동방정책을 계속 추진했다. 1970년대 중후반 오일 쇼크에 따른 경제 성장 둔화와 미국의 중거리 탄도사일 퍼싱II 서독 배치 문제 등으로 인해 1982년 실각한 슈미트를 대신해 집권한 기민당CDU 출신 콜Helmut Kohl 총리는 바르가 창안한 동방정책의 틀을 폐기하지 않았다. 바르는 콜을 만나 동방정책의 대강을 설명하고, 자신이 확보해 놓은 미국과 소련의 비밀접촉선을 모두 넘겨주었다. 콜은 동방정책과 반공주의 수사rhetoric 간 절묘한 조화를 시도했다. 콜은 동방정책의 틀 안에서 서방정책적 요소, 심지어 오데르-나이세선 이동을 회복해야 한다는 민족주의적 주장도 거부하지 않았다. 콜은 동독에 대한 양보는 재정지원으로 국한했다. 동독에 대한 재정지원이 동독 경제는 물론 동독 정권 자체를 안정시켜 독일 통일을 방해하게 될 것이라는 비난도 있었지만, 콜은 모순된 정책을 동시에 추진하는 것이 결국 독일에 이익을 가져다 줄 것이라고 확신했다.

1980년대 말까지 동독인의 약 2/3와 서독인의 약 1/3이 상대국을 방문했다. 서독의 발전상을 목격한 동독인들은 귀환 후 동독 체제에 대해 보다 더 비판적이 되었다. 서독은 서독마르크DM를 동·서독 간 거래 시 결제수단으로 삼았으며, 이 원칙을 끝까지 고수했다. 동·서

헬무트 콜의 장남 발터 콜

독 간 무역은 1970년대 이후 꾸준한 증가세를 보였으며, 1983~1984년 무렵에는 약 150억 마르크1마르크는 약 1/2 유로 수준을 유지했다. 동·서독 간 경제협력 확대는 단기적으로는 동독을 안정시켰지만, 시간이 가면서 동독의 서독에 대한 의존도는 높아져 갔다. 동독 시민들의 정권에 대한 항의가 더 잦아졌다. 이는 동독 정권을 불안정하게 만들었으며, 결국 정권을 붕괴시켰다. 1985년 집권하여 페레스트로이카 외교정책을 펼치던 고르바초프가 1988년 3월 유고슬라비아의 수도 베오그라드 방문 시 소련군의 군사개입을 정당화한 사회주의 주권 제한론 즉, '브레즈네프 독트린' 폐기를 발표했다. 1989년 가을 프라하, 바르샤바를 여행 중이던 수천~수만 명의 동독인들이 헝가리, 오스트리아 등을 거쳐 서독으로 탈출했다.

그해 10월 동독 제3의 도시 라이프치히에서 대규모 민주화 요구 시위가 발발하여 동독 주둔 소련군 투입 가능성까지 거론되었다. 콜 총리의 장남 발터 콜에 의하면, 당시 본Bonn 주재 주서독 소련대사는 사태 악화 시 동독 주둔 소련군 투입 불가피성을 콜 총리에게 설명했으며, 콜 총리에게서 이를 전해 들은 총리 부인발터 콜의 어머니이 2차 세계대전의 참상을 떠올리고 소리 내어 흐느낄 정도로 상황이 심각했다고 한다.

돈으로 통일을 사다

아데나워가 에르하르트의 도움으로 이루어낸 독일 경제의 힘은 소련과의 통일 협상 시 강력하게 발휘되었다. 1990년을 전후로 소련은 생필품 부족 등 극심한 경제난을 겪었다. 서독은 1990년 1월 소련에 쇠고기, 돼지고기, 버터, 우유, 치즈 등 2.2억 마르크 상당의 생필품을 제공했다. 콜은 나중 "고르바초프Mikhail Gorbachev 서기장이 실각할 경우 독일 통일은 물거품이 될 수도 있었다."고 지원 배경을 설명했다. 미테랑 프랑스 대통령은 콜 총리에게 "고르바초프가 실각하게 되면 상황이 급변하게 되니 고르바초프가 실각하지 않게 잘 도와주어야 한다."고 말했다 한다. 그해 2월 콜은 겐셔Hans-Dietrich Genscher 외무장관과 함께 모스크바를 방문하여, 고르바초프와 서독·소련 정상회담을 개최했다. 고르바초프는 별다른 조건을 달지 않고, 독일 통일을 반대하지 않는다고 말했다. 소련 경제 상황은 더 심각해졌다. 같은 해 5월 셰바르드나제Eduard Shevardnadze 외무장관이 서독을 방문하여, 차관 제공 가능성을 타진했다. 콜은 즉시 텔칙Horst Teltschik 외교보좌관을 모스크바에 파견했다. 소련측은 텔칙에게 15~20억 루블 지원을 요청했다. 서독은 소련이 요청한 액수보다 많은 50억 마르크를 제공하겠다고 응답했다. 독일 통일과 관련된 미해결 문제를 2+4 회담에서 마무리하는 조건이었다. 이런 과정을 거쳐 1990년 7월 고르바초프의 고향 코카서스 스타브로폴에서 서독·소련 정상회담이 개최되었다. 서독·소련 양국은 통일독일의 NATO 가입과 동독 주둔 소련군의 3~4년 내 철수 등 8개 항에 합의했다.

서독 정부는 독일 통일의 걸림돌이 모두 제거된 것으로 판단했다. 그 후 고르바초프는 동독 주둔 소련군의 철수 비용으로 170~175억 마르크 지원을 요구했다. 콜은 그해 9월 고르바초프와의 통화에서 80억 마르크 제공을 제의했다. 그런데, 고르바초프는 철수할 소련군을 위한 주택건설비로만 110억 마르크를 요구했다. 양국은 흥정 끝에 소련군 철수비용 120억 마르크에다 무이자 차관 30억 마르크를 추가 제공하는 것으로 합의했다. 소련에 대한 생필품 지원 결정이 기대 이상의 성과로 이어진 것이다.

1990년 2월 모스크바 개최 서독·소련 정상회담에 배석했던 텔칙은 고르바초프가 "독일인 스스로가 어떤 길을 갈지 선택해야 한다고 말했을 때 단어 하나하나를 정확히 받아 적느라 손이 아팠지만 속으로는 쾌재를 불렀다."고 회고했다. 텔칙은 다음과 같이 덧붙였다. "만약, 당시 고르바초프가 1,000억 마르크를 요구했다 해도 서독은 틀림없이 제공했을 것이다. 서독은 소련의 독일 통일 승인을 경제력으로 샀다." 겐셔 외상은 독일 통일을 "비구름 뒤에 숨은 태양이 잠깐 얼굴을 내민 짧은 순간을 움켜쥐어 달성한 것"이라고 묘사했다. 겐셔의 말에서도 알 수 있듯이, 독일 통일은 도둑처럼 온 것이 아니라 순간의 기회가 오기만을 기다리던 독일 지도자들의 끊임없는 인내와 지혜가 '소련 붕괴'라는 국제정세 대사변과 맞물려 이루어졌다.

열린 진보가 보수의 손을 잡아야

독일 통일은 아데나워총리·보수가 에르하르트총리&경제장관·보수와 함께 이룩한 경제력 및 공산주의에 대한 면역력을 바탕으로 바르특임장관·진보가 설계하고, 브란트총리·진보가 추진했으며, 슈미트총리·진보가 이를 더 단단히 하고, 콜총리·보수과 겐셔외교장관·중도가 종결지은 게르만 민족의 일대 과업이었다. 우리의 경우 박정희와 전두환 시기에 경제적 기초를 만들었으며, 김대중과 노무현 시대에는 노태우 시기에 시작된 북방정책Nordpolitik을 한층 더 발전시켜 중국과 북한에 가까이 다가갔다. 이명박, 박근혜 정부는 북방정책, 햇볕정책의 흐름을 이어받되 북핵 문제라는 상황 변화에 맞게 수정하여 한반도 안정과 통일 기반을 구축했어야 했다. 하지만 이 정부들의 정책은 상당 부분 1970~1980년대 이전으로 역행했다. 진보에 대한 보수의 심각한 불신이 정책 역행 배경의 하나였다. 원활한 통일정책 추진을 위해서는 진보·보수 간 상호 이해와 화해, 통합이 필요하다. 이를 위해서는 김대중과 노무현이 이승만과 박정희의 손을 굳게 잡아야 한다.

한국과 서독이 처한 안보상황은 다르다. 가장 큰 차이는 동독이 국가안보를 동독 주둔 소련군에 주로 의존하고 있었던 반면, 북한 영내에는 외국군이 주둔하고 있지 않으며, 자체 개발 핵·미사일로 안보를 확보하고 있다는 것이다. 그리고 서독은 이웃국가들인 영국과 프랑스, 폴란드 등과 좋은 관계를 유지했던 반면, 한국은 그렇지 못하다는 것이다. 북한은 스스로의 힘으로 안보를 확보하고 있지만, 핵·미사일 능력 유지에 필요한 경제력이 매우 취약하다는 점 등에서 총합적 취약성은 동독과 다르지 않다. 핵무기 생산에 필요한 삼중수소H3는 1g에 100만 달러나 할 정도로 초고가超高價이다. 북한은 기존 핵무기를 계속 보유하기에만도 벅찰 것이다. 북한을 체제 생존을 추구하는 존재로 보아야 제대로 된 통일정책을 수행할 수 있다. 북한 역시 생존과 번영을 바란다. 우리는 평화와 공존의 대북정책을, △세계제국 미국의 상대적 약화와 트럼프의 등장, △중국의 굴기崛起, △일본의 재무장 추진, △북한의 전략무기 무장 강화 등으로 인해 야기된 초불확실성 시대에 맞게 변용은 하되 일관성 있게 추진해야 할 것이다. 20세기 중반 한반도 해방과 연이은 분단이 세계와 동아시아 질서 변화로 인해 야기되었듯이 한반도 통일도 세계와 동아시아 질서 변화가 있어야 가능하다. 그리고 통일을 위해서는 먼저 통일할 수 있는 역량을 확보해야 한다.

통일 외교관의 눈으로 보다

2

국가의 기초 : 국력과 국가 의지

힘이 있어야 통일도 할 수 있다. 군사력은 경제력과 함께 국력을 결정 짓는 결정적 요소 중 하나다. 국가 구성원들의 자기 나라에 대한 충성심도 중요하다. 다수 중남미 국가들이 수시로 경제난을 겪는 것은 그 나라 엘리트들의 국가에 대한 애정과 충성심이 매우 약한 것이 중요한 이유이다. 자기 자신과 국가 운명을 일치시키지 않는 그들은 자기 재산을 종종 미국과 스위스 등 제3국에 빼돌린다.

한국은 G20 회원국이며, 국제통화기금IMF 기준으로 선진국 수준에 도달2018년 31,000달러했다. 하지만 최근 수년간 한국의 '종합경제력'이라 할 국내총생산GDP 순위는 10~14위에서 제자리걸음을 해 왔다. 몇몇 민간기업 비중이 지나치게 크다는 문제점을 가졌으며, 출산율 저하와 노령화로 인한 사회 활력 감소, 진취성 약화도 우려된다. 가까운 시일 안에 통일이나 적어도 북한과의 공존체제를 만들어 내지 못하면 제한된 인구와 국토를 가진 우리의 경제력은 스페인, 인도네시아뿐만 아니라 장기적으로는 베트남, 터키, 이란에도 뒤질 가능성이 있다. 통일은 생존·번영을 위해 필수불가결한 과제가 되었다.

시사주간 '타임'은 21세기 첫 10년 동안 세계에 가장 큰 영향을 미친 사건으로 9·11이나 아프가니스탄 전쟁, 이라크 전쟁이 아닌 중국의 부상浮上을 꼽았다. 중국은 방대한 인구와 시장, 풍부한 자원을 바탕으로 '규모의 경제Economy of Scale'를 누릴 수 있는 잠재력을 가졌다. 중국의 부상은 현 패권국 미국마저 떨게 만든, 세계의 판도를 바꿀 수 있는 전환기적 사건이다. 19세기 초 프랑스 황제 나폴레옹이 "깨어나면 위험하니, 잠자는 사자 중국을 흔들어 깨우지 말라!"고 한 경고가 현실화했다. 중국은 1978년 개혁·개방 이후 2018년까지 40년간 연평균 9.6%의 고속성장을 하면서 G2로 우뚝 섰다.

1개 도시 다렌大連 경제력이 북한 압도

중국은 14억 명 인구를 가진 거대한 나라다. 광둥성, 산둥성, 허난성 인구는 각 1억 명 안팎이며, 쓰촨성 인구는 8,260만 명, 장쑤성 인구는 8,000만 명, 허베이성 인구는 7,600만 명에 달한다. 2017년 현재 광둥성과 산둥성의 GRDP는 각각 1조 2,000억 달러, 1조 달러로 한국 GDP1조 5,400억 달러에 육박한다. 미국 캘리포니아주 인구는 4,000만 명, GRDP는 2.9조 달러이다. 독일 노드라인-베스트팔렌주 인구는 1,800만 명, GRDP는 7,600억 달러이다. 중간 규모 성省인 랴오닝성만 해도 인구 4,500만 명, 면적은 한국의 1.5배인 14.6만㎢에 달한다. 랴오닝성에서 경제가 가장 발달한 다롄시의 경우 인구 700만 명, 1인당 GDP 1만 8,000달러, GRDP 1,260억 달러에 달한다. 260억 달러로 추산되는 북한 GDP의 약 5배, 127억 달러 정도인 몽골의 약 10배 규모다. 중국 중간 규모 성에 속한 1개 도시의 경제력이 인근 북한의 4배, 몽골의 10배가 넘는다는 것은 중국이 마음만 먹으면 경제적 영향력을 지렛대로 삼아 북한과 몽골의 내정內政을 흔들 수도 있다는 뜻이다.

중국이 아시아인프라투자은행AIIB을 창설해 그간 미국이 주도해 온 세계금융질서를 흔드는 것도 약 3조 달러의 외환을 포함한 막강한 경제력 덕분에 가능하다. 미국은 기축통화 달러와 IMF, 세계은행WB으로 상징되는 금융·경제력과 항공모함, 핵잠수함, 대륙간탄도탄ICBM으로 상징되는 군사력으로 세계를 지배하고 있는데, 중국은 AIIB를 창설하고 일대일로一帶一路 정책을 추진하여 미국이 주도하는 세계질서의 한 축을 무너뜨리고 있다. 빅데이터BD, 인공지능AI, 자율자동차, 첨단 통신기술은 미국 수준에 다다랐다. 미국의 아시아-태평양 동맹국인 한국과 호주, 전통적 서유럽 동맹국인 영국, 독일, 프랑스, 그리고 중국의 잠재적 라이벌 인도와 러시아까지 AIIB에 가입한 것은 미국 중심 세계질서가 점차 황혼黃昏을 향하고 있음을 말해 준다. 한국은 미국의 눈치를 보다 마지막 순간인 2015년 3월 26일에야 AIIB 가입을 발표했다. 기획재정부장관을 비롯한 고위 정책결정자들에게 독일, 영국, 프랑스 등 서방국가의 AIIB 가입 움직임은 천군만마 같은 응원군이었을 것이다. 속이 새카맣게 타들어 가던 중 이들 국가의 AIIB 가입 소식을 듣고 쾌재를 불렀을 것이다.

미·중 두 나라 모두 관련된 문제에서 한국은 전직 외교장관이 종종 말했던 것처럼 '미·중 모두로부터 러브콜love call을 받는 상황'이 아니라, 실제로는 '미·중 모두의 눈치를 봐야 하는 옹색한 상황'으로 밀려났다. 한·중 관계는 무덤덤하다. 그리고 한·미는 결코 '빛 샐 틈 없는 light-tight' 관계가 아니다. 이웃 국가 일본은 2019년 7월 우리에게 경제 제재 카드를 빼 들기까지 했다.

'미국이 쇠퇴하고 있다'는 말이 나오는 것도 ICT와 AI 등 첨단산업과 셰일가스라는 돌파구에도 불구하고, 대규모 재정·무역적자가 지속되고 달러화 위상이 하락하는 등 군사력을 뒷받침하는 경제력이 상대적으로 약화되고 있기 때문이다. 달러화는 세계 최대 가치 저장 통화로서 위상을 지키고 있으나, 그 비중은 2001년 72.7%에서 2018년 62%유로화 20.5%로 하락했다. 국제결제시장에서 차지하는 달러화 비중도 47.9%유로화 29.5%로 축소됐다.

중앙아시아와 몽골에 대한 영향력 측면에서 러시아가 중국에 밀리는 이유 중 하나도 러시아의 경제력이 중국보다 약하기 때문이다. 2018년 중국에 대한 몽골의 무역 의존도는 60%수출 84%를 넘었다. 몽골은 중국에 석탄 등 지하자원을 수출한 대가로 중국으로부터 공산품과 농산물을 수입하지 않고는 살아갈 수 없는 나라가 됐다.

몽골에선 '(2,100년 전 몽골을 침공한) 전한前漢 의 장군 위청衞靑 과 곽거병霍去病이 위안화를 들고 다시 나타났다.'는 말이 회자된다.

필리핀의 좌절, 베트남의 의지

경제력이 뒷받침되지 않는 군사력은 유지될 수 없다. 김훈의 소설 『칼의 노래』에서 이순신 장군이 말한 것과 같이 "다가오는 한 끼 앞에서 지나간 모든 것은 무효無效"이다. 병사는 먹지 않고 싸울 수 없으며, 전투기와 탱크도 석유 없이는 움직이지 않는다. 제2차 세계대전때 독일과 일본이 앵글로·색슨-소련 연합국에 패배한 것은 미국의 생산력이 독일과 일본의 생산력을 압도했기 때문이었다. 일본이 태평양전쟁 말기 우리나라에서 무쇠 밥솥, 놋그릇, 제기까지 빼앗아 가고 소나무 관솔 채취를 강요한 것도 미국보다 경제력이 크게 뒤졌기약 1/5 때문이다. 소련이 40년 넘게 계속된 미국과의 냉전에서 패해 해체되고 만 것도 미국과의 군비경쟁을 지탱해 주는 경제력이 취약했던 탓이다.

투르크메니스탄, 우즈베키스탄, 키르기즈 등 중앙아시아 국가들에서 중국으로 이어지는 천연가스, 석유 파이프라인은 19세기 제국주의 시대 철도의 기능을 대신한다. 중앙아시아에 대한 중국의 영향력은 급증해 왔다. 러시아, 벨라루스와 함께 경제공동체를 설립한 카자흐스탄마저 중국 기업과 합작하여 장쑤성과 간쑤성을 연결하는 TCR 룽하이隴海 철도 기점인 서해 롄윈강連運港에 독립부두를 건설할 정도이다. 카자흐스탄 증권거래소에서는 위안화 결제가 가능하다. 2015년 5월 초 카자흐스탄을 방문한 중국의 시진핑 국가주석은 전략적 동반자인 러시아 방문을 목전에 두고도 "(러시아는) 카자흐스탄에 너무 깊이 손대지 말라"고 말했다.

2012년 상반기 장기간 계속된 남중국해의 필리핀 팔라완 근해 스카보러섬중명 황옌다오을 둘러싼 중국과 필리핀 간 대치는 필리핀의 참패로 끝났다. 필리핀은 제대로 된 함정이나 전투기는 물론 잘 훈련된 전투 병력도 갖추지 못했다, '마닐라 공항에 계류해 둔 필리핀 재벌 전용기가 필리핀 공군기보다 많다.'고 할 정도다. 필리핀은 2019년 초가 되어서야 러시아제와 한국제 무기 도입 등 해·공군력 확보에 나서고 있다. 2012년 당시 필리핀은 중국이 필리핀산 바나나 검역을 의도적으로 지연하고, 자국민들에게 필리핀 관광 자제를 권고하자 더는 저항할 수 없었다. 필리핀 경제가 해외에 취업한 근로자의 송금 수입, 관광 수입, 바나나를 비롯한 열대과일 수출에 크게 의존하는 터라 중국의 경제 제재에 버텨낼 수 없었다.

베트남은 남중국해의 파라셀시사군도, 스프라트리난사군도 등에 대한 영유권 문제로 중국과 긴장 상태에 있다. 베트남이 강력한 대응을 자제하는 이유 중 하나도 중국에 경제적으로 크게 의존하고 있기 때문이다. 다만 베트남 군부는 "중국이 (베트남이 점령 중인) 스프라트리군도 일부 섬들을 공격해 올 경우 (바다가 아닌) 육지로 중국을 공격하겠다."며 영토 문제에서는 중국에 결코 밀리지 않겠다는 의지를 공세적으로 천명했다. 필리핀과 베트남의 사례는 일본과의 독도 문제, 중국과의 이어도 배타적경제수역EEZ 획정 문제 등과 관련해 우리에게 큰 교훈을 준다. 우리가 베트남 같은 단호한 자세가 아니라 필리핀처럼 어정쩡한 태도를 보이면 일본과 중국의 비수匕首가 우리의 가슴에 사정없이 꽂히고 말 것이다.

전시戰時 국가 이미지

군사력, 경제력 같은 하드 파워와 함께 국가 브랜드 같은 소프트 파워도 한 나라의 국가 위상에 커다란 영향을 미친다. 2018년 영국 브랜드 컨설팅 업체 'Brand Finance'가 평가한 한국 국가브랜드약 2조 달러 순위는 1위 미국26조 달러, 2위 중국13조 달러 등에 이어 10위였다. 2014년 16위에 비해 여섯 계단이나 상승한 것이다. 이는 삼성, 현대-기아, LG 같은 글로벌 기업의 선전과 BTS방탄소년단, 싸이 등 가수들과 드라마와 영화 포함 한류韓流 효과에 힘입은 바 크다. 한편, '독일 브랜드made in germany' 가치는 100점 만점에 76점으로 세계 최고를 기록했다. 독일산 제품이 국제시장에서 가장 높은 평가를 받고 있다는 뜻이다.

한 나라의 국가 위상을 평가할 때 하드파워와 소프트파워 못지않게 중요한 것이 그 나라에 대한 전시戰時 인식이다. '국가는 전쟁으로 형성되고, 전쟁으로 성장한다.'는 말이 있다. 미국과 중국, 영국, 러시아 등이 모두 그러했다. 미국과 러시아, 독일, 일본, 중국 등은 모두 전시 국가 이미지라는 측면에서 높은 위상을 갖고 있다. 이들은 강력한 군사력, 경제력과 함께 '문화력'도 갖췄다. 이들은 근대 이후 여러 차례 대규모 전투와 전쟁을 치르고, 크게 승리한 경험이 있는 나라들이다. 러시아는 성장 과정에서 북방강국 스웨덴, 오스만터키, 나폴레옹의 프랑스, 히틀러의 독일 제3제국을 차례로 격파했고, 우랄 산맥과 알타이 산맥을 넘어 태평양의 캄차카반도와 추코트반도, 알라스카, 사할린에 이르는 유라시아 대제국을 구축했다. 냉전 시기 옛 소련은 미국과 함께 세계를 양분했다.

독일은 1, 2차 세계대전 시기 미국, 영국, 러시아, 프랑스 등을 상대로 전쟁을 치렀으며, 1871년 통일전쟁과 2차 세계대전 때는 프랑스의 수도 파리를 점령했다. 덴마크와 노르웨이, 그리스, 북아프리카를 점령하고, 런던을 공습했으며, 모스크바 인근까지 진격하는 등 한때 유라시아 대륙을 통일할 기세를 보였다.

일본은 19세기 말~20세기 중반 청나라와 러시아를 연이어 격파하고, 한반도와 만주, 중국 대륙 대부분과 동남아시아 등을 석권했으며, 1941년 12월 하와이의 군항 진주만을 기습하는 등 미·영을 상대로 전쟁을 벌였다.

중국은 어떤가? 6·25전쟁 때 미국을 상대로 싸우고, 북만주 전바오섬珍寶島, 다만스키섬에서 소련과 일합을 겨뤘다. 베트남도 비상시 국가 이미지 측면에서는 높은 평가를 받는다. 베트남은 20세기 후반 프랑스군과 미군을 잇달아 격파하면서 독립과 통일을 이뤄냈다. 1979년 중국-베트남 전쟁 때도 중국의 군사위협에 맞서 물러서지 않는 용기를 보였다.

프랑스나 이탈리아는 선진국인데도 전시 국가 이미지는 그리 좋지 않다. 나폴레옹 이후 프랑스는 독일에 두 차례나 수도 파리를 점령당하고, 1954년 디엔비엔푸에서 베트남에 참패한 치욕의 역사를 갖고 있다. 1960년대 알제리 식민전쟁에서도 패배했다. 2001년 아프가니스탄 전쟁 때 미군, 영국군, 독일군 등은 프랑스가 파병을 결정했다고 하자 "탈레반에게 항복을 가장 잘하는 방법을 가르쳐 주려고 파병을 결정했나?"라며 비웃었다 한다.

이탈리아는 1차 세계대전 때 오스트리아-헝가리 제국군에 패했으며, 에티오피아 침공전에서 고전했고, 2차 세계대전 때는 그리스 침공전에서도 패배했다. 총체적 국가 위상과 이미지는 짧은 기간 내에 고양되는 것이 아니다. 우리 국민, 특히 정치·경제·사회 각 방면 엘리트가 사회적 복원력 회복 노력을 등한시하고, 스스로 '강력한 나라 한국Great Republic of Korea'을 만들겠다는 의지를 다져야 한다. 그렇게 하지 않으면 통일은 고사하고, 생존도 담보할 수 없다.

통일 외교관의 눈으로 보다

3

지정학과 군사력

한반도는 미국·중국·일본·러시아의 영향력이 교차하는 땅이다. 현재의 경제성장 추세6%대로 가면 중국은 2030년대에는 미국을 넘어 세계 제1 경제대국으로 떠오를 전망이다. 중국은 군사적으로도 강하다. 이런 까닭에 중국 인근에 위치한 한반도는 지정학적 가치가 매우 높다. 한국과 북한 모두 같다. 중국과 일본은 자국에 적대적인 세력이 한반도를 장악하는 것을 극도로 경계한다. 한반도를 자기네 안보에 결정적 영향을 미치는 사활死活의 땅으로 여긴다. 중국과 일본은 임진왜란1592~1598, 청·일전쟁1894~1895, 6·25전쟁1950~1953 때 직·간접 파병하기도 했다. 러시아도 19세기 말과 20세기 초, 20세기 중반처럼 세력이 강할 때는 중·일과 비슷하게 행동했다. 한반도는 미국에도 긴요하다. 한국 서해안, 특히 백령도-평택-군산-광주-제주를 잇는 서해라인은 '도전자' 중국을 근거리에서 감시, 타격할 수 있는 대對중국 최전선이다. 게다가 세계경제에서 동아시아가 차지하는 비중1/3 이상도 계속 높아지고 있다.

중국의 목을 겨누는 비수匕首 한반도

중국의 굴기는 눈앞의 현실이다. 사드THAAD, 고고도미사일방어체계 한국 배치 논란에서 드러났듯 중국을 겨누는 비수 한반도의 가치는 앞으로도 더 높아질 것이다. 이러한 상황에서 우리가 외교를 잘하면 평화와 번영을 확보하겠지만, 해양이나 대륙 세력 일방에 치우치면 위험에 처할 수 있다. 우리나라가 전쟁터가 될 수 있다는 뜻이다. 중국의 부상과 이에 대한 일본의 대응은 점입가경이다. 급변속에서 살아남으려면 분단을 하루빨리 극복해야 한다. 분단은 우리의 역량을 떨어뜨리는 주요 요인이자 생존과 번영을 저해하는 장애물이다. 중국이 핵

북한 남양, 중국 투먼을 가로지르는 두만강 다리

무장한 북한을 감싸고도는 이유 중 하나도 해양세력을 견제하는 완충지대로서 북한이 가치가 있다고 여겨서다. 핵을 포함한 북한 문제를 해결하고 통일을 이뤄 내려면 강대국들이 한반도를 어떤 시각으로 들여다보는지 정확하게 알아야 한다. 적을 알고 나를 알아야 나 자신이 위기에 처하지 않는다. '지피지기知彼知己면 백전불태百戰不殆'다. 그런데 상품가격과 마찬가지로 지정학적 가치도 변한다. 북한이 중국에게 가치 있는 것은 만주동북3성에서 동해로 진출하는 회랑corridor이면서, 해양세력이 침공했을 때 만주와 보하이만渤海灣을 방어하는 울타리 노릇을 할 수 있기 때문이다. 중국의 국력이 증강될수록 또는 미국의 국력이 쇠퇴할수록 중국이 보는 북한의 지정학적 가치는 그만큼 떨어지게 되어 있다.

한국 7위, 북한 18위
군사력은 국가 안보의 마지막 보루다. 북한이 눈앞의 적이라면 중국과 일본은 잠재적 적이다. 손톱 밑 가시와 비슷한 북한뿐 아니라 중국·일본이 시도할 수도 있는 제한전制限戰 정도는 저지 가능한 군사력을 확보해야 한다. 재래식 무기를 동원한 중국군이나 일본군의 국지局地 공격에 즉각 반격할 수 있는 해·공군력 확보가 특히 중요하다. 그런데, 중국과 러시아 공군기가 제주도 남쪽 이어도와 울릉도·독도 근해 상공을 비롯한 우리 방공식별구역KADIZ을 수시로 침범해도 때로 기종機種조차 식별 못할 정도로 우리 공군력은 상대적으로 취약하다. 외국 공군이 두려워할 만한 공군력을 확보해야 한다. 해군력은 함정 톤수 기준 중국의 1/6, 일본의 1/2에도 못 미친다. 국제 군사력 평가기관 글로벌파이어파워GFP가 △국방예산 △병력 △전투기 △탱크 △함정 △미사일 등을 기준으로 2019년 평가한 결과, 한국의 군사력은 미국, 러시아, 중국, 인도, 프랑스, 일본에 이은 세계 7위다. 한편, 북한의 군사력은 16위 이스라엘, 17위 파키스탄에 이은 18위다. 한국 사회 일각의 주장과 달리 GFP, 스톡홀름국제평화문제연구소SIPRI, 제인 연감IHS Janes 등 권위 있는 국방 관련 연구기관은 재래식 무장력 기준 한국 군사력이 북한의 3배 이상에 달한다고 본다. 북한의 최근 연 국방예산은 한국 국방예산의 4분의 1에도 못 미치는 70억 달러가량으로 추산된다. 다만 북한은 핵무기, 미사일, 생화학무기, 특수부대 등 비대칭전력을 증강해 온 터라 단지 순위로만 군사력을 평가할 수 없는 측면은 있다.

130만 대군, 11개 항공모함 전단을 보유한 미국은 2014년 무인기UAV의 항공모함 이·착륙을 성공시키는 등 군사기술 지속 혁신을 통해 압도적 군사력을 유지하고 있다. 미국은 지구 전역을 단시간 내에 타격할 역량을 갖추고자 극초음속 비행체 시험도 실시해 왔다. 오랜 전쟁 경험을 통해 중국 등이 갖지 못한 전쟁 노하우도 지녔다. 같은 스

포츠팀이라도 누가 감독이냐에 따라 성적이 다르듯 오랜 전쟁 경험을 가진 미국은 같은 성능의 무기로도 월등한 결과를 낼 수 있다. 다만 압도적으로 우월한 군사력을 뒷받침해야 하는 경제력이 상대적으로 쇠퇴하고 있는 것이 문제다. 트럼프 집권 후 미국은 군사력 강화 조치를 취하고 있다. 2019년 1월 발간 국가방위전략보고서는 미국 안보가 중대한 위험에 처해 있으며, 향후 당분간 매년 방위비를 3~5% 증가시켜야 한다고 강조했다. 미국은 2019년 2월 중국의 탄도미사일 능력 제고를 견제하기 위해 1987년 소련과 체결한 중거리핵전력협정 Intermediate-Range Nuclear Forces Treaty, INF 탈퇴를 선언했다.

중·일의 군사력 증강

중국은 1978년 개혁·개방 이후 40년간 지속된 연평균 9.6%의 고도 경제성장을 뒷배로 삼아 군사력을 지속적으로 증강해 왔다. SIPRI에 의하면, 2017년 중국의 국방예산은 미국 2017년 6,100억 달러, 2019년 7,170억 달러에 이은 세계 2위로 2,280억 달러 미국의 1/3에 달했다 한다. 3위인 러시아의 국방예산은 중국의 약 1/3인 688억 달러였다. 중국의 2017년 국방예산은 일본의 3배 이상에 달한 것으로 추정된다. 중국은 2007년 1월 기상위성을 요격하는 실험에 성공하면서 저궤도위성 요격 능력을 입증했다. 미국, 러시아, 인도 등의 대륙간탄도미사일 ICBM 공격을 막아 낼 기술을 확보했다는 뜻이다. 2011년 9월 제1호 항공모함 랴오닝함을 실전 배치한 데 이어, 2019년 상반기에는 제2호 항모 산둥함을 실전 배치했다.

중국은 다롄과 상하이에서 3, 4, 5, 6호 항공모함을 추가 건조하고 있다. 대형 구축함과 핵추진 잠수함도 추가 건조 중이다. 중국의 함정 총 톤수는 123만t에 달한다. 중국은 2014~2018년간에만 68만t의 함정을 건조했다. 또 조기경보기 도입, J-20스텔스기를 비롯한 첨단 전투기 제작, 스텔스 잠수함 건조, 우주공군 건설에도 박차를 가하고 있다. 2012년 6월 유인우주선 선저우神舟 9호는 톈궁 1호와 수동 도킹에 성공했다. 2013년 12월에는 창어嫦娥 3호를 달에 착륙시켰다. 그리고 지난 1월 달의 뒷면에 창어 4호를 착륙시켰다. 미국이나 러시아도 하지 못한 우주활동에 성공한 것이다. 중국은 2014년 1월 미국의 MD미사일 방어 시스템 무력화 등을 위해 WU-14로 알려진 극초음속 비행체 실험도 실시했다. 해·공군력은 미·일 등 해양세력에 비해 아직 약한 터라 방어적 군사교리인 현존함대fleet-in-being 전략을 채택하여, 적국 함대를 원거리에서 공격하는 사거리 1,800㎞ 이상의 지대함·공대함·함대함 DF둥펑 미사일 개발에 역량을 집중하고 있다. 미국과 일본 해·공군력의 중국 연안 접근을 미사일로 저지하겠다는 것이다.

일본은 해·공군 중심으로 군사력을 증강하고 있다. 원자로에서 사용되는 농축우라늄을 추출하는 다수의 원심분리기, 연 800t에 달하는 플루토늄 폐연료봉 재처리 능력을 갖췄다. 히로시마급 핵폭탄 5,500개를 만들 수 있는 핵분열성 플루토늄 50여t 이상을 확보했기에 마음만 먹으면 수개월 내에 핵무기를 제작해 실전 배치할 수 있다. 또한 게코-XII라는 이름의 핵융합장치와 핵탄두 탑재가 가능한 최첨단 M-V 로켓도 보유했다.

로켓 기술은 세계 최정상급이며, 미국의 지원으로 대륙간탄도미사일 개발에 필요한 데이터도 축적했다. 일본은 지구로부터 3억㎞ 떨어진 소행성에 무인 탐사선 하야부사 II를 착륙시킬 정도로 뛰어난 우주 기술력도 갖고 있다. △핵물질 △핵무기 기술 △핵무기를 운반할

로켓 기술 등 핵무장에 필요한 모든 것을 확보한 것이다. 일본은 중국 항모 랴오닝함에 대항하고자 2012년 초 헬기와 수직이착륙기 F-35B 탑재가 가능한 2만 7,000t 항공모함 2척 건조에 착수했다. 일본은 이미 2011년 3월 헬기 이·착륙이 가능한 1만t급 이세함 등 2척을 실전배치했다. 향후 총 4척의 경항모를 확보할 계획이다. 일본은 1930년대 세계 최초로 항공모함을 실전배치했다. 2017년 7월에는 13억 달러를 투입하여 건조한 최신형 이지스 구축함 '마야'를 진수했다. '마야'의 전투력은 미국의 최신예 스텔스함 줌월트급이라 한다. 구축함 47척도 확보할 계획이다. 일본 함정 톤수는 우리의 2배가 넘는 46만t에 달한다.

일본은 수직이착륙형 F-35B를 포함한 스텔스기 F-35 105대 추가 구매에 나섰으며, 스텔스 기능을 갖춘 자국산 전투기 개발에도 나섰다. 일본은 2014년 7월 1일 아베 총리 주도의 각의 결정을 통해 평화헌법 9조를 재해석해 집단적 자위권 행사가 가능하도록 했다. 사실상 '전쟁할 수 있는 나라'가 되었다. 지금은 9조 개정을 추진하고 있다. 중국과 일본 군대가 다시 한반도에 출현할 가능성이 있다.

북한뿐 아니라 중국, 일본이라는 지정학적 숙적宿敵과 맞선 우리나라는 세계 7위로 평가받는 군사력을 가졌지만 핵물질을 확보하거나 대륙간탄도미사일 기술을 개발하지 못했다. 핵무장 가능성은 열어놓아야 한다. 우리는 군사정보 취합 능력도 부족하다. 가장 큰 문제는 일부 지도층 인사들이 미국의 지원 없이 우리 힘만으로는 나라를 지킬 수 없다는 패배주의 혹은 대외 의존주의에 빠져 있다는 점이다. 국가정보 분야의 전문성 부족도 해결해야 할 문제다. 국제위기그룹ICG은 2014년 8월 발표한 보고서에서 우리 정보기관의 지나친 정치화와 전문성 결여를 지적했다.

민족사의 4대 참패慘敗

백선엽, 정일권 등 6·25 참전 장군들과 『가장 추운 겨울The Coldest Winter』의 저자 데이비드 핼버스탬 등에 따르면, 6·25전쟁 시 중공군은 화력이 약하고 전술 이해도도 낮은 한국군을 상대로는 불가능해 보이는 작전도 감행했다 한다. 1951년 5월 중공군 9병단20, 26, 27군단으로 구성이 1개 대대 병력을 동원하여 강원도 인제군 현리 후방의 오마치五馬峙를 점령한 다음 후퇴를 위해 현리에 집결한 한국군 3군단사령관 유재흥, 국방장관 역임을 궤멸시킨 것이 대표적 예이다. 현리에 이은 하진부리 전투 참패로 3군단은 해체됐다. 현리 전투 참패로 5,000명 이상의 병력이 사살되거나 포로가 되어 북한으로 끌려갔다. 포로 대다수는 북한군으로 편제됐다. 1994년 노인이 되어 탈북한 조창호 중위도 이 때 포로가 되었다. 이 전투는 전시작전통제권이 미국으로 넘어가는 계기가 됐다. 이 전투는 임진왜란 때 광교산 전투1592와 칠천량해전1597, 병자호란 때 경기 광주 雙령 전투1636와 함께 우리 역사 4대 패전 중 하나로 꼽히기도 한다. 광교산 전투 시 조선군 7~8만 명이 와키자카脇坂 安治가 이끄는 왜군 1,600여 명에게 궤주潰走 당했다. 쌍령 전투 때는 조선군 4만여 명이 청군 600~700여 기騎에 궤멸됐다. 우리는 6·25전쟁 후 미국의 정치·경제·군사적 우산 아래 살아왔다. 강력한 해·공군력을 갖추고 전시작전통제권을 행사해 온 미군의 지원 아래 한국군은 육군 중심으로 발전해 왔다. 미군과 국군 사이에 일종의 분업 체계가 수립된 것이다. 이 같은 과정을 거치면서 국군은 하드웨어와 소프트웨어는 물론 정신적 측면에서도 미군에 과도하게 의존하게 되었다. 국군은 전쟁을 독자적으로 기획·수행할 능력을 갖추지 못했다. 중동의 인구 900만 명의 작은 나라, 이스라엘과 비교되는 대

오마치고개

목이다. 국군 지도부는 2010년 11월 연평도 포격 사건이 발생했을 때 청와대 지시가 떨어지기만 기다리는 태도를 보였다. 지난 6월 북한 목선 삼척항 입항 사건 발생 이후 특히 우리 군 일각이 월급쟁이로 변했다는 말이 나온다. 우리 군이 이렇게 된 원인 중 하나로 6·25전쟁과 베트남전쟁 이후 제대로 된 군사작전을 못해봤다는 점을 지적할 수 있다. 전시작전권이 전환되면 전쟁 발발 시 국군이 주력을 맡고 미군이 이를 지원하는 형태가 된다. 전시작전권이 전환된다 해서 주한미군이 철수하거나 한·미동맹이 종식되는 일은 발생하지 않는다. 한·미 양국은 2014년 10월 안보협의회SCM 이후 당초 2012년 4월 이행하기로 했던 전시작전권 전환을 무기 연기한다고 발표했다. 한·미 양국은 정권교체 이후인 2017년 10월 개최 SCM에서 전시작전권 전환을 조속히 실현하기 위한 노력을 경주하기로 합의했다. 미국은 유엔사를 강화하는 방법으로 전작권 전환 후 실질적 지휘권 행사를 추진하고 있다 한다. 당초 계획한 대로 전시작전권을 전환했더라면 군을 포함한 국민 모두가 우리 힘으로 북한을 포함한 외부의 침공을 막을 역량을 갖춰야 한다는 점을 깊이 인식했을 것이다. 또한 분열된 우리 사회를 통합하는 데도 긍정적으로 작용했을 것이다.

'미국 의존 DNA'

안보 환경이 우리 못지않게 열악한 이스라엘군에는 한국군과 달리 위기에 대한 절박함이 살아 숨 쉰다. 전면전은 일어나지 않을 것이며 일어나더라도 미군이 주둔하는 한 괜찮을 것이라는 생각이 우리 군 고위 인사들 일부에게 잠재돼 있다. 장군들의 심리 속에 '미군 의존 DNA'가 흐르는 셈이다.

한·미 군사동맹을 활용하는 것과 미국에 우리의 생존을 맡기는 것은 다른 문제이다. 제집 지키는 일을 이웃집 힘센 사람에게 맡겨놓은 가정에선 온갖 문제가 발생할 수밖에 없다. 임진왜란을 극복한 류성룡은 "용겁불혼勇怯不混, 용감한 자와 겁쟁이를 함께 섞지 말라"이라 했다. △현리 전투, △쌍령 전투, △광교산수원-용인 전투, △칠천량 해전의 지휘관을 닮은, "미군을 제외하고 한국군만이 1대 1로 북한군과 싸우면 한국군이 진다."고 '용감하게' 말하는 장군들은 이제 물러나야 한다.

미군이 전시작전통제권을 행사할 경우 북한은 물론 중국, 일본을 상대로 한 군사적 억지력deterrence에서는 도움이 될 것이다. 1990년대까지라면 모르겠으나 중국이 부상하는 반면 미국이 상대적으로 쇠퇴하며, 일본도 전쟁 할 수 있는 나라로 바뀐 지금 국가 운명과 직결된 안보를 앞으로도 미군에 전적으로 맡기겠다는 생각은 버려야 한다. 재정 문제가 심각한 미국 일각에서 주한미군과 주일미군 철수는 물론, 굴기崛起한 중국과의 타협책으로 오세아니아–하와이 라인 후퇴조차 거론되는 것이 현실이다. 한반도에 다시 전쟁이 일어나면 한반도 정세와 밀접한 관계를 가진 중국군, 일본군은 자동으로 파병하게 되어 있다.

전시작전권 전환은 통일 문제와도 연관되어 있다. 중국은 역사적으로 한반도, 특히 북한 지역이 미국, 일본 같은 해양세력 영향 아래 들어가는 것을 우려해 왔다. 6·25전쟁 때 중국은 유엔군이 인천상륙작전에 성공하고, 38선을 돌파할 기미를 보이자 인민지원군 파병을 본격적으로 준비했다. 한반도 통일은 중국의 외곽 방어선인 북한의 소멸을 의미하며 미군이 북한 지역에 진주할 수 있다는 것을 뜻한다. 통일을 위해서는 중국의 협조가 필요한데, 베이징은 전시작전권을 갖지 못한 한국이 미군의 북한지역 진주를 막을 수 없으리라고 판단할 소지가 크다.

중국이 한반도 통일을 용인하지 않을 가능성이 있다는 뜻이다. 중국은 한국이 최소한 미군의 북한지역 진출을 받아들이지 않으리라는 확신이 설 때에만 통일에 협조하거나 묵인할 것이다. 6·25 때 우리가 강하게 원했지만 전시작전권을 보유한 미국의 반대로 '재차再次의 북진'을 시도조차 못했다는 사실도 기억해야 한다.

스스로 지키려 하지 않는 자, 그 누가 도우려 하겠는가?

1960~1970년대에도 강조된 자주自主·자강自强 의식 없이는 통일은 고사하고 자기 안보도 확보할 수 없다. 『군주론』의 저자 마키아벨리는 "스스로 지키려 하지 않는 자, 그 누가 도우려 하겠는가?"라고 했

다. 우리 국민이 자주·자강 의식을 갖지 않고서는 전시작전권을 전환하더라도 군대를 제대로 운용할 수 없다. 강력한 군대를 만들려면 무엇보다 미군에 대한 우리 군의 정신적 의존을 해소해야 한다. 전시작전권 전환에 대비해 육군 현대화, 해·공군력 증강, 정보 획득·운용 능력도 강화해야 한다. 육·해·공군 병력 수를 52만·7만·6.5만 명에서 30만·12만·10만 명으로 조정하고, 육군병력 감축으로 절감한 예산을 육군 현대화와 해·공군력 증강에 사용해야 한다. 징집 대상 18세 남성 인구는 2020년경 26만 5,000명으로 줄어들 것으로 추산된다. 이 때문에라도 군 현대화가 필요하다.

정규군만 15개 군단 102만 명으로 구성된 북한 지상군에 대응하려면 우리 지상군을 보강해야 한다. 청·장년 예비군과 경찰을 대상으로 매년 2~3주 군사훈련을 실시하여 강력한 예비대로 유지해야 한다. 지휘의 효율을 기하기 위해 미군, 독일군, 이스라엘군 등에 비해 필요 이상으로 비대해진 군 상층부도 조정해야 한다. 우리 군은 지난 1월 제1 야전군 사령부_{강원도} 담당와 제3 야전군 사령부_{경기도} 담당를 지상작전사령부로 통합했다. 장성 21자리가 줄어든다 한다. 교통, 통신은 물론 기계화 정도도 과거와 비교할 수 없게 발전한 지금 군단-사단여단-연대-대대 편제도 군단-여단-대대 편제로 보다 슬림화slim해야 할 것이다.

해·공군력 상당 부분을 미군에 의존한 육군 중심 체계에 길든 군대로는 현대화한 이웃나라 군대를 제대로 상대할 수 없다. 삼성전자나 현대·기아차가 치열한 경쟁을 통해 세계적 수준에 올랐듯이 국군도 미군에 대한 과도한 의존에서 벗어나 독자적으로 대규모 전투와 전쟁을 기획·실행할 역량을 갖춰 나가야 한다. 군을 포함한 국민 모두가 위기의식을 가져야 강한 나라를 만들고 통일도 이뤄낼 수 있다.

미국이나 이스라엘은 지속적인 전쟁 상태에 처해 있으면서도 나라를 발전시켜 왔다. 로마 제국, 오스만터키 제국, 청淸 제국도 마찬가지다. 개인도 그렇겠지만 국가 역시 적당한 긴장 속에 있어야 구성원들을 통합하고, 계속 발전하는 데 필요한 에너지를 창출해낼 수 있다.

사드 한국 배치2017년 5월

사드THAAD, Terminal High Altitude Area Defense는 영문 명칭이 말하듯이 일정 지역area에 주둔한 병력과 군 장비 보호 등을 위해, 적국이 발사한 탄도로켓 추진력으로 대기권을 넘어 비행하다가 최종적으로는 자유 낙하하는미사일을 마지막terminal 고고도40~150㎞ 자유낙하 단계에서 우리 또는 동맹국이 쏘아올린 미사일로 맞추어 파괴hit-to-kill하는 미사일 방어시스템을 말한다. 1개 사드 포대는 ①레이더AN/TPY-2 레이더, ②발사대 6대1대당 6기의 미사일 장착, ③통제시스템으로 구성되어 있다. 사드는 주한 미군 병력과 장비 및 부산과 진해 포함 증원군 도착 시설 등을 북한의 단.중거리 미사일 공격으로부터 방어하는 것이 주목적이다.

북한 미사일 공격으로부터 주한미군 병력 방어와 함께 고성능-광대역AN/TPY-2, X밴드 레이더를 활용한 중국과 러시아의 전략시설핵·미사일 시설 등 탐지가 더 큰 목적이라는 주장도 있다.

　　중국이 사드 한국 배치에 강력히 반발하는 이유는 △베이징-톈진 등 수도권을 포함한 중국 핵심 군사 시설의 움직임이 그대로 노출되게 되어 안 그래도 약한 중국의 미국에 대한 핵무기 억지력이 더 약해지고, 이에 따라 비대한 육군 병력 감축 포함 군 현대화를 추진하지 못하게 되는 등 미국과 불필요한 군비경쟁에 빠져들 수 있으며, △한국이 미국 주도 전략미사일방어체제MD나 한·미·일 군사동맹체제에 완전 편입될 수 있고, △박근혜 전前 대통령의 천안문 망루 외교2015년 9월 등을 통해 중국편이 되었다고 본 한국이 미국편을 드는 것으로 비춰 시진핑의 외교성과가 빛이 바래게 되어 시진핑이 권위에 타격을 입은 것 등 때문인 것으로 보인다. 그리고 한국을 미국 주도 군사동맹에 기울지 못하게 하려는 의도도 내포되어 있는 것으로 판단된다.

미국은 중국의 동아시아-서태평양 방면 팽창을 우려, 중국과 가장 근접한 한국에도 사드를 배치해 놓았다. 한국이 사드 문제로 미·중 간 대립과 갈등의 한 복판에 서지 않는 것이 최선이었으나, 사드가 이미 한국에 배치된 지금 우리는 ①한·미 동맹 차원에서라도 북한 핵미사일 공격으로부터 주한 미군을 방어하는데 도움을 주어야 하지만, ②사드 1개 포대만 배치하고, 특히 중국을 겨냥하는 한·미·일 군사동맹체제에는 가담하지 않겠다는 의사를 표명함으로써, 중국의 안보 우려를 해소해 주어 우리나라에 대한 경제·문화 제재를 철회하게 해야 한다. 2017년 10월 한국측이 중국측에 3불(不) 원칙을 표명함으로써 문제가 일부 해소되었다. 사드 한국 배치 거부는 한·미 관계를 위기로 몰아넣을 수 있으며, 사드 1개 포대 이상 배치는 미국의 중국 포위망으로 해석될 수 있어 한국에 대한 중국의 추가 고강도 제재를 유발할 수 있는 반면, 1개 포대만 한국에 배치할 경우 시간이 지나면서 중국의 반발을 누그러뜨릴 수 있고, 미국도 중요한 전략 자산인 사드가 배치된 한국과의 관계를 좀 더 고려하지 않을 수 없을 것이기 때문이다.

통일 외교관의 눈으로 보다

4

유라시아 정세 변화와 한반도

1
미·중·러 관계

미국과 함께 중국은 우리나라의 현재와 미래에 가장 큰 영향을 미치는 나라이다. 근년 들어 더 심각해진 미세먼지 문제 관련 중국 요인만 보아도 중국이 우리나라에게 얼마나 큰 영향을 미치는지 알 수 있다. 중국은 강대국으로 살아남은 유일한 고대문명이다. 메소포타미아, 이집트, 인더스 문명은 시간과 함께 약화·소멸되어 문화인류학적 측면으로만 의미를 남기고 있다. 세계 최고最古 문명국 가운데 하나인 중국은 만주淸 왕조 시대인 18세기 말 경까지 세계 GDP의 약 32%를 차지하고 있었으며, 영토는 동으로는 사할린섬에서 서로는 발하쉬호까지, 남으로는 하이난다오海南島에서 북으로는 스타노보이산맥와이싱안령, 外興安嶺까지 뻗어 있었다. 당시 청만주은 비교할 상대가 없는 독보적 강대국이었다. 1840년 영국과의 아편전쟁阿片戰爭 패배 이후 100여 년간 외부 세력의 공세에 계속 위축되어 가던 중국은 1949년 10월 중화인민공화국PRC 건국으로 부흥의 전환점을 마련했다. 중국은 1978년 12월 개혁·개방 이후 40년간 지속되어 온 경제성장에 힘입어 증강된 국력을 바탕으로 해외 진출에 나섰다. 중국은 미국과 그 동맹국들에 의해 서태평양 진출이 저지당하자 일대일로一帶一路를 슬로건으로 하여 유라시아대륙을 동-서로 관통하는 영향권 구축을 시도하고 있다. 중국은 아프리카, 오세아니아, 중남미로도 영향력을 확장하려 한다. 지난 4월 베이징에서 개최된 '일대일로 국제협력 정상포럼'에는 국가정상 포함 150개국 대표단이 참석했다. 중국과 미국 간 갈등과 대립이 지속되고 있는 지금 중층적重層的 세계질서의 주요 구성 부분 중 하나인 중·러 관계가 국제정치 핵심 사안 중 하나로 떠오르고 있는 것도 바로 이 때문이다.

2008년 세계금융위기global financial crisis 이후에도 4~5년간 더 지속되던 중국의 급성장세는 완만해진 반면, 셰일가스와 소프트웨어soft ware 혁명으로 대표되는 미국 경제는 회복세에 들어섰다. 미국은 중국의 팽창 시도에 대응하여 북대서양조약기구NATO와 일본의 안보 역할 확대를 요구·지원하는 한편, 한국과 인도, 호주, 베트남 등과 합종合縱하여 중국의 남중국해-인도양 방면 세력 확장 움직임도 저지하고 나섰다. 오바마 대통령은 2016년 5월 말 미국 대통령으로서는 세 번째로 베트남을 방문했다. 이를 계기로 미국은 베트남에 대한 무기 수출 금지 조치를 전면 해제했다. 트럼프 대통령은 2019년 2월 말 김정은과의 정상회담을 위해 하노이를 방문했다. 미·베트남 관계가 한층 더 가까워진 느낌이다. 제1차 세계대전 시 영국이 독일비스마르크제국, 제2제국의 해군력 증강에 위협을 느껴 유라시아의 패권을 두고 경쟁한 Great Game의 라이벌 러시아, 프랑스와 연합하기로 했듯이 미국도 중국의 유라시아, 서태평양 진출 시도에 위협을 느껴 일본, 한국, 베트남, 인도, 호주 등 아시아대륙 외곽rim 국가들을 연결하여 대對중국 봉쇄망 구축에 나서고 있다. 미국은 완벽하지는 않지만, 동맹 내지 우호국들과 합종하여 서해–동중국해–타이완–남중국해 라인에서 중국의 해양 진출 시도를 저지하는 데 일단 성공했다.

미·러의 이해관계는 우크라이나와 발트 3국을 포함한 동유럽, 조지아그루지야를 포함한 남부 코카서스, 옛소련의 영향하에 있던 시리아, 베네수엘라 등에서도 충돌하고 있다. 미국은 미사일방어체제MD를 루마니아, 폴란드 등 중동부 유럽으로 전진시키는 한편, NATO를 앞세워 발트 3국, 우크라이나, 그리고 조지아와 아제르바이잔 포함 코카서스 국가들과의 군사협력도 추진하고 있다. 러시아는 EU와 NATO의 발칸, 동유럽 방향 동진과 함께 체첸, 잉구슈, 다게스탄을 포함한 코카서스 지역 이슬람 세력은 물론 나고르니–카라바흐를 둘러싼 아제르바이잔–아르메니아 전쟁 재발 가능성 등으로 인해 위협을 느끼고 있다. 중국은 미국에 대항하기 위해서는 유라시아의 군사대국 러시아와의 협력이 필수적이라는 인식하에 대對러시아 관계 개선·강

키예프의 우크라이나 정교회 성당

화에 나섰다. 미국과 NATO, EU의 압박을 받고 있는 러시아도 경제·군사 측면에서 중국과의 협력 강화를 바라고 있다.

외교안보관계를 보는 중국의 시각은, 키신저가 『On China』에서 기술했듯이, 위·촉·오 3국 시대의 지정학적 시각에서 크게 벗어나지 못한다. 중국 역사에서 북방세력은 흉노匈奴부터 선비, 돌궐, 거란, 여진, 몽골, 만주, 러시아소련에 이르기까지 언제나 남방 중국에 위협이 되었다. 현대 중국이 러시아를 보는 시각 역시 한漢 시기 흉노나 당唐 시기 돌궐을 보는 시각과 유사한 점이 있다. 19세기 청나라 말엽 제국주의 시대에 들어 동남방 바다로부터의 공격을 우선 저지해야 한다는 해방론海防論과 북방 육지로부터의 공격을 우선 저지해야 한다는 새방론塞防論이 대두했다. 냉전 이후 미국과 러시아소련가 2대 강국으로 중국의 안보에 큰 영향을 미치면서 해방론과 새방론은 중국 외교안보 시각의 2대 관점을 이루게 되었다.

17세기 청·러 간 헤이룽장 유역 알바진 충돌부터 1960년대 말 중·소 간 전바오섬다만스키섬 충돌까지 중·러 충돌사를 살펴보면, 왜 중국이 해양세력 미국과 대륙세력 러시아 사이에서 지금과 같이 행보하고 있는지를 이해하는 데 큰 도움이 된다. 중·러 관계의 진전은 상대적 국력과 상황의 차이에 기인, 일정한 패턴을 보이고 있다. 동아시아의 대국 중국은 미·일·인도라는 해양세력과 러시아라는 대륙세력 사이에 위치해 있다. 중국은 해양세력과 대륙세력 모두를 적으로 돌려서는 국가안보를 유지할 수 없다. 이 때문에 배후에 자리한 러시아와의 관계를 밀접히 하고 있다.

2
3극 체제의 대두

유라시아 국가 소련

51년 전인 1968년 8월 소련군, 폴란드군, 헝가리군을 포함한 바르샤바 조약군 20여만 명이 2,000여 대의 탱크를 앞세우고 (당시) 체코슬로바키아의 수도 프라하를 침공했다. 바르샤바 조약군은 둡체크 Alexander Dubcek 제1서기 포함 '인간의 얼굴을 한 사회주의'를 주창한 체코슬로바키아 공산당 개혁파 지도자들을 체포하고, 그들을 추종한 50만 명의 공산당원도 모두 축출했다.

소련은 '프라하의 봄'으로 불린 체코슬로바키아 공산당의 민주개혁운동이 이웃나라 폴란드, 헝가리와 특히, 소연방蘇聯邦 내 우크라이나 공화국에까지 영향을 미칠까 우려하여 프라하를 전격電擊 침공했다. 그런데, 소련 주도의 바르샤바 조약군이 프라하를 침공한 보다 더 근본적인 이유는 소련의 패권에 도전하던 동아시아의 공산대국 중국을 성동격서 전술로 압박하려는 데 있었다.

동쪽으로는 알래스카와 인접한 베링해 라트마노바 섬으로부터 서쪽로는 칼리닌그라드舊동프로이센 Königsberg까지 길이 10,000㎞ 이상에 이르는 면적 2,240만㎢의 유라시아 대국 소련은 체코슬로바키아라는 닭의 목을 틀어쥐어 단발마의 비명을 지르게 함으로써, 동아시아의 공산대국 중국이라는 원숭이를 떨게 만드는 살계경후殺鷄驚猴 전술을 채택했다. 소련은 체코슬로바키아 침공의 이론적 근거로 '사회주의 주권제한론브레즈네프 독트린'을 내세웠다. '모든 사회주의 국가는 주권을 갖고 있으나, 이는 해당국의 사회주의 발전방향이 여타 사회주의국가나 국제공산주의 이익을 저해하지 않는 범위 내에서 행사되어야 한다.'는 것이다. 주권제한론에 대해 중국은 "타국의 주권은 유한한데 반해, 소련 수정주의자의 주권은 무한하다고 하는 말과 다름없는 새로운 형태의 제국주의에 불과하다."고 맹비난했다. 당시 중국의 반응은 소련을 승계한 러시아가 2014년 3월 우크라이나령 크리미아 반도를 침공했을 때의 미온적 반응과는 크게 달랐다. 이에 반해 당시 미국은 바르샤바 조약군의 프라하 침공에 대해 매우 절제된 반응을 보였다. 당시 미·소 양국은 서로 상대방 세력권 내의 일에 대해서는 간섭하지 않는다는 묵계黙契를 갖고 있었다.

바르샤바 조약군의 프라하 침공 진의를 간파한 마오쩌뚱毛澤東 등 중국 지도부는 미국에 접근하기로 결정했다. 1949년 신정부 수립 이후 초창기를 제외하고는 공산권의 맹주 소련과 협력보다는 갈등·대립해온 중국이 마침내 미국 쪽으로 외교정책을 선회하기로 결정한 것이다. 중국이 미국 쪽으로 방향을 전환함으로써 미·중·소라는 세발자전거three-wheeler가 두발자전거bicycle로 형태를 바꾸어 나갔다. 세발자전거는 여간해서는 넘어지지 않지만, 두발자전거는 계속 페달을 밟지 않으면 바로 넘어진다. 즉, 프라하 사태로 인해 미·소 우위의 미·

중·소 정족지세鼎足之勢가 해체되기 시작했다. 한반도-만주에서의 고구려高句麗-백제百濟-신라新羅 간 정립鼎立은 BC 1세기부터 AD 7세기까지 장기간 어느 한 나라도 망하지 않으면서 700여 년간이나 유지된 반면, 중국 대륙의 위魏-촉蜀-오吳 간 정립은 위나라가 촉나라를 정복한 AD 263년 정족지세가 성립된 지 불과 40여 년 만에 종식되었다. 이는 중국의 지정학적 환경과 조건이 한반도-만주와 달랐기 때문이다. 미국과의 세력균형유지를 위해 힘에 부칠 정도로 빠르게 자전거 페달을 밟아야만 했던 소련에게 있어 중국의 외교방향 전환은 엄청난 추가 부담이 되었다. 소련이 주도한 바르샤바 조약군의 프라하 침공은 미·소 세력균형이 무너지는 변곡점變曲點이었다.

양탄일성兩彈一星

1927년 4월~1950년 5월 간 발생한 국공내전시기 배태胚胎된 중·소 갈등은 1956년 흐루쇼프Nikita Khrushchyov 소련 공산당 지도부의 스탈린Iosif Stalin 격하 운동, 1959년 9월 아이젠하워-흐루쇼프 간 캠프 데이비드Camp David 정상회담에 이은 소련의 대對중국 핵기술 제공 거부, 1962년 쿠바 미사일 위기미국이 터키에 미사일을 선제 배치한 것과 관련와 인도 서북부 카시미르-티베트 경계 악사이친4.3만㎢, 동북부 아루나찰 프라데시8.4만㎢ 등을 둘러싼 중·인 국경 전쟁 시 소련의 대對인도 군사원조 제공 포함 일련의 사건을 거치면서 계속 악화되어 갔다. 악사이친과 아루나찰 프라데시를 둘러싼 중·인 국경 분쟁은 지금도 계속되고 있다. 2017년 여름 중국은 인도와 부탄의 반대에도 불구하고, 부탄 서북부 히말라야 도클람 지역에 군사용 도로건설을 시도하여 인도, 부탄과 마찰을 빚었다.

중국 공산당은 1921년 창당 시기에는 소련 공산당의 지도를 받았으나, 1930년대 이후 마오쩌둥의 지도하에 독자 방식을 취하여 소련의 견제를 받았다. 소련은 국공내전시기 장제스蔣介石 정부 측 인사들을 교육시키는 등 일본 견제를 위해 국민당 정부를 지원했다. 중국은 1949년 10월 중화인민공화국 수립 직후에는 일단 소련에 접근했다. 중국은 소련의 발전 경험을 활용하고자 했으며, 소련은 중국을 끌어들여 미국에 대항하고자 했다. 1950년 2월 중·소는 동아시아에서 미·일 세력에 대항하고자 '상호원조조약'을 체결했다. 중·소 협력 분위기가 조성되었다. 6·25전쟁 시기에도 주도권을 놓고 양국 간 알력軋轢은 있었지만 중대 문제로 비화되지는 않았다. 1953년 스탈린이 사망하고, 흐루쇼프가 공산당 제1 서기가 되면서 갈등이 표면화되었다.

흐루쇼프는 1956년 2월 모스크바에서 개최된 소련 공산당 제20차 대회에서 스탈린을 비판하는 내용의 연설을 했으며, 미국과는 평화공존을 내세웠다. 중국은 소련 신新지도부의 스탈린 비판과 평화공존론에 대해 격렬히 반발했다. 중국이 소련을 '수정주의修正主義'라고 비난하자 소련은 중국을 '교조주의敎條主義'라고 비판했다. 1957년 중국은 푸젠성福建省 샤먼아모이 앞바다 타이완령 진먼다오金門島에 포격을 가하는 등 타이완 군사 침공 움직임을 보였다. 이에 놀란 미국은 서태평양 지역을 관할하는 제7함대를 출동시켰으며, 2~3개 중대 규모해병대 병력을 타이완에 상륙시켰다.

중국은 미국의 핵공격을 막기 위해 필요하다 하면서, 소련에 핵기술 제공을 요구했다. 소련은 핵기술 제공을 거부하고, 중·소 극동연합군을 구성할 것을 제안했다. 이는 중국이 장래 개발할 핵무기를 소련 통제하에 둠으로써, 미래에 발생할지도 모르는 중·소 핵전쟁을 예방하기 위한 목적에서였다. 중국은 소련의 제안을 단호히 거부했다. 이에 대해 소련은 핵기술을 제공하기로 한 중국과의 약속을 무효화하고, 소련 기술자도 철수시켰다. 중국은 미국에 대항하는 것은 물론, 소련의 압박에 저항할 수 있기 위해서는 핵무장이 필요하다고 판단하여 양탄일성兩彈一星, 즉 ①원자탄彈과 ②수소탄彈, ③대륙간탄도미사일ICBM星을 개발하기로 결정했다. 중국은 유학파 덩자셴鄧稼先과 위민干敏을 포함한 다수 핵물리학자 등을 통해 확보한 기술로 1964년 원폭실험, 1967년 수폭실험을 성공적으로 실시했으며, 1970년대에는 미국에서 돌아온 천쉐싼錢學森 주도로 ICBM, 우주 로켓 발사 시험에도 성공했다. 한편, 중·소 간 전쟁 분위기가 고조되어 가던 1965년 중국 공산당CCP 중앙위원 예젠잉은 랴오둥반도 다롄의 방추이다오 휴양지에서 소련의 수정주의를 비난하는 장문의 시를 지었다.

소련의 중국 핵공격 시도

중·소 관계는 북만주 헤이룽장아무르강 내 도서인 전바오섬珍寶島: 다만스키섬 군사충돌로 인해 핵무기까지 동원될 수 있는 전면전 일보 직전 상황으로까지 비화되었다. 전바오섬은 헤이룽장 안에 있는 면적 0.74㎢의 소도서小島嶼이다. 원래 중국 쪽에 붙은 육지였다가 헤이룽장 흐름의 변화에 의해 중국 쪽 토지가 침식되어 1915년 섬이 되었다. 1968년 12월 소련군 75명이 전바오섬에 상륙하여 중국군 여덟 명에게 부상을 입히고, 자동소총 두 자루를 탈취해 갔다. 이 사건을 시작으로 중국군과 소련군은 전바오섬에서 여러 차례 무력충돌을 일으켰다. 1969년 3월 다시 군사충돌이 발생하여 중국군 50여 명, 소련군 60여 명이 사상死傷했다. 중·소는 그해 6월과 8월 장소를 서부 신장新疆으로 옮겨 여러 차례 더 군사충돌을 벌였다. 8월 충돌 시 소련군은 헬리콥터, 탱크, 장갑차 등 중화기까지 동원했다. 소련은 중국의 군사위협을 일소하겠다 하면서, 시베리아 극동에 배치된 수백만t 급 핵탄두를 장착한 중거리 탄도미사일을 동원한 외과수술식surgical strike 핵공격 가능성을 시사했다.

1969년 8월 20일 도브리닌 주駐미국 소련대사는 키신저Henry Kissinger 미국 국가안전보장회의NSC 사무국장을 만나 대對중국 외과수술식 핵공격 의사를 밝히면서 이에 대한 미국의 입장을 물었다. 닉슨Richard Nixon 대통령은 긴급 소집된 고위안보회의에서 "중국이 소련의 핵공격으로 멸망하는 것은 미국에게 전략적으로 불리하다."라는 결론을 내렸다. 미국은 1969년 8월 28일 소규모 지역신문 『워싱턴 스타 the Washington Star』를 통해 소련이 대對중국 외과수술식 핵공격을 준비하고 있다고 알렸다. 소련이 수백만t급 핵탄두를 장착한 중거리 탄도미사일을 동원하여 간쑤성 주취안酒泉과 쓰촨성 시창西昌 소재 미사일 기지, 신장 위구르 자치구 롭노르Lop-Nor 소재 핵실험 기지와 함께 베이징北京, 창춘長春, 안산鞍山 등에 대한 공격을 준비하고 있다는 것이다.

이와 함께 미국 전략군이 소련의 134개 도시, 군사기지, 교통중심지, 중공업 기지에 대한 핵공격을 준비하고 있다는 정보도 흘렸다. '워싱턴 스타' 보도를 통해 소련의 핵공격 계획을 알게 된 중국은 "소련의 핵공격을 두려워하지 않으며, 즉각 응전태세를 갖출 것이다."라고 발표했다. 이와 함께 중국은 방산防産 포함 주요 산업시설을 창장長江 중상류 우한과 충칭, 시창 등 중서부 지역으로 이전하기로 했다. 미국이 소련의 대對중국 핵공격을 반대한다는 것을 확인한 소련은 중국과 타협하기로 했다. 1969년 9월 11일 코시긴Aleksev Kosygin 총리는 베트남 방문을 마치고, 귀국하는 길에 베이징 공항에 들러 저우언라이 周恩來 중국 총리와 회담했다. 중·소 두 나라는 일단 화해했다. 하지만 중국은 롭노르 핵실험 기지에서 9월 23일과 9월 29일 각기 2만t급 원자탄과 300만t급 수소탄 실험을 강행했다. 중국은 소련에게 핵전쟁도 불사할 준비가 되어 있다는 국가 의지를 보여준 것이다. 1969년 10월 20일 베이징에서 중·소 국경 회담이 개최되었다. 이로써 중·소 간 핵전쟁 발발 가능성은 사라졌다.

전바오섬 사건은 중국에게 대對미국 접근 기회를 제공했다. 1969년 12월 키신저의 지시를 받은 주駐폴란드 미국대사가 주폴란드 중국 대리대사를 접촉하여 미국은 여러 가지 사안에 대해 중국과 진지하게 협의할 의사가 있다는 뜻을 전했다. 1970년 8월 파키스탄을 방문 중이던 닉슨은 아히야 칸Yahya Khan 대통령에게 '중국과 같은 대국이 고립되어 있는 한 아시아는 발전하지 못할 것이다.'라고 하면서, 미국이 중국과 대화하고 싶다는 뜻을 중국에 전해 줄 것을 요청했다. 아히야 칸은 1970년 11월 베이징을 방문한 계기에 저우언라이에게 미국이 중국에 밀사를 파견할 의향이 있음을 전했다.

러시아의 남진과 중국의 반격

중·러는 제정러시아, 청나라 시대인 17세기 전반 국경을 접하게 된 이래 전바오섬 전투를 제외하고도 3차례나 더 무력 충돌했다. 러시아는 16세기 말부터 코사크군슬라브계에 동화된 투르크계 군단을 파병하여 시베리아를 가로질러 계속 동쪽으로 나아가게 했다. 러시아는 1605년 시베리아 중부에 톰스크를 건설하고, 1643년 오호츠크해를 탐사했으며, 이어 남진하여 헤이룽장 유역과 사할린섬, 쿠릴열도를 탐사했다. 청나라군은 남진해 온 러시아군과 1652년 4월 헤이룽장 중류 하바로프스크Khabarovsk 인근 알바진 기지에서 조우하여, 최초로 전투를 치렀다.

남중국 일대에서 세력을 유지하던 영력제주유랑와 정성공 등 남명南明 세력 제압에 주력군을 투입할 수밖에 없었던 청나라군은 러시아군의 주력을 이루던 코사크 기병대에 패했다. 코사크군은 헤이룽장과 헤이룽장의 남쪽 지류인 쑹화장松花江 흐름을 따라 계속 남진해 왔다. 러시아군의 침공에 위협을 느낀 청나라는 이후 지린성 이북 북만주 지역 군사력을 대폭 보강했다. 청나라군은 1654년 조선군 조총부대의 지원을 받아 쑹화장 중류에서 러시아군을 맞아 완승했다. 명나라 잔존세력을 제압한 청나라군은 북상하여 1685년 2월 알바진 기지를 공격, 점령했다. 청나라와 러시아는 이후 청나라 우위 하에 일진일퇴 공방을 벌이다가 1689년 네르친스크Nerchinsk 조약을 통해 국경을 확정지었다. 양국은 와이싱안링스타노보이 산맥山脈과 아르군강을 국경으로 정했다.

해방海防과 새방塞防

19세기 중엽이후 서세동점西勢東漸 시기에 러시아는 만주 방면은 물론, 신장新疆 방면으로도 청나라에 압력을 가했다. 러시아와 청나라는 1864년 서북국경획정조약을 체결했는데, 이 조약을 통해 지금의 카자흐스탄령 발하쉬호 유역 44만㎢가 러시아로 넘어갔다. 한편, 신장과 접한 중앙아시아에는 부하라Bukhara, 히바Khiva, 코칸드Kokand라는 3개의 한국Khanate, 汗國이 있었는데, 부하라한국은 1868년 러시아에 합병되었으며, 히바한국도 1873년 러시아의 보호국이 되었다. 신장과 접한 코칸드한국은 신장이 혼란에 처하자 1864년 야쿱 벡Yakub Beg을 카슈가르에 파견하여 신장 방향으로 세력을 확장하려 했다. 하지만 얼마 지나지 않아 코칸드한국 자체가 러시아의 공격을 받아 멸망 위기에 처했다. 본국으로 돌아갈 수 없게 된 야쿱 벡은 신장 이슬람 반군과 합세하여 점령지역을 넓혀 나갔다. 1872년 무렵에는 신장 거의 대부분을 영향권 아래 넣었다. 인도를 지배하던 영국은 러시아에 접근하여 야쿱 벡의 신장 지배를 수용하는 방법으로 신장을 영·러 간 완충지대로 삼으려 했다. 영국과 러시아 모두 카슈가르에 영사관을 설립하는 등 톈산산맥 남부 남신장南新疆에 세력을 부식하려 했다.

동남부 해안과 북부 변경, 두 방향 모두에서 외국의 공격을 받고 있던 청나라 지도부는 수도 베이징을 보호하기 위해서는 우선 동남부 해안지대로부터의 영국, 미국, 일본 등 해양세력의 공격을 막아야 한다는 리훙장李鴻章 중심의 해방파海防派와 북부 변경지대로부터의 대륙세력 러시아의 공격을 먼저 저지해야 한다는 쭤쭝탕左宗棠 중심의 새방파塞防派로 나뉘어 치열한 논쟁을 벌였다. 새방파는 신장이 함몰되면, 내외 몽골이 떨어져 나가고, 내외 몽골이 떨어져 나가면 수도 베이징이 바로 적군의 위협 아래 놓이게 된다는 논리를 폈다. 새방을 강조한 쭤쭝탕은 1877년 신장이 거의 떨어져 나갈 상황에서 야쿱 벡을 제압하고, 신장을 확보했다. 쭤쭝탕의 활약으로 신장의 영·러 완충지대화는 저지되었다.

해방파와 새방파 간 논쟁은 현대 중국 외교안보정책에도 큰 영향을 미치고 있다. 먼저 해양으로부터의 공격을 막아야 한다는 해방파는 친러적인데 반해, 우선 북쪽 변경으로부터의 공격을 저지해야 한다는 새방파는 친미적일 수밖에 없다. 1979년 미·중 수교는 중국이 해방海防에서 새방塞防으로 외교안보정책을 전환한 대표적 사례이다. 러시아의 경제력, 군사력은 상대적으로 약화되고 있는 반면, 'Pivot to Asia: 아시아 복귀' 포함 해양으로부터의 미·일의 공세가 한층 강화됨에 따라 중국은 2016년 1월 수도 베이징권과 한반도, 동남 해안지대에 대한 방위를 강화하는 방향으로 군軍구조를 개편했다. 중국은 이와 함께 신장 이슬람세력의 준동에 대응하기 위해 신장 위구르 자치구 방면의 군사력도 증강했다. 중국의 군사안보정책은 해방적海防的인 반접근/지역거부Anti-Access/Area Denial로 방향을 잡았다.

러시아는 야쿱 벡이 활발히 활동하던 1871년 신장의 불안정을 이유로 이리伊犁 일대를 점령했다. 쭤쭝탕이 신장을 장악한 후 청·러 외교대표는 1879년 리바디아Livadia, 크리미아 반도 소재 조약을 체결했다. 그 결과 러시아는 신장 영토의 70%를 할양받기로 했다. 청나라 정부는 가혹한 조건의 리바디아 조약 승인을 거부하고, 영국·프랑스 두 나라에 거중조정을 의뢰했다. 러시아는 1877년 러·터 전쟁 승리의 성과를 독일과 영국이 주도하는 1878년 베를린 회의로 인해 상실했기 때문에 프랑스의 손을 잡으려 하고 있었다. 러시아는 프랑스의 위신을 고려하여 청나라의 요구에 응했다. 청·러는 1881년 리바디아 조약을 개정한 이리 조약페테스부르크 조약을 체결했다. 청나라는 이를 통해 호르고스강을 경계로 이리의 동반부는 회복했지만, 서반부 7만㎢는 상실했다.

150만㎢ 한반도의 7배 상실

크리미아 전쟁1853~1856에서 영국, 프랑스, 터키, 사르디니아 연합군에게 패배한 러시아는 동아시아로 관심을 돌렸다. 러시아는 1858년 아이훈헤이허, 黑河 조약, 1860년 베이징 조약을 통해 사할린섬과 쿠릴 열도를 포함한 헤이룽장-우수리장 이동 영토 150만㎢를 빼앗았다. 이로써 중국은 동해로의 출구를 상실했다. 청·일 전쟁 직후인 1896년 6월 청·러는 비밀조약 성격의 상호방위조약을 체결했다. 러시아는 청나라를 보호해 주는 대가로 북만주를 서쪽에서 동쪽으로 관통하는 동청철도청나라의 동부 철도라는 뜻: 만저우리-하얼빈-쑤이펀허 부설권을 획득했다. 러시아는 동청철도를 건설하여 이르쿠츠크와 치타 등 중동부 시베리아와 군항 블라디보스톡을 최단거리로 연결하고자 했다. 러시아는 독일, 프랑스와 함께 청·일 전쟁1894~1895 전리품의 일부인 '랴오둥반도 할양'이라는 일본의 요구를 무산시킨 대가도 받아냈다.

러시아는 1898년 3월 청나라로부터 랴오둥반도 남단에 위치한 뤼순항Port Arthur과 다롄항Port Dalian 일대를 조차租借했다. 러시아의 남진 움직임에 대항하여, 독일은 칭다오를 포함한 산둥반도의 자오저우만을 조차했다. 러시아를 승계한 소련은 미국의 중개로 제2차 세계대전 종전 직전인 1945년 8월 14일 장제스 정부와 중·소 우호동맹조약을 체결하여, 러·일 전쟁 패배로 상실했던 뤼순과 다롄 일대에 대한 조차권과 남만주철도뤼순-창춘 운영에 관한 권리를 회복했다. 만주 주둔 소련군은 기득권 회복과 함께 오키나와와 괌 주둔 미군을 겨냥했다. 중국이 신정부 수립1949년 10월 1년도 채 되지 않은 6·25전쟁 때 대군을 투입한 이유 중 하나도 소련을 등에 업고 독자 통화를 발행하는 등 만주의 왕이 되어가던 공산당 동북국東北局 제1서기 가오강高崗을 제압하고, 만주 지역에 대한 소련의 영향을 일소하기 위해서였다. 중국의 압력에 밀린 소련은 1955년 5월이 되어서야 마지못해 다롄으로부터 군대를 철수시켰다.

　20세기 초에도 중·소 간 군사충돌이 벌어졌다. 선양을 중심으로 만주일대를 장악하고 있던 장쉐량張學良의 펑톈군벌奉天軍閥은 1929년 7월 소련이 운영하던 중동철도중국 동쪽 철도라는 뜻, 동청철도에서 개칭를 점령하는 동시에 소련 외교관을 추방했다. 한편, 러시아 혁명기 혼란에 처해 있던 1919년 7월 카라한Lev Karakhan 외무장관은 "소련은 러시아제국가 중국에서 획득한 모든 권리를 포기한다."라는 내용의 이른바 '카라한 선언'을 발표했다. 소련 군대가 블라디브스톡에 상륙하여 서진하던 일본, 미국, 영국, 프랑스 주도의 혁명 간섭군과 공산혁명에 반대하는 백군白軍의 공세로 고전하고 있었기 때문이었다. 소련은 1920년 백군을 격파하고, 반혁명 연합군이 철병하는 등 국내 상황이 안정되자 만주 이권 포기를 거부했다.

　1928년 국민당에 의한 중국 통일 후 장제스의 지지를 확보한 펑톈군벌은 대對소련 강경책을 취했다. 소련은 펑톈군벌과의 교섭이 결렬되자 8월 '원동군遠東軍'을 조직하여 동북부 변경 일대에서 대규모 무력시위를 벌였다. 개전 당시에는 8만 여 명으로 규모가 확대되었다. 소련군은 9월 동북부 소·만 국경을 돌파했다. 소련군 아무르 함대는 10월 공군기의 엄호하에 헤이룽장–쑹화장 합류지점에서 펑톈군벌 함대를 공격하여 섬멸했다. 소련군은 10월 말 하얼빈에 접근했으며, 11월에는 내몽골 북단에 위치한 만저우리 방면으로도 공격을 개시했다. 펑톈군벌은 전차와 공군기를 동원한 소련군의 공세에 거의 괴멸되고 말았다. 소련군은 만저우리를 점령한 후 공격을 멈추었다. 펑톈군벌은 12월 거의 항복과 다름없는 조건으로 소련과 휴전협정에 서명했다.

3
소연방 해체와 러시아연방 탄생

베트남 전쟁과 미·중 수교

미국은 1964년 8월 베트남 내전에 개입했다. 남베트남해방민족전선 Viet Cong은 1968년 테트베트남 설날 대공세를 펼쳐 남베트남 내 주요 정부 및 군사 시설을 단기간 점령했다. 남베트남 민중의 지지를 확보한 Viet Cong은 테트 공세의 성과를 바탕으로 1969년 6월 남베트남 임시정부를 수립했다. 남베트남 주둔 미군과 한국군이 남베트남군과 함께 Viet Cong의 공세를 물리쳤으나, 미국 내 반전 움직임은 더 격화되었다. 미국은 군사적으로는 승리했으나, 정치적으로는 패배했다. 베트남 전쟁 승리가 어렵다는 사실이 알려지자 반전 여론이 더 높아졌으며, 군사개입 중단을 내세운 닉슨이 1968년 말 대통령으로 당선되었다. 테트 공세이후 미국과 북베트남 간 정전 협상이 시작되었으나, 1972년까지 진전을 보지 못했다. 미군의 호치민 루트공산측의 북베트남-라오스-캄보디아-남베트남 보급선 폭격으로 인해 전장은 오히려 1970년 캄보디아, 1971년 라오스로 확대되었다. 라오스와 캄보디아는 북베트남의 영향 아래 들어갔다.

1972년 여름철부터 미국과 북베트남 사이의 정전 협상이 재개되었으며, 1973년 1월 파리 평화협정이 체결되었다. 소련의 핵공격 위협을 받은 중국과 베트남 전쟁으로 인해 국내외 위기에 직면해 있던 미국은 상호 접근을 가속화해 나갔다. 중·미 사이를 가로막고 있던 얼음이 녹기 시작했다. '아시아인에 의한 아시아 방위'를 골자로 하는 닉슨 독트린이 발표된 1969년 미국은 태평양함대의 타이완 해협 순찰을 중단했다. 1970년 11월 개최된 UN 총회에서는 알바니아의 '타이완 축출 안'이 제안되어 과반수 찬성으로 통과되었다. 중국은 1971년 10월 개최 UN 총회에서 UN 가입이 승인되고, 곧이어 안전보장이사회 상임이사국이 되었다. 같은 달 키신저가 비밀리에 베이징을 방문하여, 저우언라이와 만나 한반도, 타이완, 인도차이나 문제 등 현안에 대해 장시간 회담했다. 저우언라이는 닉슨 대통령의 방중을 요청했다. 1972년 2월 닉슨이 베이징을 방문했으며, 미·중 간 '20여 년에 걸친 적대관계를 종식하고, 관계를 정상화한다.'는 것을 요지로 하는 상하이 코뮈니케Shanghai Communiqué가 발표되었다.

미·중 관계 개선과 관련하여 가장 큰 걸림돌은 타이완 문제였다. 미·중 두 나라는 타이완의 지위를 모호하게 처리하는 방법으로 쟁점을 피해 갔다. 미국은 타이완 주둔 미군의 단계적 철수를 약속했다. 1973년 키신저는 다시 중국을 방문하여 베이징과 워싱턴에 서로 연락사무소를 열기로 합의했다. 미·중 접근은 1978년 12월 중국의 개혁·개방, 1979년 1월 외교관계 수립으로 이어졌다. 미·중 수교 직후 중국 지도자 덩샤오핑鄧小平은 미국을 방문하여, 미국 지도자들과 인도차이나, 타이완, 한반도 문제 등에 대해 중점 논의했다. 그 직후인 1979년 2월 중국군이 베트남 북부를 침공했다. 베트남군 주력이 1978년 12월부터 시작된 캄보디아크메르 루지 침공 전쟁에 발이 묶인 틈을 노렸다. 덩샤오핑 방미 무렵 미·중 당국자들은 미국의 타이완에 대한 이해관계와 중국의 베트남에 대한 이해관계를 서로 양해한다는 의사를 표명했다 한다. 중국은 베트남이 캄보디아 침공을 감행한 배후에 소련이 있다고 비난하면서, 소련과 베트남의 '대소패권주의大小 覇權主義'에 반대한다는 입장을 표명했다. 중·월 전쟁은 중·소 갈등의 축소판으로 해석되었다. 중·월 전쟁 역시 미·중 관계 증진에 기여했다. 이러한 상황에서 감행된 소련의 아프가니스탄 내전 개입은 이미 경제위기를 겪고 있던 소련의 붕괴를 알리는 전주곡前奏曲이 되었다.

아프가니스탄 전쟁과 소련의 해체

1979년 12월 소련은 친親소련 공산정권 지원을 위해 85,000명의 대군을 아프가니스탄에 파병했다. 소련의 아프가니스탄 파병은 베트남 전쟁 패배에 더하여, 1979년 2월 발생한 이란 혁명으로 인해 극도의 수세에 몰린 미국에게, 적어도 국민들에게는 심리적으로 큰 충격을 주었다. 소련군의 아프가니스탄 개입은 사실 소련 국력 삭감을 위한 브레진스키Zbigniew Brzezinski 국가안보보좌관 등이 고안한 책략의 결과이기도 했다. 브레진스키는 소련을 약화, 붕괴시키기 위해 1979년 중반부터 중앙정보국CIA을 동원하여 아프가니스탄의 반소反蘇 무자헤딘 단체를 은밀히 지원했다. 그 결과 소련이 위성국 아프가니스탄 내전에 직접 개입하지 않을 수 없는 상황이 조성되었다.

　　미국은 1980년 1월 '카터 독트린'을 발표하여, 페르시아만Persian Gulf 일대에서의 미국 국익이 침해받을 경우 군사력을 투입해서라도 방어할 것이라고 경고했다. 아프가니스탄 국민들의 광범한 저항에 직면한 소련은 직접 병력을 동원하여 강경 성향으로 인기 없던 아민을 제거하고 온건 성향 카르말을 대통령으로 내세웠다. 카르말 정권도 소련에 대한 아프가니스탄인의 불만을 누그러뜨릴 수 없었다. 1983년경에는 반反 소련 게릴라 무자헤딘 단체 200여 개가 결성되었다. 미국은 무자헤딘 단체들에게 대규모 군사원조를 제공했다. 미국은 무자헤딘에 심지어 스팅어 미사일을 포함한 대공무기까지 제공했다. 이 결과 대도시와 군사요새를 제외한 아프가니스탄 영토의 80~90%가 무자헤딘의 수중에 들어갔다. 미국은 폴란드 자유노조 활동도 지원했다.

1985년 3월 고르바초프Mikhail Gorbachev 공산당 제1서기가 집권하고 나서도 소련의 아프가니스탄 군사 활동은 계속되었다. 미국의 무자헤딘에 대한 지원 액수는 1983년 3,000만 달러, 1984년 1,200만 달러, 1985년 2,500만 달러에 달했으며, 종전이 다가오면서 액수가 점점 커졌다. 소련군은 1989년 2월 아프가니스탄에서 철군할 때까지 약 55,000여 명이 사상당했으며, 막대한 전비는 소련의 붕괴를 결정지었다. 고르바초프는 아프가니스탄 철군 3개월 후인 1989년 5월 페레스트로이카신사고 외교정책에 따라 대對중국 긴장완화와 함께 경제협력을 증진하기 위해 소련 지도자 중 최초로 중국을 방문하여 중·소 관계 정상화를 발표했다.

1991년 12월 연방공화국으로 다시 탄생한 러시아는 옛 소련보다는 작아졌지만, 동으로는 베링해에서 서로는 발트해, 남으로는 카스피해에서 북으로는 북극해까지 뻗어 있는 면적 1,707만㎢, 인구 1억 4,500만 명, 세계 제2위 수준의 전략무기를 보유한 유라시아 강대국이다. 그런데 아시아와 유럽을 구분하는 경계인 우랄산맥 이서以西 유럽지역에 총인구의 81%인 1억 2천만 명이 거주하고 있다. 알타이산맥과 바이칼호를 지나 동쪽으로 갈수록 인구밀도가 희박해지는데, 블라디브스톡을 포함한 연해주 인구는 인접한 만주 인구의 약 50~60분의 1인 210만여 명에 불과하다. 동·서 간 거리가 9,000km 이상 되는 러시아는 외부 세력의 공격에 취약하기 이를 데 없다. 러시아가 중국에 밀착하는 이유 중 하나는 NATO 등으로부터 군사위협을 느끼고 있기 때문이다. 러시아는 NATO의 동유럽, 코카서스 방면으로의 동진에 위협을 느껴, 우크라이나와 발트 3국, 조지아 방면으로 군사력을 집중하고 있다. 러시아는 19세기 초반 나폴레옹 1세 시대의 프랑스와 20세기 초·중반 독일 제2제국비스마르크제국과 제3제국히틀러제국에 의해 멸망의 위기에 몰린 적도 있다.

이러한 러시아가 갖고 있는 대외전략 옵션은 다음과 같다.

첫째, 외부 세계와 고립하는 방안이다. 러시아는 전략 핵무기와 석유, 천연가스 등 풍부한 에너지 자원과 함께 농수산 자원도 갖고 있다. 하지만, 2차 산업 기반이 매우 취약하다. 이에 따라, 고립은 현실적 대안이 될 수 없다.

둘째, 미국의 정치·경제·군사적 주도권을 인정하고, 외부 세계와 유연한 협력을 해 나가는 현실주의적 방안이다. 2000년 5월 집권한 푸틴Vladimir Putin 대통령은 케네디Paul Kennedy 예일대 교수가 말한 것과 같이 소련이 과도한 팽창over-expansion 상태에 도달한 다음 갑자기 붕괴한 것이 미국과의 도를 넘는 지정학적 경쟁 때문이었다고 판단하고, 서방과 협력하기로 했다. 당시 러시아는 서방 특히 독일과의 협력을 통해 경제를 발전시키고자 했다. 하지만, 러시아의 대對서방 접근은 미사일방어체제MD의 루마니아, 폴란드 전진 배치 등 미국, 유럽연합EU 주도의 러시아 영향력 삭감 정책으로 되돌아왔다.

셋째, 벨라루스와 카자흐스탄 등을 다시 통합하는 방식으로 연방 국가를 건설하는 방안이다. 우즈베키스탄, 투르크메니스탄, 타지키스탄, 키르키즈 등 여타 중앙아시아 국가들도 잠재적 통합 대상이다. 이는 러시아 민족주의자들의 염원인데, 2015년 1월 정식 출범한 유라시아경제연합EEU으로 어느 정도 현실화되고 있다. 이는 러시아 경제가 활력을 유지하고, 계속 성장해 나간다는 것을 전제로 한다.

4
미·중·러 관계의 변화

'전면적인 전략적 협력 동반자 관계' 수립

중·러 관계는 1652년 4월 헤이룽장아무르강 유역 알바진에서 러시아 코사크 기병대와 청나라군이 충돌하여 코사크 기병대가 승리한 이래, 1991년 12월 소련 붕괴 직전까지 줄 곧 상대적으로 강한 러시아소련가 주도해 왔다. 두 나라 관계는 1991년 12월 소련 붕괴 이후에야 대등한 관계로 전환되었다. 17세기 표트르Pyotr I 대제의 권력장악 이전 혼란기와 20세기 초 러시아 혁명기 극히 짧은 기간을 제외하고는 두 나라 관계를 주도한 것은 늘 러시아또는 소련였다. 소련이 해체되고 난 직후인 1992년 중·러 두 나라는 제1차 공동성명을 발표하여, 상호 우호국가임을 확인했다. 1994년 두 번째 성명에서 중·러는 사상 최초로 동반자 관계를 설정했다. 1996년 세 번째 공동성명에서 중·러는 두 나라 관계를 '전략적 동반자 관계'로 격상하고, '21세기 정례협의 채널'을 구축했다.

2001년 두 나라는 양국 관계의 헌법으로 불리는 '중·러 선린우호

협력조약'을 체결하여, '전략적 협력 동반자 관계' 발전의 기초를 완성했다.

1991년 소련 붕괴 이후 계속되어 온 체첸, 잉구슈, 다게스탄 등 코카서스 이슬람 세력의 공세에 시달려 오던 러시아는 2001년 9·11 이후 무조건적 대對미국 지원 용의를 표명하고, 미국이 아프가니스탄 전쟁 수행을 위해 우즈베키스탄 하나바드 공항과 키르키즈 마나스 공항 등 중앙아시아에 군사기지를 설치하는 것을 지원했다. 러시아는 미국과의 관계 개선을 통해 미국과 EU로부터 경제 발전에 필요한 자금을 지원받고자 했는데, 이는 대對중국 관계에서 불협화음으로 이어졌다. 2000년만 해도 중국의 GDP는 1.1조 달러로 미국 GDP 9.8조 달러의 1/9에 불과했던 까닭에 러시아에게 있어 중국은 눈여겨볼 만한, 미국에 대항하는 전략적 협력 파트너가 아니었다. 2002년 미국의 일방적인 ABMAnti-Ballistic Missile 조약 탈퇴를 러시아가 대가 없이 수용한 것은 중국에게는 큰 충격이었다. 서구주의와 슬라브 민족주의를 배경으로 하는 러시아의 서방 접근은 중국의 대對러시아 관계에 부정적 영향을 미쳤다. 한때 소원했던 중·러가 다시 접근하게 된 것은 2003년 3월 미국이 신보수파NEOCON 주도로 영국 등과 함께 이라크를 침공한 이후부터이다. 당시 중국과 러시아는 미·영 등의 이라크 침공을 함께 비난했다. 중·러는 2004년 10월 '중·러 국경 동부지역 보충협정'에 서명함으로써, 양국 관계 진전에 장애물로 작용하던 헤이룽장–우수리장 유역의 민감한 국경 문제를 해결했다.

푸틴의 러시아는 2008년 신新외교정책개념을 정립했다. 대對중국 관계가 동아시아 정책에서 가장 중요한 축軸이며, 세계정치world politics 핵심 이슈에 대해 중국과 이해관계를 같이하고 있다는 인식하에 전 분야에 걸쳐 동반자 관계를 구축할 것이라는 점이 강조되었다. 러시아가 중국을 가장 중요한 파트너로 생각하게 된 것은 NATO의 동진에 위협을 느껴 배후 지원세력이 필요하다고 판단했던 것은 물론, 2008년 세계금융위기 이후 중국이 비교적 용이하게 위기를 극복하는 등 경제 실력을 보여 주었다는 점도 작용했다. 2011년 중·러는 양국 관계를 '전면적인 전략적 협력 동반자 관계'로 격상시켰다. 중국은 비동맹이 외교의 기본원칙이지만, 라이벌인 남아시아의 강대국 인도문제와 관련하여 파키스탄과 '전천후 전략적 협력 동반자 관계 All-weather Strategic Partnership of Cooperation'라는 특수 관계를 맺고 있다.

중국은 러시아와도, 중국의 숙적 인도와 적대하는 파키스탄과의 전천후 전략적 협력 동반자 관계에 버금가는 깊이의 파트너십을 수립했다.

시진핑-푸틴 시대 중·러 관계

2012년 푸틴이 재집권하고, 2013년 시진핑 체제가 등장한 후 중·러 관계는 밀월기에 접어들었다. 시진핑은 취임 후 첫 번째 방문국으로 러시아를 선택했다. 2014년 우크라이나 사태이후 러시아가 서방의 제재를 받게 된 이유도 있고 하여 중·러 관계는 한층 더 밀접하게 되었다. 2015년 5월 시진핑의 모스크바 방문 시 중·러는 '포괄적 파트너십과 전략적 협력 강화에 관한 공동성명'에 서명했다.

두 나라는 상하이협력기구SCO를 매개로 하여 인프라 협력 사업도 시행하기로 했다. 또한 모스크바와 카잔러시아의 타타르 자치공화국 수도을 연결하는 연장 770㎞의 고속철 건설에 1조 루블을 공동 투자하기로 했다. 중·러 두 나라는 2013년 시진핑 국가주석 취임 후 2018년 말까지 30여 차례 정상회담을 개최했다. 시진핑은 2018년 9월 블라디브스톡에서 개최된 제4회 동방경제포럼Eastern Economic Forum에 참석하여 푸틴과 정상회담을 가졌다. 2000년 중·러 교역액은 74억 달러에 불과했으나 2007년에는 481억 달러로 7년간 연평균 30% 이상 증가했다. 2011년에는 800억 달러로 증가했다. 하지만 2015년 양국 간 무역규모는 세계경기 침체와 에너지 가격 하락 등의 영향으로 인해 2014년에 비해 27%나 줄어든 670억 달러로 축소되었다. 중·러 무역액은 근년 들어 다시 증가하여 2018년 약 1,000억 달러2017년 대비 15% 증가에 이르렀다. 하지만, 중국은 러시아에게 EU에 이은 제2위 무역상대국이나 러시아는 중국의 제10위 무역상대국에 불과하다.

이와 같이 중·러 간 교역은 중국과 미국, EU, 한국, 일본 등 간 교역과는 비교가 안 되는 수준이다. 중·러 간 교역은 중국이 주로 소비재를, 러시아는 주로 석유와 천연가스 등 자원을 수출하는 형태를 띠고 있다. 러시아는 2012년 푸틴 재집권 이후부터 신新동방정책 추진에도 박차를 가하고 있다. 러시아는 신동방정책의 일환으로 블라디브스톡을 포함한 시베리아 극동 지역 개발과 함께 중국과의 에너지 분야 협력을 강화하는 한편, 대對북한 경협에도 관심을 기울이고 있다. 2014년 5월 중·러 두 나라는 중부 시베리아에서 아무르주州 하바로프스크를 거쳐 연해주 블라디브스톡으로 이어지는 총연장 4,000㎞의 시베리아 가스관을 건설한 뒤 여기에서 만주 지역으로 이어지는 지선支線인 동부노선을 통해 만주 지역에 천연가스를 공급하는 계약을 체결했다. 2004년 협상을 개시한지 무려 10년 만의 일이었다. 이는 이르쿠츠크 코빅타와 야쿠티야 차얀다 등 2개 대형가스전에서 생산되는 천연가스 380억㎥, 즉 38bcm을 30년간 공급하는 3,000~4,000억 달러 규모의 프로젝트이다.

2015년 5월에는 러시아 가즈프롬과 중국 중국석유CNPC 간 서부 노선을 통한 천연가스 공급 협정도 체결되었다. 이는 남서부 시베리아 알타이 지역에서 신장까지 2,700㎞의 가스관을 부설하여 서부 시베리아산 가스 380억㎥, 즉 30bcm을 30년간 공급하는 프로젝트이다. 2014년 우크라이나 사태 이후 석유·천연가스 포함 에너지 가격이 급락하면서 러시아의 대對중국 경제 의존은 더 심화되었다. 러시아는 중국으로부터 산업 부문 투자 확대를 희망하고 있으나, 중국은 러시아의 각종 규제로 인해 대對러시아 투자에 문제가 많다고 보고 있다. 2014년 이후 중·러는 350건의 투자계약을 체결했으나, 대對러시아 투자가 실제 이루어진 것은 3%인 10여 건에 불과할 정도이다. 한편, 러시아는 독일 등과 함께 2019년 완공을 목표로 Nord Stream II: 발트 해저 통과 가스파이프라인 건설을 추진하는 등 서유럽 에너지 시장 지분 확대도 추진하고 있다.

중·러 두 나라는 2005년 이래 2013년까지 8년간 '평화의 사명'이란 구호 아래 6차례에 걸쳐 합동군사훈련을 실시하는 등 군사훈련을 정례화했다. 중·러는 합동군사훈련 시 핵전력을 제외한 전략폭격기와 잠수함 등을 동원했다. 러시아는 2014년 5월 시진핑이 상하이에서 개최된 아시아교류신뢰구축회의CICA에서 중국 주도 '신新아시아 안보관'을 발표하자 즉각 지지하고 나섰다. 중·러는 2014년 5월 조어도 센가쿠 열도 인근 바다에서 함정 14척, 잠수정 2척, 헬기 등을 동원하여 해상연합Joint Sea-2014로 이름 붙여진 합동군사훈련을 실시했다. 이를 통해 러시아는 중·일 간 센가쿠 열도釣魚島 문제와 관련 중국의 입장을 지지한다는 뜻을 보여 주었다.

중·러 두 나라는 2015년 5월 지중해에서 Joint Sea-2015 I 훈련을 실시했는데, 이는 중국해군 사상 가장 먼 거리에서 실시된 해상훈련이었다. 이 훈련에는 홍해 아덴만에 파견되어 소말리아 해적 퇴치 활동을 하던 해군부대가 참가했다.

2015년 8월에는 중·러 간 사상 최대 규모 해상합동군사훈련인 Joint Sea-2015 II 훈련이 블라디브스톡 인근 동해에서 실시되었다. 이 훈련에는 러시아가 16척의 함정, 2대의 잠수함, 12대의 해군항공기, 9대의 수륙양용 수송차를, 중국이 6대의 상륙정, 6대의 헬리콥터 및 5대의 해군항공기를 동원했다. 이러한 분위기 하에서 러시아는 2015년 11월 지린성 옌볜조선족자치주 훈춘시의 중국·러시아·북한 접경 영토 4.7㎢를 중국에 반환했다. 이 영토는 19세기 러시아제국가 획득했던 후부투장珲布圖江 일부를 포함하고 있는데, 후부투장은 러시아 연해주 국경도시 우수리스크에서 60㎞ 떨어져 있다. 2017년 7월 21일부터는 발트해에서 중·러 연합해군훈련이 실시되었다. 중국은 미사일 구축함 창사, 미사일 호위함 윈청 등 최신예 군함을 파견하여 미국·일본·유럽 동맹국들을 자극했다. 2018년 9월 중국군 3,000여 명은 사상 최초로, 러시아군 약 30만 명이 동원된 시베리아 극동 군사훈련에 참가했다. 지난 4월 말, 5월 초에는 중·러 해군이 서해에서 합동훈련을 실시하기로 했다. 이는 미국 주도 미·일 군사동맹과 한·미 군사동맹에 맞서기 위한 대응훈련으로서의 성격을 갖고 있다.

중·러는 1992년 군사기술협력협정을 체결하여 방산협력 강화와 함께 상호 경제이익 증대를 도모해 왔다. 1990년대 말까지는 중·러 간 방산협력이 확대되어 왔으나, 2006년을 정점으로 감소 추세에 있다. 이는 러시아의 첨단 군사기술 유출 우려와 중국의 방산기술 개발 진전이 맞물린 결과이다. 2014년 이후 중국의 러시아 무기 및 군사기술 구매는 전全방위적인 것이 아니라 특정 분야에 있어서 중국의 기술적 단점을 커버하기 위한 목적으로 진행되었다. 중국의 러시아산 S-400 대공對空미사일시스템과 최신예 Su-35 전투기 등의 구입이 이에 해당된다. 중국은 러시아 군사기술을 도입하여 국산화에 성공했으며, 다수 분야에서 러시아 수준에 근접했다. 최근에는 오히려 러시아가 중국으로부터 항공, 전자 관련 방산 부품을 수입하고 있다. 이는 중국의 군사기술이 발전했기 때문이기도 하지만, 러시아가 소련 붕괴이후 군사기술을 획기적으로 발전시키지 못하고, 대부분 옛 소련식 군사기술에 의존하고 있는 것이 더 큰 이유이다. 2015년 하반기 모스크바를 방문하고 돌아온 다롄 거주 재중동포 ICT 기업인의 평가에 의하면, 5G 포함 러시아의 ICT 기술은 일부를 제외하고는 중국보다 많이 낙후되어 있다 한다.

일대일로一帶一路 정책과 유라시아경제연합EEU

미국의 아시아 회귀pivot to Asia 정책과 트럼프 집권 후의 봉쇄정책에 의해 서태평양으로의 동진을 차단당한 중국은 일대일로 정책을 통해 중앙아시아와 동남아시아-인도양-유럽.아프리카 방면으로의 진출을 추진하고 있다. 한편, 러시아는 전통적 세력권인 독립국가연합CIS 지역에 대한 영향력 회복을 최우선 외교과제의 하나로 추진하고 있다. 러시아는 벨라루스, 카자흐스탄 등 독립국가연합CIS 국가들을 하나로 묶기 위해 EEU 창설을 주도했다. EEU에는 중앙아시아의 키르키즈와 코카서스의 아르메니아도 가입했다. EEU는 상품과 노동, 서비스 등의 자유로운 이동을 목표로 한다.

　중·러는 표면적으로는 일대일로 정책과 EEU가 공통분모가 많으며, 협력 가능 분야 역시 다양하다는 입장이다. 2015년 3월 하이난海南島에서 개최된 보아오博鰲 포럼에 참석한 러시아 슈바로프 제1부총리는 EEU와 실크로드 경제권 간 협력은 중·러 모두에게 새로운 기회가 될 것이라고 말했다. 푸틴 역시 2014년 2월 소치 동계올림픽 참가차 러시아를 방문한 시진핑에게 러시아는 일대일로 정책을 지지한다고 말했다. 2015년 9월 베이징 개최 제2차 세계대전 전승절 기념행사 참석차 중국을 방문한 푸틴은 시진핑과의 회담에서 EEU와 실크로드 경제벨트를 연계하기로 합의했다.

5
중·러 관계 전망

중국의 부상浮上에 대한 러시아의 시각

러시아는 중국과의 협력을 강화하는 방법으로 지정학적 위상 강화를 추구하고 있다. 트럼프와 키신저는 오바마 시대 미국이 푸틴을 악마시하여, 러시아의 중국 밀착을 야기했다고 비판한다. 러시아는 석유와 천연가스, 목재 등 자원의존형 경제구조 특성상 경제력이 받쳐 주지 않아, 범세계적 세력관계 변화를 추동하지 못하고 있다. 러시아는 중국의 부상을 복잡한 마음으로 바라보고 있다. 중·러 두 나라는 인종과 종교, 문화, 풍습, 언어 등 모든 측면에서 이질적이다. 당연히 정서적 유대도 거의 없다. 러시아 무정부주의자 미하일 바쿠닌Mikhail Bakunin이 19세기 최초로 중국인에 의한 러시아 황화론黃禍論, Yellow Peril을 제기했을 정도이다. 아시아의 황인종 국가 중국이 초강대국으로 부상하고 있는데 대한 러시아인의 심리적, 문화적 거부감도 상당하다. 2008년 여론조사 결과 러시아인의 60%는 중국인의 시베리아 극동 유입이 러시아 안보에 위협이 될 것이라고 평가했다. 러시아인의 41%는 중국의 부상 자체가 러시아 안보에 위협이 된다고 보았다. 물론 '중국의 부상이 러시아에 경제적 혜택을 제공하고 있다.'는 중국 기회론의 입장에서 소수의 환영하는 견해도 있기는 하다.

　2014년 우크라이나 사태 이후 서방의 대對러시아 제재조치가 취해진 관계도 있고 하여, 러시아는 중국을 경제적 측면에서 미국과 EU를 대체할 수 있는 나라로 보아 왔다. 러시아는 중국이라는 대문을 통해 다시 아·태 지역으로 진입하려 한다. 이와 같이 러시아의 중국에 대한 관심은 경제와 밀접한 관계가 있다. 중국 경제는 최근 3~4년간 6%대로 성장률이 떨어졌다고는 하나, 1978년 개혁·개방 이후 40년간 연평균 9.6% 성장했다. 중국은 2010년 일본을 제치고 세계 제2위 경제대국이 되었다. 중국 GDP는 2003년 미국의 이라크 침공 시에는 미국 GDP의 약 1/8이었는데, 8년 뒤인 2011년 약 1/2이 되었으며, 다시 5년 뒤인 2016년 거의 2/3미국 19.4조 달러, 중국 12.1조 달러까지 증가했다. 중국은, 일부 비판과 함께 미국의 견제를 받고 있지만, 첨단기술 자립을 목표로 하는 '중국제조 2025' 정책을 통해 수출 중심 경제를 지식, 정보, 문화, 금융, 서비스업 등 5개 산업 위주의 소비 중심 경제로 개편하려 한다.

　러시아와 마찬가지로 중국도 2008년 세계금융위기이후 유럽의 리더로 떠오른 독일과의 관계를 강화하고 있다. 2016년 이후 중국은 독일의 제1위 무역상대국이 되었다. 중국은 독일에게 시장을 제공하고, 독일은 중국에게 기술을 제공하는 방식으로 상호 협력하고 있다. 독일 3제국히틀러 제국은 2차 대전 발발 직전인 1936년 국민정부와 조약을 체결하여 중국이 가진 방대한 자원을 전쟁에 활용하려 했다. 2차 대전 발발 후 리벤트로프 외상은 천제陳介 주독일 중국대사에게 중국의 '3국 동맹' 가입을 권유했다. 슈뢰더Gerhard Schröder 전前 독일 총리는 1998~2005년 재임 기간 중 거의 매년 중국을 방문했으며, 2005년 11월 집권한 메르켈Angela Merkel 현現 총리 또한 지금까지 매년 중국을 방문하고 있다. 독일 자동차 기업 이익 보호 등 주로 경제협력 증진 문제를 논의하기 위해서이다. 2018년 현재 독일 자동차 기업의 영업이익 37%가 중국시장에서 나온다.

러시아가 중국 안보에 미치는 영향

중국의 시각에서 볼 때 러시아는 4,300km의 국경을 직접 맞대고 있고, 핵과 미사일이라는 전략무기를 보유한 군사강국이다. 중국은 러시아뿐 아니라, 인도와 베트남, 북한, 파키스탄, 카자흐스탄, 몽골 등 14개국과 국경을 접하고 있다. 그중 러시아와 인도, 파키스탄, 북한 등 4개국은 핵무기를 보유하고 있다. 그리고 카자흐스탄, 키르키즈, 타지키스탄, 몽골 등은 러시아의 영향 아래 있다. 러시아와의 관계가 악화될 경우 이들 국가와의 관계도 악화될 수 있으며, 이에 북한도 크게 영향받을 가능성이 있다. 북한이 러시아에 가담할 경우 만주 지역은 러시아와 몽골, 북한에 의해 포위되는 형세가 된다. 중국이 최강 부대인 북부전구北部戰區 산하 3개 집단군을 하얼빈헤이룽장성, 창춘지린성, 랴오양랴오닝성을 중심으로 배치한 것도 이와 관련이 있다. 북부전구는 산동성과 내몽골도 관할한다. 러시아는 군사력 측면에서는 미국에 이은 세계 2강이지만, 경제력 측면에서는 인도, 캐나다에도 뒤지는 나라이다. 러시아는 중국의 지지를 확보하고서야 동유럽과 중동에 대한 발언권을 강화할 수 있었다.

러시아의 장래에 대한 평가

중국은 러시아를 더 이상 세계강국global power이 아니라, 지역강국regional power으로 본다. 중국의 관점에서 볼 때 ①경제, ②군사, ③글로벌 거버넌스global governance, ④발전모델 등 네가지 측면, 특히 경제 측면에서 러시아의 장래는 비관적이다. 러시아는 석유, 천연가스, 목재 등 자원 의존형 경제구조를 갖고 있으며, 세계 각지에서 일어나고 있는 신新공업 혁명, 신新에너지 혁명에도 뒤쳐져 있다. 창조와 혁신의 나라 미국은 물론, 중국은 '중국 제조 2025', 독일은 '산업 Industrie 4.0', 일본은 '일본재흥전략Japan is back' 등 신新산업혁명을 추진 중인데, 러시아는 이 분야에서도 두각을 나타내지 못하고 있다. 러시아가 대량 보유한 석유와 천연가스는 2000년대 후반과는 달리 공급자가 아니라, 수요자 주도 시장으로 바뀌었다. 2015년 11월 터키가 러시아 전투기를 격추했음에도 불구하고, 러시아는 터키로 향하는 천연가스 파이프라인을 폐쇄하지 못했다. 우크라이나는 러시아로부터의 천연가스 수입량을 줄이고, 서유럽으로부터의 수입량을 늘리고 있다. 2012년 푸틴Vladimir Putin 대통령이 제시했던 '2020 발전전략'은 석유와 천연가스 등 에너지 자원 가격 하락으로 인해 실현 불가능하게 되었다. 러시아의 2015년 경제성장률은 마이너스(-) 3.8%를 기록했다.

러시아 경제는 2016년에도 마이너스(-) 2~3% 성장했다. 루블 대 달러 환율은 2015년 1월 62 : 1에서 2016년 1월 80 : 1로 약 30% 평가절하 되었다. 루블화 가치는 아직도 제대로 회복되지 않고 있다. 2017년 들어서야 겨우 러시아 경제는 안정세를 보이기 시작했다.

미국의 군비지출이 연 6,200억 달러인데 반해, 러시아의 군비지출은 연 688억 달러에 불과하다. 미·러 간 군사력은 핵무기를 제외한 미사일방어시스템 수준, 사이버전 수행 능력, 전략 타격 능력 등 여러 가지 분야에서 격차가 크게 벌어졌다.

글로벌 거버넌스 측면에서 러시아는 UN안보리 상임이사국 자리를 유지는 하고 있지만, 국제 정치·경제 분야에서 규칙 제정자rule setter로서의 역할을 제대로 하지 못하고 있다. 무엇보다 러시아 발전모델이 세계적 발전 추세를 따라가지 못하고 있다는 점이 치명적이다. 러시아는 CIS 회원국들에게 조차 협력 유인을 제공하지 못하고 있으며, 오히려 이들에게 손해를 끼치고 있다. 러시아는 우크라이나와 조지아를 무력 침공하는 등 국가목표를 달성하기 위해 수시로 군사력을 사용함으로써 우크라이나와 발트 3국 등 인근국들의 공포감을 유발하고, 신뢰를 상실하는 등 연성권력soft power도 약화시켰다. 러시아의 무력행사는 이들 국가의 국가정체성을 고양시켜 재통합을 사실상 불가능하게 만들었다.

중·러 관계의 성격, 중국의 대미對美 시각

러시아의 국력 쇠퇴에도 불구하고, 중·러 관계는 상호 신뢰를 바탕으로 양호한 상태를 유지하고 있다. 중·러는 현재의 세력구조 하에서는 서태평양과 중동유럽 방향에서 가해지는 미국과 미국 동맹국들의 압박에 공동으로 맞설 수밖에 없다고 보고 있다. 그런데, 중국에게 있어 러시아는 국가안보상 중요하기는 하지만, 국가운명을 좌우할 정도로 비중 있는 국가는 아니다. 그런 나라는 미국밖에 없다. 중국은 중·러 Joint Sea-2015 지중해 훈련 시 소말리아 해적 퇴치를 위해 아덴만에 주둔하던 함대를 파견했으며, 2015년 모스크바 제2차 세계대전 전승 기념식에는 전투 병력이 아닌 의장대를 파견했다. 이는 미국의 입장을 배려하는 한편, 국제사회에 중국이 '공격적'이라는 이미지를 주지 않기 위해서였다. 군사는 물론, 경제 측면에서도 중국에게 가장 중요한 나라는 미국이다. 2015년 위안화의 IMF 특별인출권SDR 편입과 아시아인프라투자은행AIIB 창설 등 중국의 경제위상은 제고되었으나, 이를 뒷받침해 줄 수 있는 금융경제 인프라는 아직 열악하다. 미국은 기축통화 달러 발권국이며, 국제통화기금IMF과 세계은행WB이라는 세계경제금융 레짐regime을 지배하는 등 경제·금융 패권국이다. 미·중 간 무역액은 2018년 현재 6,335억 달러, 상호 투자액은 1,500억 달러에 달한다. 그만큼 두 나라 간 상호 경제 의존도가 높다.

중국의 대對미국, 대對러시아 관계와 관련 푸잉傅瑩 전국인민대표대회 외사위원회 주임은 Foreign Affairs 2016년 1월/2월 기고문에서 중국은 중·러 관계를 동맹이 아니라 전략적 파트너로 평가하고 있으며, 앞으로도 러시아와 동맹할 생각이 없다고 명백히 밝혔다. 푸잉은 19세기 말부터 1950년대까지 중국과 러시아는 3번 동맹했으나, 모두 결과가 좋지 않았다고 말했다. 그리고 중국이나 러시아 모두 미국에 대항하기 위해 동맹할 의향을 갖고 있지 않으며, 현재의 전략적 파트너십에 만족하고 있다고 공언했다. 중국과 러시아 모두 미국과의 극단적 대립은 원하지 않는다는 뜻이다. 푸잉은 또한 미국과 미국의 동맹국가들 간 형성되고 있는 반反중국 동맹에도 반대한다고 했다. 이에 더해, 푸잉은 중·러 관계는 안정적이나 미·중, 미·러 관계는 불안정하다고 평가했는데, 이는 미·중, 미·러 간 대립이 지속되고 있는 현실을 반영한 뜻에서 한 말이다. 푸잉은 중·러 관계 진전은 미국을 겨냥한 것이 결코 아니며, 중·러 관계도 미국의 압력에 영향 받지 않을 것이라고 말했다. 푸잉의 말과 같이 중국과 러시아는 정치·군사적 동맹을 결성할 가능성이 적으며, 당분간 전략적 실용주의 관점에서 파트너십을 발전시켜 나갈 것으로 판단된다.

미래 세계와 중·러 관계

향후 중·러 관계를 결정할 핵심 요소는 ①중국과 러시아의 대對미국 관계, ②에너지 자원, 방산 분야 협력 진전 여부, ③일대일로와 EEU 간 관계 설정 문제, ④영토 문제 등 4가지로 보인다. 중국은 개방 후 40년간의 경제 성과와 증강된 군사력을 배경으로 미국과 신형대국관계 구축을 희망하고 있다. 신형대국관계의 골자는 동아시아−서태평양 지역에 대한 미·중 간 이해관계의 평화적 조정이다. 이 문제와 관련 미·중은 △한반도 문제, △타이완 문제, △조어도센가쿠 열도를 포함한 동중국해 문제, △남중국해 문제 등 거의 모든 이슈에서 갈등·대립하고 있으며, 조만간 문제가 해결될 가능성도 없어 보인다. 미·중 관계는 기본적으로 경쟁과 갈등 속에 대립과 타협을 계속해 나갈 가능성이 크다는 뜻이다.

2017년 초 트럼프 집권 이후 미국의 비정형적 무차별주의는 무역전쟁 등 중국과의 관계를 악화시켰다. 이 과정에서 중국은 러시아의 지원을 필요로 하며, 러시아도 EU, NATO의 동진, 그리고 경제협력 문제 등과 관련 중국의 지원을 더 필요로 하게 되었다. 미국은 중국의 서태평양 진출을 저지하고 있는 것처럼 러시아의 영향력 범위도 흑해−발트해 라인 이동以東으로 축소시켜 놓으려 하고 있다. 에너지 자원 수입국 중국과 에너지 자원 수출국 러시아는 에너지 자원 문제와 관련 상호 협력해 나갈 수밖에 없다. 중국으로서는 미국·일본 등 해양세력에 의해 봉쇄당할 수 있는 말래카 해협을 거치지 않는 대규모 에너지 공급원이 필요하고, 러시아도 안정적으로 구매해 가는 대규모 에너지 수요처를 확보할 필요가 있다.

중·러 간 무기와 방산기술 거래량은 계속 줄어들겠지만, 우주·항공과 ICT 분야 등 서로 필요로 하는 것이 많기 때문에 중단되는 일은 일어나지 않을 것이다. 다른 한편, 중국은 에너지 자원과 수출 시장 확보, 그리고 이슬람 세력의 신장 침투를 방지하기 위해 일대일로 정책 등을 통해 중앙아시아로 진출하지 않을 수 없다.

러시아도 소련 시대의 위상을 회복하기 위해서는 중앙아시아에 대한 영향력을 다시 확보할 필요가 있다. 이에 따라, 19세기 중·후반 유라시아 동부에서 갈등했던 것처럼 중국의 일대일로 정책과 러시아의 EEU는 양국이 겉으로 하는 말과는 달리 중앙아시아에 대한 주도

다뉴브강 하구의 흑해 항구

권을 놓고 다시 충돌할 수밖에 없을 것으로 보인다. 중국은 19세기 말 러시아가 탈취한 150만㎢에 달하는 헤이룽장-우수리장 이동 영토 회복 욕구irredentism를 아직 버리지 않고 있다. 중국의 국력이 계속 증강되고, 러시아의 약화가 계속되면 언제라도 가시화될 수 있다.

중·러는 패권국 미국에 맞서기 위해 범세계적global 차원에서는 파트너십을 수립했지만, 지역적regional 차원에서는 다수의 갈등 요소를 갖고 있다. 미국이 중·러 양국을 보는 시각과 이들을 다루는 정책 여하에 따라 중·러 간 갈등이 대두될 가능성이 있다. 중앙아시아에 대한 영향력과 연해주와 아무르주 포함 영토 문제 등 중·러 간에는 협력을 방해하는 약한 고리가 많이 있기 때문이다.

경제력을 포함한 러시아의 국력은 상대적으로 약화되고 있으며, 반등 기미도 보이지 않는다. 러시아는 과거 소련처럼, 국력에 비해 지나치게 팽창over-expansion해 있다. 러시아의 GDP는 중국 GDP의 약 1/10, 미국 GDP의 약 1/16에 불과한데, 영토는 동으로는 태평양에서 서로는 발트해-흑해까지 9,000여 ㎞나 뻗어 있다. 여기에다가 러시아는 △우크라이나, △나고르니-카라바흐를 둘러싼 아르메니아와 아제르바이잔 간 분쟁 포함 코카서스는 물론, △시리아와 레바논, 카타르를 포함한 중동과 △베네수엘라 문제에도 개입하고 있으며, △EEU를 통해 중앙아시아로도 영향력을 확대하려 하고 있다. 소련이 그랬던 것처럼 러시아도 패권국 미국 및 그 동맹국들에 맞서 과도한 지정학적 대립을 하고 있다. 국제 에너지 가격 반등이 일어나지 않고, 러시아가 경제구조를 바꾸는 데 성공하지 못한다면, 1990년대 초 소련이 그랬던 것처럼 러시아도 다시 축소 조정될 가능성이 있다.

2018년 현재 중국은 러시아 대외무역의 11.6%를 차지하는 러시아 제2의 무역상대국이나, 러시아는 중국 대외무역의 2.4%를 차지하는 중국 제10위 무역상대국에 불과하다. 핵무기와 미사일을 제외한 군사력마저 중국에 더 이상 우위를 지키지 못하고 있다. 향후 러시아는 중국의 주니어 파트너로 전락할 가능성이 있다. 러시아가 국력을 회복하지 못하면, 같은 기독교 문화권인 미국 주도의 서방 진영으로 넘어갈 가능성도 있다. 하지만 킵차크한국과 폴란드-리투아니아, 스웨덴, 나폴레옹 프랑스, 히틀러 독일의 침공은 물론, 소련 해체 후 붕괴의 위기까지 이겨낸 러시아의 잠재력을 무시해서는 안 된다. 다시 자생력을 갖추기 시작한 러시아는 소치 동계올림픽과 월드컵을 주최하고, 시리아 내전의 향배를 주도하는 등 강력하게 버티어 나가고 있다. 미국과 중국이 경쟁하는 빈 공간을 노려 페르시아만 포함 중동과 베네수엘라 등 국제무대에서의 국가 위신과 영향력도 제고하고 있다. 만약 러시아의 약세가 현재화하면, 동유럽 공백은 독일이 주도하는 EU가 메울 가능성이 있다.

　　현재의 국력 변화 추이를 볼 때 10-15년 이후의 세계는 러시아가 현재의 미·중·러 정족지세鼎足之勢 구조에서 탈락하고, 미·중 두 나라만이 살아남아 상호 경쟁하는 G2 체제로 전환될 것으로 예측된다. 독일과 프랑스가 주도하는 EU와 인도, 일본 등은 주니어 파트너로서 지역 강대국 역할을 수행할 것이다. 미·중 간 G2 체제는 과거 미·소 냉전체제와는 상이할 것이다. 미·중 두 나라 경제의 상호 의존도가 매우 높기 때문이다. 그리고 미·중은 기독교와 유교 중화주의儒教 中華主義라는 상이한 문화를 배경으로 하고 있기 때문이다.

미·중·러 관계와 한반도

△사드THAAD 한국 배치와 △북한의 핵무장 강화, △남중국해 문제 관련 2016년 7월 12일 헤이그 상설중재재판소 판결 등에서 알 수 있듯이 미·중 간 갈등 심화는 서태평양 림rim에서의 해양세력과 대륙세력 간 갈등과 충돌, 특히 한반도에서의 긴장과 충돌 가능성 증대와 함께 남·북 분단의 공고화를 야기할 가능성이 크다. 이는 또한 한국 사회 내 갈등을 심화시켜 국가 에너지를 내부 문제 해결에 소진하게 만들 가능성을 높인다. 이런 상황에서 벗어나고, 미국과 중국 가운데 한 나라를 선택해야만 하는 상황으로 내몰리지 않기 위해서라도 한국은 독자적 국가 좌표 설정 등 제3의 길을 찾아야 한다. 한국은 동맹을 선택하고 주도할 수는 없지만, 동맹국으로 선택당할 정도는 되는 국력을 가진 지정학적 요충에 위치한 중견국가이다. 한국은 이러한 역량과 지정학적 조건 내에서 미·중간 갈등과 대립이 한반도 문제와 관련해서는 첨예화되지 않도록 노력할 필요가 있다.

핵과 미사일로 무장한 북한은 한국의 심복지환心腹之患이기는 하나, 한국의 정책방향에 따라서는 이용도 가능한 존재이다. 이런 점에서 북한 활용 방안을 다시 한 번 검토해 볼 필요가 있다. 국제정치에서 영원한 적은 없다. 북·중 관계가 '전략적 이해관계 불일치하의 일치 관계'라는 점을 활용하여, 중국의 대對북한 정책이 한국에 유리한 방향으로 조정되도록 한국의 대외정책 방향을 조정해 나가야 한다. 이러한 측면에서 냉전시기 미·소 대립 상황에서도 소련과 동독에 접근하여 평화·안보 유지와 함께 통일을 달성한 서독 외교를 심도 있게 연구해 볼 필요가 있다. 우리가 살길은 스스로의 세계관을 갖고, 외부 세력의 국지局地 기습을 독자적으로 방어할 수 있는 정도의 군사력, 그리고 경제력을 확보하는 것이다. 이를 위해 특히 중요한 것은 우리 내부를 통합하는 것이다. 내부를 통합, 국력을 결집하지 못하면 한반도 통일을 위한 정책도 추진할 수 없다.

해방海防과 새방塞防, 남중국해

서주시대西周時代 이래 역대 중국 왕조는 몽골, 만주, 신장, 티베트 등에서 흥기興起한 새외민족塞外民族들로부터 끊임없이 침공 당했다. 중국인들은 이들 새외민족을 '북로北虜'라고 부르면서 무서워했다. 13세기 말 이후 일본인, 18세기 초·중엽 베트남인도 해안지방을 침입하여 큰 피해를 입혔다. 특히, 일본 해적들에 의한 피해가 컸으며, 중국인들은 이를 '남왜南倭'라고 부르면서 두려워했다.

19세기 서세동점기에 들어와 외세의 중국 침공은 대륙과 해안 2개 방향으로 진행되었다. 제정帝政 러시아는 만주와 신장, 몽골 방면으로 남하해 왔으며, 영국과 프랑스, 미국, 일본, 독일 등은 산둥성과 광둥성, 푸젠성, 장쑤성江蘇省 등 해안지방을 노렸다. 다시 북로남왜北虜南倭의 시대가 찾아온 것이다. 북방 변경塞과 남동 해안海 두 방향으로부터 동시에 침공을 받은 청淸나라 지도부는 제한된 군사력과 경제력을 갖고서는 북방 변경과 남동 해안 모두를 동시에 방어할 수 없으며, 어느 일방과는 타협하고, 타방에 대해서는 강력하게 대처하는 것이 국익에 부합한다고 판단했다. 북방 변경과 동남 해안, 어느 쪽 방어를 보다 중요시하느냐에 따라 전자前者는 새방파塞防派, 후자後者는 해방파海防派로 불렸다.

새방파의 대표는 러시아와 영국의 신장 분할 점령을 저지하는 데 성공한 쭤쭝탕左宗棠이었으며, 해방파의 대표는 태평천국 봉기를 진압한 쩡궈판曾國藩의 후계자로 나중 북양군벌의 수장이 된 리훙장李鴻章이었다. 새방파가 북방 변경으로부터의 침공을 우선 경계하고, 해방파가 동남해 해안으로부터의 침공을 우선 경계했다는 점에서 새방파가 해양국가들인 영국과 미국 등에 보다 우호적이고, 해방파가 대륙국가인 러시아에 보다 우호적인 입장을 취하는 것은 자연스러운 귀결이었다.

해방과 새방의 전통은 중화민국Republic of China과 중화인민공화국People's Republic of China으로 계승되었다. 국민당 지도자 장제스蔣介石는 새방파적이었던 반면, 공산당 지도자 마오쩌뚱은 해방파적 성향을 띠고 있었다. 1950년대 후반 이후 소련과의 분쟁이 격화되자 마오쩌뚱 포함 중화인민공화국中國 지도부는 새방파적 입장을 취하기 시작했다. 저우언라이周恩來와 덩샤오핑鄧小平 등이 주도한 미국과의 외교관계 수립 및 대외개방은 새방파의 견해가 정책으로 나타난 대표적 사건이다. 미국과 손잡고, 반反소련적 태도를 취하던 중국은 1990년 소련이 붕괴하고, 미국의 독주가 계속되자 다시 러시아에 접근하는 등 해방파적 입장을 취하기 시작했다. 당시 실권자가 상하이와 쑤저우를 둘러싸고 있는 장쑤성江澤民 출신 장쩌민江澤民이었던 것은 우연이 아니다.

중국의 급소 보하이만渤海灣

중국은 한반도 해안선 길이 5,620㎞의 약 3배인 14,500㎞에 달하는 긴 해안선을 갖고 있다. 이것은 중국이 바다로부터의 공격에 민감할 수밖에 없다는 것을 말해준다. 이에 따라, 중국은 전체 해안지역을 3부분으로 나누어 방어하고 있다. 가장 중요한 지역은 수도 베이징과 텐진, 다롄, 웨이하이 등 정치·경제적 중심지를 끼고 있는 보하이만 권역圈域이다. 서해를 크게 두 부분으로 나눈다면, 산둥반도와 백령도를 잇는 선을 경계로 하여 △보하이만과 서한만西韓灣으로 이루어진 북부와 △경기만京畿灣 이남의 남부로 나눌 수 있다. 산둥반도 동단에서 백령도까지의 직선거리가 약 220㎞에 불과하므로 동중국해에서 보하이만으로 향하는 서해 해로Sea Lane는 중국에게 있어 취약한 동시에 생명선과 같이 중요하다.

이는 중국이 북한을 포함한 한반도의 상황 전개에 대해 극히 민감해 하는 이유 가운데 하나이다.

중국은 보하이만을 포함한 서해 해역을 지키기 위해 산둥반도 남부 칭다오靑島에 가장 강력한 북해함대를 주둔시키고 있다. 중국의 경제중심은 상하이, 쑤저우, 항저우 등이 포함된 장강 델타 지역이다. 중국은 △장강 델타 지역을 보호하고, △타이완을 제압하며, △오키나와와 센가쿠尖角 열도로부터의 미·일 해·공군의 공세를 방어하기 위해 저장성 닝보寧波에 동해함대를 주둔시키고 있다. 타이완은 마지막 남은 국·공 내전의 불씨이자 태평양으로 나가는 관문이기도 하다. 센가쿠 열도 역시 중국 해군이 대양으로 나갈 수 있는 통로이다. 중국에게 있어 해양海洋은 제2의 생명선이다. 센가쿠 열도는 중국과 일본의 이해관계가 첨예하게 대립하는 열전熱戰의 현장이기도 하다.

다롄에서 본 보하이만

남중국해, 인도양

중국은 2005년 7월 정화鄭和의 인도양 원정 600주년을 기념하여 대대적 기념행사를 개최했다. 정화가 원정을 떠난 7월 11일을 '항해일'로 정하고, 베이징 인민대회당에서 정화를 기리는 기념식을 가졌다. 한편, 중국 무협지武俠誌를 읽어본 사람들은 잘 알겠지만, 무림武林에는 소림, 무당, 곤륜, 청성 등 여러 방파幫派가 있는데, 그중 하나가 남해방南海幫이다. 남해방은 남중국해의 절해고도絶海孤島로 상정된 '남해도'를 본거지로 하는 방파로 중원 무림에 상당한 영향력을 갖고 있는 것으로 나온다. 이 말을 꺼내는 이유는 중국인들의 지리 개념 속에 대륙뿐만 아니라 해양도 들어 있다는 것을 보여 주기 위해서이다. 정화의 인도양 원정을 예로 들지 않더라도 예로부터 중국인들은 바다로 진출하고자 하는 강한 욕구를 갖고 있었다. 중국은 1978년 대외개방이후 40년간 연평균 9.6%에 이를 정도로 경제가 급속도로 성장해 나감에 따라 보다 많은 에너지 자원을 필요로 하게 되었다.

2016년 기준 중국의 수입석유의존도는 65%에 달한다. 수입 석유 운반선의 대부분80%이 말래카 해협을 통과함에 따라, 중국은 인도양 항로를 보호할 수 있는 해·공군력 보유를 추구하고 있다. 여기에다가 남중국해에는 해저海底에 석유·가스 자원이 풍부히 매장되어 있는 난사군도南沙群島, 스프라트리와 시사군도西沙群島, 파라셀도 있다.

중·남베트남 파라셀 전투

중국은 스프라트리난사군도의 영유권을 놓고 베트남, 타이완, 필리핀, 말레이시아, 브루나이 등 5개국과 갈등을 빚고 있으며, 파라셀시사군도의 영유권을 놓고는 베트남과 대립하고 있다. 나투나군도 근해 관할권 문제와 관련 인도네시아와도 갈등을 빚고 있다. 중국은 베트남전 종전 무렵인 1974년 1월 남베트남으로부터 서西파라셀군도용러군도, Amphitrite에 대한 실효 지배권을 탈취했다. 파라셀군도는 서쪽 융러Amphitrite군도와 동쪽 쉬안더Crescent군도로 구성되어 있다. 남베트남과의 서파라셀 전투 당시 저장성 닝보 주둔 중국 동해함대 전함이 전장戰場에 신속히 투입되려면 타이완 해협을 통과해야 했는데, 이 전함들은 타이완 해안포에 의해 피격될 수 있었다. 장제스 타이완 총통은 남베트남 함대가 서파라셀군도 수역에 진입하고 있으며, 이에 대항하여 중국 동해함대가 타이완 해협을 통과하려 한다는 보고를 받았다. 장제스가 협조해 줄 것을 지시하여, 동해함대 전함들이 타이완 해협을 무사히 통과할 수 있었다 한다.

중국은 시사파라셀군도에 대한 실효적 지배를 발판으로 그 남쪽 난사스프라트리군도를 점령해 왔다. 베트남은 19세기 응웬왕조阮王朝 시기의 문헌, 사료 등을 근거로 시사 군도가 자국 영토라고 주장하고 있다. 중국은 1979년 시사군도에서 가장 큰 섬인 융싱다오永興島에 광동성 분소를 설치하고, 하이난섬과 융싱다오 간 항공노선도 개설했다. 베트남은 1991년 시사군도에 대한 영유권을 확인하는 성명을 발표했으며, 중국은 1992년 시사군도와 난사군도를 포함하는 영해법을 공포했다. 중국은 1993년 융싱다오 항만시설을 확장하고, 베트남과 영토·영해 문제 관련 회담을 시작했다. 시사군도 문제는 의제에서 제외되었다. 중·베트남은 1995년에도 국경문제 및 신뢰구축에 대한 협정을 맺었지만, 시사군도 문제는 제외됐다. 중국은 1996년 국제법과 국내법에 의거, 시사군도 전체가 중국 영토라고 선언했다.

중국과 동남아시아국가연합ASEAN은 2002년 '남중국해 선언'을 채택하여 협상을 통해 남중국해 도서 영유권 문제를 해결하자는 데 합의하였으나, 이후에도 크고 작은 분쟁이 계속되었다. 중국은 2010년 파라셀군도에서 대규모 상륙훈련을 실시하였으며, 베트남은 2011년 시사군도에 대한 영유권을 재확인하였다. 베트남은 1979년 중·월 전쟁 이후 처음으로 징병령을 발동하였다. 베트남 의회는 2012년 6월 시사군도를 포함한 남중국해 상당 해역을 베트남 관할 범위로 규정한 해양법을 통과시켰다. 이에 대해 중국은 그해 7월 융싱다오에 시사군도와 난사군도, 중사군도를 통합 관할하는 행정구역 싼사시를 설립하여 하이난성에 포함시켰다. 12월에는 신병훈련소도 설치했다. 중국이 2014년 5월 시사군도에서 석유시추공사를 강행하면서 군함을 배치하자 베트남이 즉각 철수를 촉구하면서 초계함을 동원했다. 양국 함정은 두차례 충돌했다.

2016년 6월 취임 후 친중 노선을 펴던 필리핀 두테르테 대통령은 지난 4월 4일 대규모 중국 선박이 필리핀이 실효 지배하는 남중국해 티투섬중에. 파가사 근해를 항행하자 "중국이 파가사섬을 건드리면 필리핀군에 자살 공격을 지시할 것"이라며 강경한 태도를 보였다. 미군은 최근 남중국해에서 여러 차례 일본군, 인도군, 필리핀군과 합동 군사훈련을 벌였다. 스텔스 수직이착륙기 F-35B도 동원했다. 미국은 중국의 남중국해 지배 공고화를 막기 위해 '항행의 자유 작전FONOP' 이름 아래 자국 군함으로 하여금 중국이 점령한 도서 12해리 이내를 수시로 항행하게 하고 있다. 우리 문무대왕함도 2018년 9월 (태풍 때문에) 중국이 점령한 파라셀군도 한 산호초 해역 12해리 이내를 항행했다. 중국은 남중국해 도서에 대한 실효지배를 확고히 하기 위해 광동성 서부 잔장湛江에 남해함대를 주둔시키고 있으며, 하이난다오의 싼야三亞를 잠수함을 비롯한 해군기지로 사용하고 있다.

통일 외교관의 눈으로 보다

유라시아 지정학 : 인도양-서태평양*

*Robert Kaplan 참고

지구는 (1)태평양, (2)대서양, (3)인도양, (4)남극해, (5)북극해와 ①유럽주, ②아시아주, ③아프리카주, ④남아메리카주, ⑤북아메리카주, ⑥오세아니아주 등 5대양大洋 6대주大洲로 구성되어 있다. 군사안보 측면에서는 우주와 사이버 공간도 포함시켜야 한다. 그런데, 서로 연결된 5개의 바다와 달리 육지는 분리되어 있다. 유럽과 아시아는 유라시아 단일 육괴陸塊로 구성되어 있으며, 아프리카도 유라시아와 좁은 목시나이 반도으로 연결되어 있다. 남아메리카와 북아메리카 역시 단일 육괴로 구성되어 있다. 사하라 사막을 경계로 남북으로 나뉘는 아프리카는 유라시아의 배후지Hinterland 역할을 해 왔으며, 근대 이후 줄곧 영·프나 미국과 같은 세계제국의 영향력 아래 놓였다. 20세기 전반까지는 영국과 프랑스, 20세기 후반부터는 미국과 소련, 21세기 들어서는 미국과 중국, 인도, 일본 등이 아프리카에 대한 영향력을 놓고 각축을 벌이고 있다. 이런 측면에서, 아프리카를 지배하는 나라가 바로 패권국이라는 말은 크게 틀리지 않다. 중국은 아메리카 북반부 핵심 지역을 모두 차지하고 있는 미국과 함께, 비교적 좋은 조건의 거대한 육지와 대양으로 팽창할 수 있는 긴 해안선약 14,500㎞을 갖고 있다. 21세기가 중국의 세기가 될 수 있다는 말이 나오는 것은 중국이 이와 같이 좋은 지리적 조건을 갖고 있기 때문이다.

중국의 도전

영국의 저명한 지리학자 맥킨더Halford John Mackinder는 1904년 명저 名著 『역사의 지리적 중심축The Geographical Pivot of History』에서 중국에 대해 상세히 설명했다. 그는 중국이 유라시아-태평양 패권을 추구하게 되면, "황화黃禍·Yellow Peril, Gelbe Gefahr를 불러올 수 있다."

고 말했다. 그는 "중국이 세계 자원에 접근할 수 있는 긴 해안선을 갖고 있기 때문이며, 이런 이 점은 러시아는 누리지 못하는 것이기 때문이다."라고 설명했다. 러시아는 제대로 된 부동항을 갖지 못한 나라이다. 반면, 중국은 양질의 항구 포함 긴 해안선을 가진 대륙국가인 동시에 해양국가이다. 맥킨더는 중국이 장차 취약한 러시아를 정복할지 모른다고까지 우려했다. 중국 영토는 풍부한 석유와 천연가스 자원을 보유한 중앙아시아에서부터 태평양 주요 해로까지 뻗쳐 있다. 맥킨더는 세계 인구 5분의 1을 가진 중국이 미국, 영국과 더불어 신문명을 건설하여 세계를 이끌게 될 것이라고 예상했다.

태평양과 대서양으로 여타 대륙과 격리된 북아메리카 핵심부를 장악한 미국과 함께 중국 역시 지리·기후적으로도 축복받은 나라이다. 중국은 최근 40년간 급속한 경제성장도 이룩했다.중국은 지난 40년간 연 9.6%가 넘는 GDP 성장률을 기록했으나, 향후 40년간은 그럴 수 없을 것이다. 하지만, 미국은 중국에게 동아시아 패권을 쉽게 양보하지 않을 것이다. 중국공산당은 극단의 장점들을 조합해 냈다. 서구적 현대화와 고대 동양 제국의 잔재인 수리문명hydraulic civilization, 칼 비트포겔이 명명한 수리관개에 대한 중앙집권적 통제를 행사하는 사회을 적절히 결합시켜 놓았다. 중국은 공산당 지배 중앙집권적 통제 덕분에 창장 중류 싼샤三峽댐과 같은 거대 사회기반시설을 건설하기 위해 수백만 명의 노동력을 쉽게 징발할 수 있다. 물론 임금은 주어야 한다. 이는 수많은 타협·조정을 거쳐야 하는 민주주의 국가들로서는 결코 취할 수 없는 방식이다. 중국은 서방의 기술과 제도를 흡수하여, 이를 중국식 문화체계 안에 결합시키고 있다. 중국의 역동성은 일대일로一帶一路라는 제국주의적 야망으로 이어진다. 물론 세계제국世界帝國 건설은 기획만으로는 되지 않는다.

제국은 유기적으로 성장한다. 한 나라가 더 커지면, 그 나라를 한 층 더 크게 만드는 새로운 불안이 배양된다. 이것이 바로 19세기, 20세기 전반기까지 미국, 러시아, 독일, 일본 등이 보여준 공격적 현실주의offensive realism이다.

미국은 19세기 말 제임스 가필드와 체스터 아서 등 무능한 대통령 통치기간에도 꾸준히 성장했다. 미국은 외부 세계와 더 많은 교역을 하면서, 아주 먼 지역에서도 경제적·전략적 이익을 추구했다. 미국은 카리브해 포함 중남미와 태평양 등에서 군사 행동을 감행했다. 미국은 그 시기 외부에 초점을 맞출 수 있었다. 팽창 시작 이전 내부를 통합해 놓고 있었기 때문이다.

중국은 지금에서야 티베트와 신장, 내몽골 등 변방을 통합하고, 동남아와 중앙아 등 외부로 방향을 돌리기 시작했다. 중국의 야망은 1세기 전 미국만큼이나 공격적이지만, 이유는 약간 다르다. 미국과 달리 중국은 이데올로기를 전파하려는 등 선교적missionary 접근은 하지 않는다. 국제문제에서 도덕적 진보는 미국의 이상이었으나, 중국은 그렇지 않다. 중국의 적극적 행동은 주로 14억 명이나 되는 국민들의 생활수준 향상을 위해 에너지와 금속, 전략적 광물을 확보하려는 목적으로 추진된다. 중국은 경제성장에 필요한 자원이 풍부한 중동, 아프리카 국가 다수와 좋은 관계를 유지하고 있다. 중국은 케냐와 잠비아, 민주콩고자이레, 앙골라, 탄자니아 등에서 견고한 위치를 구축하고 있다.

남중국해, 말래카 해협, 인도양은 석유, 천연가스가 풍부한 걸프페르시아만와 중국을 연결하는 주요 수송로이다. 중국과 좋은 관계를 유지하고 있는 이란, 미얀마, 수단 등은 다소 전제적專制的이다. 중국은 미국과 EU, 때로는 인도, 러시아와도 갈등하고 있다. 미국과의 전쟁 가능성은 적다. 통상, 기후변화, 국제분쟁 등 주요 이슈가 있지만, 중국의 도전은 1차적으로 지정학적이다. 중국은 경제적 이익 확보를 위해 동아시아–서태평양 지역 세력균형을 변화시키고 있다. 미국은 이를 매우 우려한다. 중국의 대륙과 해양에 대한 영향력은 중앙아시아에서부터 남중국해까지, 극동러시아에서부터 인도양까지 확장되고 있다. 중국은 떠오르는 대륙 패권국인데, 패권 추구 국가가 그렇게 행동하는 배경에는 지정학적 이유가 있다.

미국의 응전

중국은 미국 태평양 함대의 중국 연안 접근을 막으려 한다. 하지만, 중국은 아직 자국 해양 케이블도 보호할 만한 해·공군력을 갖고 있지 못하다. 미국 해군은 태평양과 인도양에서 중국 유류 운반선들을 나포하여 중국으로의 에너지 공급을 간단히 차단할 수 있다. 미국과 중국은 항모와 잠수함 포함 해군력과 공군력 측면에서 아직은 비교 불가하다. 미국 전함의 중국 연안 접근을 차단할 능력도 없으면서도 왜 중국은 이를 시도하는 것일까? 베이징은 '힘power의 유리한 배치'를 조성해 냄으로써, 실제 군사력을 사용할 필요가 없게 만들기 위해 그렇게 행동한다.

군사력 과시, 태평양과 인도양에 항구와 정보센터 건설, 중국과 인도양 사이 연안 국가들에 대한 지속 군사원조 등은 더 이상 비밀이 아니다. 이 모든 것은 심사숙고한 끝에 나온 국력 과시의 일환이다. 중국은 미국과 드러내 놓고 싸우기 보다는 미국의 행동에 영향을 미쳐서 대결을 피하려 한다. 중국은 남중국해의 심장 하이난 남부 해안싼야

인도양　태평양

에 해군기지를 건설 중이다. 이 해군기지는 핵추진, 디젤추진 잠수함 20대까지 수용할 수 있는 지하시설을 갖출 것이다. 중국은 융싱다오 포함 파라셀시사군도와 스트라트리난사군도 산호초에 시멘트를 부어 활주로와 병영兵營을 건설해 놓았다. 이는 인근 해역에 대한 주권을 주장하기 위한 중국식 '먼로 독트린'이다. 현재로서는 중국은 미국과 전쟁할 의사를 갖고 있지 않지만, 그 의사는 언제라도 바뀔 수 있다.

현재 유라시아 주변 안보상황은 2차 대전 이후 5년간보다 더 복잡하다. 중국의 경제와 군사력은 강화된 반면, 미국 경제력은 상대적으로 쇠퇴하고, 미국 해군 규모도 감축되거나 정체하면서 다극적 군사질서가 부각되었다. 미국은 타이완에 패트리엇 방공미사일 114기와 수십 대의 첨단 군사통신장비를 판매했다. 2019년 초 4세대 전투기 F-16 60대 타이완 판매도 승인되었다. 미국은 타이완에 에이브럼스 전차 108대, 대공 스팅어 미사일 250기, 대전차 미사일 1,240기 등

20억 달러 상당의 무기를 추가 판매할 것이라 한다. 미국은 2019년 상반기 연속해서 '항행의 자유 작전FONOP' 이름 아래 해군 함정으로 하여금 타이완 해협을 통과하게 했다. 항모航母 투입 가능성도 부정하지 않았다. 중국은 4월 초 여러 차례 2011년 이후 최초로 첨단 전투기 J-11 2대를 타이완 해협 타이완 쪽 상공에 진입시켰다. 타이완에 대한 공군기 시위가 계속되고 있다. 중국의 군사력 강화에 대응하여, 일본과 한국은 F-35 스텔스기 도입, 소형 항모 건조 포함 해·공군 첨단화를 추진 중이다. 인도는 대양해군을 건설하고 있다. 각국은 자국에게 유리한 세력균형을 구축하려 한다. 어떤 아시아 국가도 전쟁을 감행할 이유가 없지만, 세력균형에 대한 오판 위험은 시간이 지나면서, 그리고 중국과 인도의 해·공군 전력이 증강될수록 커질 것이다. 육지에서의 긴장은 해양에서의 긴장을 더 고조시킬 것이다.

　워싱턴은 베이징과의 갈등을 피하면서도, 동아시아 안정을 유지하고, 동맹국을 보호하며, Great China의 출현을 저지할 수 있을 것인가? 이는 서태평양 연안에서의 세력균형으로는 충분치 않다. 인도와 싱가포르 외교관은 미국이 수평선 너머 국가가 아니라 아시아의 육상 및 해양 세력의 일부가 되어야 한다고 말했다. 미국 국방부에 의하면, 미국은 250대 규모의 함대와 국방비가 15% 감축된 상태로도 중국의 도발에 반격을 가할 수 있다 한다. 이 계획은 오세아니아남태평양의 전략적 중요성을 유라시아 상황에 도입했기 때문에 큰 의미가 있다. 괌과 캐롤라인, 마샬, 노스 마리아나, 솔로몬 제도는 모두 미국 영토, 또는 미국과 방위조약을 맺은 국가이거나, 방위조약을 체결할 가능성이 있는 국가들이다. 오세아니아는 유라시아와 가까이 있지만, 중국이 미국 전함의 접근을 차단하려는 바다 그 너머에 있다는 점에서 더 중요해지고 있다. 괌은 북한에서 비행기로 4시간, 인근 타이완과 오키나와에서 선박으로 2일 거리에 있다. 미국 입장에서는 일본, 한국, 필리핀에 기지를 유지하는 것보다 미래에 오세아니아에 기지를 유지하는 것이 중국을 덜 자극하게 될 것이다.

괌의 앤더슨은 미국이 어느 지역으로라도 군사력을 투사할 수 있는 군사령부 소재지이다. 10만 개의 폭탄과 미사일, 6,600만 갤런 제트오일을 비축한 이 공군기지는 세계 최대의 전략적 '급유-발진gas-and-go' 시설이다. C-17 글로버마스터 수송기와 F/A-18 호넷 전폭기들이 이 기지 활주로를 채우고 있다. 괌은 잠수함 기지이자 미국 주요 해군기지로 발전하고 있다. 괌과 인근 노스 마리아나제도는 일본과 말라카 해협으로부터 거의 같은 거리에 위치해 있다. 그리고 오세아니아의 남서쪽, 즉 오스트레일리아령 애시모어 제도, 카르티에 제도, 크리스마스섬, 그리고 서북부 오스트레일리아 연안북부 다윈에서 서부 퍼스까지은 인도양을 향하는 인도네시아 서남부 지역을 관찰할 수 있다. 미국 해군 전문가 가레트Pat Garret는 미국 해·공군은 오세아니아의 지리적 이점을 활용하여 Great China의 경계와 유라시아 주요 해로sea lane '지평선 바로 이원just over the horizon'에 자리 잡은 '현존 지역세력regional presence in being' 화해야 한다고 말한다.

동아시아 주둔 미국 해·공군 주력의 오세아니아 이전은 부상浮上하는 Great China와의 타협책이다. 모든 희생을 무릅쓰고, Great China의 출현을 저지하느냐, 아니면 중국 해군이 제1도련선島鏈線에서 경찰 역할을 하는 것을 받아들이느냐 사이의 타협책이다. 가레트 계획은 미국 해군의 인도양 내 팽창을 상정한다. 그러나 이는 기존 미군 기지의 확장을 말하는 것은 아니다. 이 계획은 프랑스와 인도, 영국이 운용하고 있는 인도양의 안다만, 코모로, 몰디브, 모리셔스의 차고스 제도디에고 가르시아, 르위니옹, 세이셸 소재 군사시설 이용뿐만 아니라, 브루나이와 말레이시아, 싱가포르와의 방위협정 체결도 예상하고 있다. 이는 항행의 자유와 에너지 자원의 자유로운 유통을 보장할 것이다. 이 계획은 일본과 한국 내 미군기지의 중요도를 낮추고, 오세아니아 전역에서 미국의 활동을 다양하게 함으로써, 중국 미사일의 표적이 될 수 있는 군사기지의 폐쇄를 가능하게 할 수도 있다.

중국의 부상은 베이징 당국을 위협적인 동시에 경제적 측면에서 더 매력적인 존재로 만들고 있다. 이제 동아시아에서 중국을 친구라 하지 않는 나라는 없다. 이는 미국과 동맹국 간 관계를 더 복잡하게 할 수 있다. 자민당이 정권을 탈환한 이후 일본은 미국에 더 밀착해 왔다. 아베 총리 등 현 일본 지도부는 중국의 부상에 맞서 일본이 살길은 對미국 동맹 강화라고 믿는 듯하다.

한국의 향배

중국의 군사력 투사 가능 범위는 인도아대륙, 중앙아시아, 몽골, 극동 러시아, 동남아를 모두 포함한다. 이들 지역은 정치적 경계가 바뀔 가능성이 거의 없는 곳이다. 그러나 한반도 상황은 다르다. 이 지역에서의 중국의 정치적 경계는 바뀔 수 있다. 압록강과 두만강, 휴전선을 경계로 외부와 고립된 북한 체제는 근본적으로 불안정하며, 북한의 붕괴는 세계정세에도 큰 영향을 미칠 것이다. 만주에서 돌출되어 나온 한반도는 중국 중북부로 향하는 모든 교통을 통제할 수 있는 요충지 중의 요충지이다. 중국이 한반도 일부라도 병합할 것이라고는 생각되지 않지만, 중국은 미국과 일본, 러시아 등 제3국이 한반도, 특히 한반도 북부북한에 영향력을 행사하게 되면 매우 불안해 할 것이다.

두만강 하류는 중국, 북한, 러시아가 만나는 접점이며, 일본으로 연결되는 좋은 항구나진, 청진를 갖고 있다. 중국은 이 지역에 큰 관심을 갖고 있다. 한반도 통일은 궁극적으로는 베이징에 이로울 것이다. 통일한국은 민족주의적일 것이기 때문에 중·일 모두에게 호의적이지 않을 수 있다. 근대 중국과 일본 모두 한반도를 점령하려 했다. 그런데, 한국은 일본에 대해 더 큰 적대감을 갖고 있다. 일본은 1910년부터 1945년까지 한반도를 강압 통치했으며, 서울과 도쿄는 동해의 섬 독도를 놓고 분쟁을 벌이고 있다. 일본은 2019년 7월 작게는 산업정책, 크게는 동아시아·세계정책 측면에서 한국에 대해 경제 제재를 감행했다. 물론 북한이 아니라, 한국이 한반도 통일을 주도할 것이다. 한국의 최대 교역국은 중국이다. 카플란은 도쿄로부터 멀어질 통일한국

북한, 러시아, 중국 땅이 만나는 두만강 하구

은 미군을 받아들일 확실한 이유가 없게 된다고 한다. 맥킨더가 말했 듯이 중국이 통일한국에 대한 영향력을 확보하게 되면, 유라시아에서 러시아를 압도하는 대륙과 해양 두 방면 패권국으로 성장할 수도 있 을 것이다.

저명한 국제정치학자 미어샤이머John Mearsheimer는 『거대 패권 국 정치학의 비극』에서 "국제 시스템에서 가장 위험한 국가는 거대한 군대를 가진 대륙 패권국나폴레옹 프랑스, 독일 2, 3제국이다." 라고 말했다. 트럼프 행정부는 중국과의 협력을 주장하는 키신저가 아니라 중국 봉 쇄를 주장하는 미어샤이머의 조언을 따르고 있다. 미·중 무역전쟁이 나 인도-태평양 전략 역시 그의 아이디어에 기원하고 있다. 230만 명 의 병사를 거느린 중국군은 세계 최대 규모의 군대이나, 빠른 시일 내 국경 밖으로 원정할 수 있는 역량을 갖추지는 못할 것이다. 중국군은

2008년 쓰촨 대지진 비상사태, 티베트와 신장의 소요, 2008년 베이징 올림픽 시 안보 도전에 제대로 대응하지 못했다. 중국군의 티베트 투입은 중국군이 중국 한 끝에서 다른 끝까지 병력을 이동시킬 수 있다는 것만 보여 준 것이지, 군사력 전개에 요구되는 수준으로 군수품과 중장비를 이동시킬 수 있는 역량을 보여 준 것은 아니다. 중국군이 다시 인도군과 전쟁을 벌이는 결정을 하거나, 북한 체제 붕괴로 인해 그 공백을 메우는 것이 아니고는 국경을 넘을 가능성은 거의 없다. 북한 붕괴 시 중국군이 한반도에 출현할 가능성은 크다.

타이완臺灣 해협과 미·중 전쟁

Great China 시대 도래 가능성과 관련된 가장 중요한 포인트는 타이완의 미래이다. 베이징은 중화민족의 이익을 위해 중국을 통일해야 할 사명을 강조한다. 이에 반해 워싱턴은 타이완의 현상 유지status quo를 선호한다. 트럼프는 2017년 초 대통령 취임 직후 차이잉원 타이완 총통과 전화 통화를 했다. 미국 대통령이 타이완 총통과 통화한 것은 1979년 타이완과 국교를 단절한 이후 처음이다. 트럼프는 또 2018년 3월 정부 관료와 군 지휘관들이 타이완을 방문할 수 있도록 한 '타이완 여행법'에 서명했다. 미국 국방부는 지난 6월 1일 발간한 '인도-태평양 전략 보고서'에서 타이완을 뉴질랜드, 몽골 등과 함께 '국가 country'로 칭했다. 태평양 전쟁의 영웅 맥아더 장군이 말한 것처럼, 타이완은 중국의 연안에 떠있는 '불침 항모'이다. 미국과 일본 포함 외부 세력은 타이완으로부터 중국 연안에 군사력을 투사할 수 있다. 타이완이 중국의 품으로 돌아가면, 중국 해군은 제1열도선과 마주보는 유리한 전략적 위치에 설 뿐만 아니라, 제1열도선 너머로 전례 없는 수준의 군사력을 자유롭게 투사할 수 있게 될 것이다. 타이완이 중국에 통합되면, 동아시아의 기존 군사질서에 심각한 비상이 걸린다. 랜드 연구소 보고서에 의하면, 미국은 2020년대 말에는 타이완을 더 이상 중국의 공격으로부터 방어할 수 없게 된다 한다. 그때쯤이면 F-35 스텔스 전투기 편대와 2개 항모전단을 투입하고, 한국 평택과 일본 오키나와 기지를 활용한다 하더라도 미국은 타이완 해협에서 중국을 패퇴시킬 수 없을 것이다. 중국 해안과 타이완 간 거리는 160㎞밖에 되지 않는다. 중국이 타이완을 침공하면, 미국은 지구 반 바퀴를 돌아가거나 주한미군, 주일미군, 괌 주둔 군사력을 투입해야 한다. 이 상황에서는 주한 미군의 '전략적 유연성'이 논란될 것이다.

특정 수역에 대한 미국 해군의 접근을 막는 중국의 현존함대 전략은 미군의 접근을 원거리에서 저지하는 동시에 타이완 점령을 위한 것이다. 베이징은 타이완을 군사적으로뿐만 아니라 경제·사회적으로도 통합하려 하고 있다. 2003년 이래 타이완의 최대 교역상대국은 중국이다. 2016년 중국-타이완 간 무역액은 1,760억 달러에 달했다. 타이완이 대규모 흑자를 내었다. 타이완은 중국의 경제 재재에 매우 취약하다. 타이완과 중국 본토 사이에는 매주 432편의 항공기가 운항되고 있다. 중국은 또한 각종 유인誘因을 통해 타이완 인재와 자본을 흡수하고 있다. 2016년 중국-타이완 간 인적교류중국 방문 573만 명, 타이완 방문 361만 명는 934만 명에 달했다. 중국인-타이완인 간 결혼도 크게 늘었다. 1990년대 이후 타이완 투자의 80%가 중국을 향했다. 중국에 진출한 타이완 기업들 일부는 성공했지만, 다수는 중국 기업들의 저가 공세에 시달리다가 차츰 품질과 함께 규모에서도 밀렸다.

중국-타이완 통합 가능성이 커지고 있다. 그러나 어떤 방식으로 통합되느냐는 불확실하며, 향후 국제정치의 핵심 문제가 될 것이다. 미국이 타이완을 포기하고 베이징에 넘길 경우, 일본과 한국, 필리핀, 호주 및 태평양의 다른 미국 동맹국들, 그리고 인도와 몇몇 아프리카 국가들까지 워싱턴의 동맹국 방어 의지를 의심할 것이다. 이는 이들을 중국에 접근시킬 것이며, 중국의 동아시아 지배를 가능하게 할 것이다. 이것이 워싱턴과 타이베이가 중국에 대해 비대칭적 군사력을 고려해야 하는 이유이다. 비대칭적 수단은 중국을 타이완 해협에서 패배시키는 것이 아니라, 타이완에 대한 군사공격을 엄두도 못 낼만큼 비싼 대가를 치르게 될 것이라는 것을 중국에게 확신시켜 주는 것이다.

미국은 중국이 자유로운 사회가 될 때까지 타이완의 독립을 유지시켜 줌으로써 동맹국들의 신뢰를 확보해야 한다. 미국의 대對타이완 무기 판매는 중국에 맞서는 미국과 유라시아 전체의 사활적 이익과 관계 된다.

트럼프의 미국은 과거 어느 때보다 더 중국의 타이완에 대한 욕망을 우려하고 있다. 중국이 타이완을 위협하면, 미국은 항모 포함 모든 종류의 전함을 타이완 해협에 진입시킬 것이다. 유럽연합EU은 지난 3월 중국을 경제적 경쟁자economic competitor이자 EU와 다른 통치 체제를 추구하는 체제 경쟁자라고 규정했다. 중국을 변화시키려는 여러 가지 시도도 있다. 타이완을 여행하는 수백만 명의 중국인들은 생동감 넘치는 정치 토크쇼와 서점에 널려 있는 체제 전복적 성격의 책들을 읽는다. 타이완의 미래는 중국과 미·일 세력 간 줄다리기, 즉 세력 균형의 향방에 달려 있다.

신장-위구르와 티베트, 그리고 인도

신장新疆과 티베트는 한족이 통치하는 중화인민공화국PRC을 거부하는 주민들이 거주하는 두 개의 변경이다. 신장의 위구르인과 티베트의 티베트인은 한족과는 역사와 문화, 인종, 언어를 달리한다. 이 지역 주민들의 민족주의적 요구는 중국 인접 국가들과의 관계를 복잡하게 만들고 있다. '신장'은 '새로운 영토'를 의미한다. 신장166만㎢은 타클라마칸 사막을 포함하는데, 텍사스69만㎢의 2배, 독일36만㎢의 4배 이상이며, East Turkestan터키계 민족이 사는 중앙아시아 지역으로도 불린다. 신장이 확실히 중국의 일부가 된 것은 19세기 말 청나라 장군 쥐쭝탕左宗棠에 의해서였다. 신장의 역사는 격변의 역사였다. 신장의 근현대 역사는 1940년대 위구르계 주민 봉기와 일시적 독립기로 점철되어 있다. 1949년 마오쩌둥이 이끄는 공산군은 신장으로 진군해 이 지역을 점령했다. 중국의 위구르인은 약 1,000만 명으로 중국 총인구의 1% 미만이다. 1990년 이후 계속 신장의 터키계 주민들은 베이징의 통치에 반기를 들었다. 이는 중국 당국에 의한 위구르인 100만여 명 노동캠프 수용과 터키 및 서방과의 외교 분쟁으로 나타났다. 터키와 터키계 국가들은 중국 당국의 위구르인 탄압을 혐오한다.

소수 민족의 변방 집중은 끊임없는 긴장의 원천이 되고 있다. 이 지역에 대한 통치권을 공고히 하기 위해, 그리고 그 지역의 석유와 천연가스, 구리, 철광석 등을 확보하기 위해, 베이징은 계속 한족을 이주시켜 왔다. 중국은 또 일대일로 등을 통해 중앙아시아 터키계 공화국들을 회유해 왔다. 중국은 산악국가 키르키즈의 인프라 건설에 나서는 한편, 화웨이와 차이나텔레콤을 통해 키르키즈 정부의 대중 감시 역량도 키워 주고 있다. 이는 키르키즈 포함 중앙아 국가들이 신장의 위구르계 주민들의 후방 지원기지가 될 가능성을 없애기 위한 것이다. 베이징은 일대일로 정책을 통해, 유라시아 대륙 깊숙이 뻗어 나가고 있다. 중국은 2011년 이란과 포괄적·배타적 경제협력협정을 체결하여, 이란 특정지역에서 자원 탐사, 시추, 채굴은 물론 필요한 경우 인프라도 설치할 권리를 확보했다. 중국은 시설보안을 위해 군대도 주둔시킬 수 있다. 중국과 이란은 2025년까지 중국 자금 250억 달러를 투자하여 이란 내 10,000㎞에 달하는 철로를 새로 깔기로 했다. 중국의 잉여 철강이 이 공사에 투입된다. 계획대로 된다면 신장-카자흐스탄-키르키즈-우즈베키스탄-투르크메니스탄-이란을 잇는 유라시아 철로가 곧 위용을 드러낼 것이다. 중국의 중앙아 진출은 신장으로 이어지는 2개의 파이프라인으로도 나타난다. 하나는 카스피해를 출발해 카자흐스탄을 가로지르는 석유 파이프라인이고, 다른 하나는 투르크메니스탄에서 시작해 우즈베키스탄과 카자흐스탄을 가로지르는 천연가스 파이프라인이다. 천연자원에 대한 중국의 욕구는, 어느 정도의 리스크를 감당할 정도로 크다. 중국은 전쟁으로 폐허가 된 아프가니스탄 카불 남부에서 구리광석을 채굴하고 있고, 철광석과 우라늄, 귀금속에도 눈독을 들이고 있다. 미국이 아프가니스탄을 안정시킨다면, 중국의 지정학적 영향력 범위는 확장될 것이다.

티베트도 신장처럼 중국의 대외관계에 영향을 미친다. 구리와 니켈, 마그네사이트, 금 등이 풍부한 산악지대 티베트 고원은 중국 영토의 큰 부분을 차지한다. 이는 중국이 크나큰 자연적 장애에도 불구하고, 이 지역에 도로와 고속철도를 부설하는 이유이다. 창장長江, 황허黃河, 메콩강, 살윈강, 브라마푸트라강 등 아시아의 많은 하천이 티베트-칭하이 고원에서 흘러내린다. 티베트가 없다면, 중국은 방패 없는 몸뚱이가 된다. 인도가 티베트를 장악하면, 아대륙subcontinent 인도는 엄청난 크기의 영토를 추가 확보할 수 있다. 이는 왜 베이징이 티베트의 독립은 물론, 자치 가능성도 공포로 바라보는지를 잘 설명해 준다. 13억 명이 넘는 인구를 가진 인도는 중국의 영향력이 커지고 있는 아시아 대륙에 박혀 있는 지정학적 쐐기이다. 브레진스키의 저서 『Grand Chessboard』에 나온 Great China 지도는 이 점을 생생하게 보여 준다.

중국은 장거리 원정 없이도 경제적 수단을 동원하여, 힘의 열세를 메울 수 있다. 중국은 경제적 압박을 통해 일본과 한국, 필리핀, 팔라우 등을 굴복시켰다. 육지에서의 중국의 위상 강화는 최근 중앙아시아 국가들, 러시아 등 이웃국가들과 국경분쟁을 타결한 외교 덕분이다. 인도는 예외이다.

중국과 인도는 지정학적 라이벌이다. 중국과 인도는 엄청난 인구, 다양한 문화, 영토아루나찰 프라데쉬, 악사이친를 놓고 각축하는 이웃이다. 인도는 2016년 7월 아루나찰 프라데시에 브라모스 탄도미사일을 배치했다. 인도는 또한 지난 3월 중국에 이어 세계에서 네번째로 위성 격추 미사일 발사능력을 확보했다고 공표했다. 미국은 2018년 6월 우주군 창설을 선언했다. 티베트는 중·인 갈등을 악화시키는 요인이다.

인도는 1957년 달라이 라마 14세 망명정부를 받아 주었다. 2017년 중·인 국경 긴장은 달라이 라마 승계에 대한 베이징의 우려와 관계 깊다. 차기 달라이 라마15세는 중국이 지배하는 티베트가 아니라, 북부 인도와 네팔, 부탄을 가로지르는 히말라야 벨트 출신일 것이다.

중국은 이를 막기 위해 티베트 출신의 사이비 달라이 라마를 내세울 것이다. 차기 달라이 라마의 출신 배경은 그를 더 친인도-반중국적으로 만들 것이다. 중국과 인도는 '그레이트 게임19세기 영국과 러시아가 중앙아를 놓고 벌인 패권 싸움'을 히말라야에서뿐만 아니라 방글라데시, 스리랑카, 몰디브, 안다만에서도 치를 수 있다.

극동러시아와 몽골

중국 북부 국경은 (외)몽골을 감싸고 있다. 몽골은 중국 영토에서 **빠**져나간 것처럼 보이는 거대한 땅이다. 몽골은 세계에서 가장 희박한 인구밀도를 가진 나라 중 하나이며, 극동러시아와 마찬가지로 중국에 의해 인구학적demographic 측면에서 위협받고 있다. 몽골 경제력은 다롄 포함 중국 중급 도시의 경제력보다 약하다. 베이징은 석유, 석탄, 우라늄 등에 대한 갈망을 채우기 위해 몽골을 자국 영향권 내에 포함시키려 할 수 있다. 중국 광업회사들은 몽골 지하자원에 대한 지분을 확보하려 한다. 중국이 급속한 산업화와 도시화로 인해 알루미늄, 구리, 납, 니켈, 아연, 주석, 철광석 등에 대한 거대한 소비자로 바뀌었기 때문이다. 중국의 세계 금속소비 비중은 1990년대 이후 10%에서 25% 이상으로 증가했다. 베이징의 통제하에 들어간 티베트, 마카오, 홍콩과 함께 몽골에 대한 중국의 조치는 중국이 얼마만큼이나 제국주의적 야망을 갖고 있는지 판별하는 시금석이 될 것이다. 몽골과 동북 3성은 극동러시아에 접해 있다. 유럽 2배 면적의 극동러시아는 인구가 희박하며, 심지어 감소하기까지 하고 있다. 러시아가 19~20세기 초 이 지역으로 손길을 뻗쳤을 때 중국은 매우 취약했다. 지금 중국은 강하고, 러시아의 지배력은 영토의 3분의 1이나 되는 극동에서는 거의 존재하지 않을 정도로 미약하다. 러시아는 세계 전략상 중국의 동아시아에 대한 외교적 영향력을 수용하고 있다.

극동러시아에는 약 600~700만 명의 러시아인이 살고 있는 반면, 이 지역과 접한 중국 3개 성헤이룽장, 지린, 랴오닝에는 1억 명 이상의 주민이 살고 있다. 인구밀도는 중국 쪽이 러시아 쪽보다 60배 이상 높다. 중국 이주민들은 몽골계 시베리아 자치공화국에 다수 정착해 있다. 인구가 희박한 극동러시아는 천연가스, 석유, 다이아몬드, 금 등 많은 자원을 갖고 있다. 서방 언론은 "러시아는 중국인들이 극동 지역으로 이주해 목재회사나 광업회사를 설립하는 것을 경계하고 있다."고 보도했다. 몽골이 느끼는 것처럼, 러시아의 공포는 중국군이 어느 날 갑자기 침공해 극동러시아를 병합하는 것이 아니다. 그 공포는 슬금슬금 잠입해 들어오는 중국인의 극동러시아에 대한 영향력이 점점 커지고 있는 데 있다. 이 지역은 청나라 시대인 1860년까지만 해도 중국령이었다.

냉전 시대 벌어진 중·소 분쟁은 소련으로 하여금 시베리아에 수십만 명의 병력을 배치하게 했고, 때로는 군사 충돌을 불렀다. 이런 긴장이 1960년대 후반 중·소 분쟁으로 이어졌다. 냉전 시기 소련군과 같은 불안한 존재로 인해 마오쩌둥은 국방비를 지상군 증강에 집중 투입했다. 중국은 고대 이후 끊이지 않는 외부 세계의 침공에 전전긍긍했다. 이제 더 이상 그런 일은 발생하지 않을 것이다. 중·러 동맹은 전술적인 것이기 때문에 지정학적 이해관계 차이가 중국과 러시아 사이를 벌릴 수 있다. 이는 미국에게 이득이 된다. 1970년대 닉슨 행정부는 베이징과 모스크바 간 갈등을 이용하여 중국의 문호를 개방케 할 수 있었다. 그리고 중국을 지렛대 삼아 소련을 붕괴시켰다. 중국이 보다 더 강력하게 되면, 미국은 러시아를 파트너 삼아 중국에 대항하는 세력균형을 추구할 것이다.

동남아시아와 남중국해, 그리고 인도양

중국의 영향력은 동남아로도 확장되고 있다. Great China가 가장 미약하게 저항 받는 곳이 동남아다. 라오스와 타이, 미얀마와 중국을 분리하는 지리적 장애는 상대적으로 약한 편이다. 메콩란창강, 살윈누강, 브라마푸트라야루장포강, 송코이홍하 등 동남아·남아시아 대하천 거의 모두가 중국에서 출발한다. 중국과 동남아, 동부 인도는 강물로 연결되어 있다. 인도차이나 모든 국가들과 도로로 연결되는 허브는 3세기 초 촉한蜀漢 승상 제갈량이 침공했던 남만南蠻, 즉 윈난성의 성도省都 쿤밍이다. 중국은 1:1 각개 격파하는 연횡책을 통하여 이 지역 국가들을 통제하려 하고 있다. 인도네시아 외 동남아 최대 영토국가는 미얀마버마이다. 파키스탄이 분열될 위험을 가진 아시아의 발칸이라면, 미얀마는 중국에 의해 유린될 위험을 가진 아시아의 벨기에라 할 수 있다. 미얀마는 중국이 필요로 하는 천연자원을 갖고 있지만, 소수민족으로 인해 분열되고 취약한 나라이다. 중국은 미얀마 내 카친 등 소수민족 반군연합체에 상당한 영향력을 갖고 있다.

중국과 인도는 경쟁적으로 미얀마의 인도양 항구 시트웨를 개발하려 하고 있다. 중국에게 있어 로힝야족, 아라칸라카인족 포함 소수민족이 다수 거주하는 라카인주 주도州都 시트웨는 벵골만-윈난 가스 파이프라인을 건설하기 위해 꼭 필요하다. 중국은 아세안ASEAN 회원국들과 국가별로 협상해 왔다. 중국은 메콩강과 살윈강, 송코이강 흐름을 차단하여 동남아를 통제할 수 있다. 아세안과의 자유무역협정 FTA은 중국이 어떻게 아세안 이웃국가들과 수익성 있는 관계 개선을 지속하는지를 잘 보여준다. 아세안 국가들이 중국의 저임 노동력으로 생산한 제품을 사주는 곳으로 전락하면서, 중국은 막대한 무역흑자를 누리고 있다.

부미볼 국왕 사망 후 흔들리고 있는 타이가 인도차이나의 중심축 역할을 제대로 수행하지 못하게 됨에 따라, 이런 현상이 더 심해졌다. 카리스마가 부족한 국왕이 지배하는 타이는 옛날처럼 안정적 국가로 작동하지 못하고 있다.

말레이시아의 마하티르는 90대 나이로 정치 일선에 돌아왔다. 마하티르는 중국을 경계하면서도 중국과 협력하려 하고 있다. 국내적으로는 말레이계 우대와 함께 화교에 대한 통제를 계속하고 있다. 싱가포르는 주민 대부분이 중국계인데도 불구, 동남아 국가들이 중국의 위성국으로 전락하는 것을 우려하고 있다. 싱가포르는 최근 수년간 타이완과 군사협력관계를 강화해 오고 있다. 고故 리콴유는 생전 미국에게 군사적, 외교적으로 동남아에 대한 개입을 유지해야 한다고 촉구했다. 인도네시아는 중국의 공세를 방어하는 미국의 동맹국으로 비추어질 경우, 이슬람 세계의 분노를 유발할 수 있다는 두려움을 갖고 있다. 동남아에서 미국의 힘이 정점을 지나고, 중국이 부상함에 따라 이 지역 국가들은 베이징의 분할통치전략연횡책을 무력화하기 위해 서로 협조하고 있다. 인도네시아, 말레이시아, 싱가포르는 해적 문제에 공동대처하고 있다. 하지만 남중국해 문제에 대한 아세안 회원국들의 단결은 미약하다. 아세안이 단결할수록, 중국의 부상이 그들에게 주는 위협은 줄어들 것이다.

중국은 태평양의 온대-아열대에 걸쳐 긴 해안선을 보유하고 있다. 그리고 남서쪽 국경은 도로와 에너지 파이프라인으로 연결된 인도양에 근접해 있다. 중국 해군은 인도양으로 향하는 관문이자 원유 수송로인 남중국해에 더 많은 전력을 투사 중이다. 남중국해는 원유

2,100억 배럴과 천연가스 7.5조㎥을 보유하고 있으며, 세계 어획량의 10%를 차지하고 있다. 남중국해-말래카 해협을 따라 급진 이슬람 세력, 인도 해군, 심지어 해적도 출몰하고 있다. 중국 석유 수송선과 상선 대부분이 지나가는 병목도 그곳에 있다.

남중국해는 전략적 중요성 측면에서, '제2의 페르시아만'이다. 네덜란드 출신 미국 지리학자 스파이크먼Nicholas Spykman, the 『Geography of the Peace』의 저자은 역사상 모든 국가들이 인접 해역을 통제하기 위해 '원주형 해양 팽창'을 해왔다고 말한다. 그리스는 에게해, 로마는 지중해, 오스만터키도 지중해, 미국은 카리브해 주도권을 장악하려 했다. 지금 중국은 남중국해 해상 통제권을 장악하려 한다. 스파이크먼은 카리브해의 중요성을 강조하기 위해 카리브해를 '미국의 지중해'라고 불렀다. 남중국해가 '중국의 지중해'가 될지 여부가 현재 지정학의 핵심이다.

중국 해군은 스스로가 한반도, 오키나와를 포함한 일본, 타이완, 필리핀, 인도네시아, 호주를 연결하는 '제1도련선'제1해양 방위망, first island chain이라고 부르는 곳에서 여러 가지 문제에 직면해 있다. '제1도련선', '제2도련선'이라는 용어가 시사하듯, 중국은 이 섬들을 중국 대륙에서 뻗어 나간 군도로 보고 있다. 중국은 에너지 자원이 풍부한 동중국해와 남중국해 곳곳에서 다양한 분쟁을 겪고 있다. 일본과는 센가쿠 열도를 놓고, 필리핀과 베트남, 인도네시아 등과는 스프라트리난사 군도, 파라셀시사 군도를 놓고 분쟁 중이다. 제1, 제2 도련선은 일종의 '역逆만리장성'이다. 이는 중국의 서태평양 접근을 감시하고, 봉쇄하는 감시탑 역할을 수행하는 미국과 그 동맹국들의 방어선도 된다. 중국의 반응은 공격적으로 나타난다. 해양세력의 가장 큰 목적은 자국의 상업이익 보호이다. 이전 해양강국들인 그리스, 베네치아, 네덜란드, 영국 등은 비교적 온건하며, 자유로운 교역 등 평화로운 해양체제를 보존하는 정도에 관심을 가졌다. 중국은 해양마저 영토 차원에서 생각한다. 중국은 한국과의 서해 EEZ 협상에서 해양 분할 기준에 육지의 크기도 넣을 것을 주장한다. 20세기 미국의 해군전략가 메이헌Alfred Thayer Mahan은 해양 통제를 위한 과단성 있는 전쟁을 주장했다. 하지만, 중국은 아직 전쟁을 수행할 수 있는 대양해군을 갖고 있지 못하다. 중국의 야망과 동원 가능한 수단 사이의 괴리는 지난 몇 년간 많은 사건을 일으켰다. 2006년 10월 중국 잠수함이 미군 항모 키티호크를 추적하다가, 함내 산소 부족으로 인해 어뢰 발사 사정권 내에서 수면으로 부상해야 했다. 2007년 11월 중국은 키티호크 전단이 기상악화로 피항避港을 위해 홍콩 빅토리아항에 입항하는 것을 금지했다. 2009년 3월 중국 해군 함정들이 남중국해 12마일 영해 밖에서 작전을 벌이고 있는 미군 정찰함 임페커블호의 진로를 방해하고 충돌할 것처럼 위협했다. 해양을 향한 베이징의 적극성은 무기 확보 전략에서도 드러난다. 베이징은 둥펑DF 미사일 포함 미국 함선이 중국 연안으로 접근하는 것을 저지할 수 있는 비대칭 군사수단을 지속 개발 중이다.

중국은 구축함과 잠수함을 현대화하는 한편, 6개의 항모전단航母戰團을 확보할 계획을 갖고 있다. 군사전문가 쉬후이徐輝 박사에 의하면, 중국은 2030년대까지 항모 1척, 이지스 구축함 5척, 프리깃함 3척, 군수지원함 1척으로 구성된 6개의 항모전단을 운용할 것이라 한다. 중국은 항모전단 앞에 공격용 핵잠수함 1척과 조기경보기, 헬기, J-15 함재기를 배치할 계획이다. 중국 해군은 2030년까지는 잠수함

75척을 보유한 미국 해군보다 더 많은 잠수함을 보유할 것이다. 중국 해군은 또 레이더, 인공위성, 해저음파탐지기 그리고 사이버전을 활용할 계획이다. 이는 급성장 중인 잠수함 부대와 함께 서태평양 주요 연안에 대한 미국 해·공군의 접근을 차단하기 위해서이다.

중국은 타이완 해협과 동중국해 연안 통제를 위해 기뢰전機雷戰 능력도 향상시키고 있다. 러시아로부터 4세대 전투기를 구매하고, 연안을 따라 러시아제 함대공艦對空 미사일을 배치해 놓았다. 나아가 케이블을 부설하고 잠재적 적국 미국, 일본의 미사일 사정거리를 벗어나는 서부 대륙 쪽으로 방위력을 이동시키면서도 미국 항모를 타격하기 위해 둥펑 미사일과 훙轟 전폭기 포함 공격적 전력을 지속 개발하고 있다. 중국은 물론 당장 미국 항모를 공격하지는 않을 것이다. 중국이 미국에 군사적으로 도전할 수 있으려면 아직 먼 길을 가야 한다. 중국의 목적은 제1전략 범위도련선와 연안을 따라 자국이 원하는 어느 곳에 언제라도 필요한 무기를 배치하는 것이다. 적에게 영향을 주어 그 행동을 제어할 수 있는 능력이야말로 패권의 본질이기 때문이다.

66년 전 끝난 6·25전쟁의 부산물인 한반도 주둔 미군은 영원히 지속될 수는 없다. Great China는 이미 정치적으로, 경제적으로 혹은 군사적으로 중앙아시아에서, 인도양에서, 동남아시아에서 그리고 서태평양에서도 출현했다. 바로 그 너머 미국과 일본의 전함이 있을 것이다. 미국 함대는 오세아니아에 본부를 두고, 인도와 일본, 한국, 그리고 여타 국가 해군과 동반자 관계를 맺을 것이다. 냉전 시기, 미국 해군력만으로는 소련을 봉쇄하기에 불충분했다. 서유럽의 육상 전력도 필요했다. 그러나 그런 육상 전력은 동부 유라시아동아시아~서태평양에서는 필요하지 않을 것이다. 왜냐하면 Great China의 변경 주둔 미국의 지상군이 줄어들면서, 미美해군은 중국 해군보다 훨씬 더 강력해질 것이기 때문이다. 중국의 경제·군사력 증강, 바로 이것이 향후 몇 년 동안 미·중 관계를 어렵게 만들 것이다. 미국 7함대는 2019년 5월 2일부터 8일까지 남중국해에서 일본이즈모 경항모 포함, 인도, 필리핀 해군과 함께 연합항행훈련을 실시했다. 인도 해군이 미국 주도 남중국해 연합항행훈련에 참가한 것은 사상 최초이다. 앞으로 대통령이 누가 되든 미국은 모든 수단을 동원하여, 중국이 동아시아–서태평양 패권국이 되는 것을 저지하려 들 것이다. 한국은 미·중 간 타오르는 열전의 불꽃에 손을 데지 말아야 한다.

신장-위구르와 티베트

신장-위구르

변경 소수민족 문제는 중국의 골칫거리다. 신장新疆 위구르 자치구 문제가 특히 심각하다. 신장 위구르 자치구의 원주민 대다수는 이슬람교를 믿는 터키계 위구르인이다. 위구르인은 몽골 고원에 거주하던 터키계가 7~8세기 신장으로 이주, 그곳 이란계 원주민과 섞여 형성되었다. 위구르인은 자치구 수도인 우루무치烏魯木齊, 쿠카庫車, 야르칸드莎車, 카슈가르喀什 등 신장 곳곳에서 수백여 차례 반중反中 소요를 일으켰다. 지금도 위구르인의 소요가 이어지고 있다. 신장 위구르 자치구가 중국의 안보와 통합을 위협하는 화약고가 될 가능성이 크다. 신장은 아프가니스탄, 타지키스탄, 키르키즈, 카자흐스탄 등 이슬람 국가들과 접경해 극단주의 단체인 이슬람국가IS, 알카에다, 탈레반 등의 영향을 받을 수밖에 없다. 2015년 8월 17일 태국 방콕 에라완 사원 폭탄테러 사건과 함께 다수 위구르인이 IS에 참가한 것을 통해서도 알 수 있듯이 위구르인은 신장과 중동-아프리카 지역 이슬람 세력 간 연계를 시도하고 있다. 최근 중국이 100만여 명의 위구르인을 노동캠프에 강제수용하고 있다는 보도가 나왔다.

티베트

티베트吐蕃 문제도 심각하다. 시진핑은 부주석 시절이던 2011년 7월 티베트 라싸의 포탈라궁 앞에서 개최된 이른바 '티베트의 평화적 해방' 60주년 기념식에 참석해 티베트가 '평화적으로 해방'된 후 티베트 주민의 생활이 얼마나 개선됐는지를 강조했다. 중국은 1951년 인민해방군을 티베트에 진주시켰다. 그 이후 티베트Great Tibet의 상당 부분을 분할하여 칭하이靑海성, 쓰촨四川성, 윈난雲南성, 간쑤甘肅성 등에 통합시켰다. 티베트 영역을 대폭 줄인 것이다. 인도 다름살라 소재 달라이 라마 14세텐진 갸초 등 티베트 망명정부는 자치를 요구한다. 주목할 점은 쓰촨성과 칭하이성에 거주하는 150~200만 명의 시캉 티베트인이 티베트 자치구의 티베트인보다 훨씬 민족주의적이며 중국에 대한 반감이 크다는 것이다. 한때 시캉성 지역이었던 쓰촨성 서북부 간즈 티베트인 자치주와 아바 티베트·강족羌族 자치주 등에 위치한 라마 사원을 중심으로 2011년 10월 이래 승려의 분신 등 티베트인의 저항이 이어지고 있다.

중국은 티베트의 배후에 자리한 인도를 겨냥해 싼시성에 접한 서북부 고원지대 칭하이성에 사거리 1,700㎞의 둥펑DF 21-C 탄도미사일을 배치했으며, 신장과 티베트의 안정과 통합, 장기적으로는 위구르인, 티베트인의 동화를 추진하고 있다. 소수민족이 거주하는 고산과 협곡, 사막 등 격오지隔奧地에 발전소를 짓고, 전신주를 세우며, TV 세트를 무료로 공급해 한족이 주도하는 중국의 발전상을 홍보한다. 개발 과실도 일부 나눠주고 있다.

2006년 7월 칭하이성 성도인 시닝西寧과 티베트 자치구 수도 라싸를 연결하는 고산철도를 개통한 것도 티베트와 외부 세계 간 교통을 원활하게 해 티베트를 내지화內地化하려는 시도로 보인다. 중국은 쓰촨-티베트 철도 개설도 추진하고 있다. 소수민족 문제는 아니지만, 홍콩 민주화 문제도 베이징의 골칫거리이자 향후 불안정의 뇌관이 될 수 있다. 중국은 반反중국적인 홍콩인들을 강제연행하는 등 홍콩에 대한 통제를 강화해 왔다.

지난 6월 100~200만여 명의 홍콩시민들이 홍콩정부가 추진한 '범죄인 인도법안'에 반대하는 시위를 벌였다. 이는 홍콩이 중국으로 반환된 1997년 이후 최대 규모이다.

통일 외교관의 눈으로 보다

6

한반도와 중국

1
김정일 사망, 장성택 처형과 중국

2011년 12월 19일 조선중앙TV와 조선중앙방송은 정오正午 방송을 통해 김정일이 12월 17일 오전 8시 30분 급사急死했다고 발표했다. 중국은 방송을 전후해 후진타오 당시 국가주석이 포함된 특별소조를 구성하는 등 긴박한 움직임을 보였다. 중국은 그날 오후 양제츠 외교부장을 통해 주駐중국 북한 대사대리 박명호에게 중국공산당 중앙위원회, 전국인민대표대회 상무위원회, 국무원, 중앙군사위원회 공동명의의 조문을 전달했다. 같은 날 저녁 장즈쥔 외교부 상무제1 부부장은 베이징에 주재하는 한국, 미국, 일본, 러시아 대사를 불러 북한을 자극하는 어떠한 조치도 취하지 말 것을 요구했다. 그 다음 날 환구시보는 사설을 통해 "중국은 북한에 가해지는 외부 압력을 막아주는 방패 구실을 해야 한다'고 주장했다." 그날 오전 후진타오 국가주석이 직접 베이징 차오양구朝陽區 소재 북한대사관을 방문하여 김정일의 사망에 조의를 표했다. 당시 원자바오 총리, 시진핑 국가부주석, 리커창 수석 부총리 등 여타 정치국 상무위원 8명도 모두 조문 차 북한대사관을 방문했다. 이러한 일련의 조치를 통해 중국은 김정은 체제 및 북한의 안정을 강력히 지지한다는 뜻을 국제사회에 널리 알렸다. 러시아 언론 보도에 따르면, 중국은 북한 급변사태에 대비해 43만여 명 규모의 (당시) 선양군구에 소속된 신속대응부대를 북한과의 국경에 배치하고, 조기경보기 정찰도 강화했다고 한다.

중국의 한반도 개입은 필연

시곗바늘을 69년 전으로 되돌려 보자. 1950년 6월 25일 남침 이후 남진을 계속하던 북한군이 낙동강 전선에서 발이 묶이는 등 패퇴 기미를 보이기 시작한 8월 20일 저우언라이周恩來 중국 총리는 UN에 "중국은 이웃나라 조선 내 상황 전개를 우려하고 있으며, 조선반도 문제에 개입할 것"이라고 통보했다. 중국은 제3국 인도를 통해 미국에도 "중국의 안보를 위해 조선전쟁에 개입할 것"이라고 전했다. 중국은 국민당과의 30여 년에 걸친 내전에서 승리한 끝에 정부를 수립한 지 1년도 채 되지 않은 신생국가였다. 중국의 거듭된 경고에도 불구하고, 유엔군과 국군이 일패도지—敗塗地 상태이던 북한군을 압록강-두만강 유역으로 거세게 밀어붙이자 인민지원군을 빙자한 중국군 30만여 명이 그해 가을 야음夜陰을 틈타 압록강을 건넜다. 낭림산맥과 적유령산맥, 개마고원 골짜기 깊숙이 매복해 있던 중국군은 북진하던 국군과 유엔군의 측면과 배후를 기습 공격해 격파하고 12월 5일 평양을 점령했으며, 이듬해 1월 4일에는 서울까지 밀고 내려왔다.

만주족의 청淸나라는 영국, 러시아, 프랑스, 독일 등 제국주의 국가의 끊임없는 침략과 '염군捻軍의 난', '태평천국의 난' 등 농민반란으로 인해 멸망의 언저리를 헤매고 있었음에도 불구하고, 신흥 일본에 맞서 1894년 6월 대군을 조선에 파병했다. 그러나 청나라군은 천안 성환과 평양, 랴오둥반도 등 육상과 압록강 하구 하이양다오海洋島, 산둥반도 웨이하이威海 앞바다 등 해상에서 일본군과 맞붙어 연전연패 했다. 그 결과 청나라는 타이완을 일본에 넘겨주어야 했으며, 한반도에 대한 영향력도 상실했다. 지금으로부터 427년 전인 1592년 시작된 임진왜란 때 명나라는 몽골족과 투르판 위구르의 거듭된 침공과 만주족 누르하치의 흥기興起, 농민반란이라는 국가적 위기상황 하에서도 만주·조선 전문가 이성량의 아들 이여송이 이끄는 4만여 명의 육군과 진린이 지휘하는 5,000여 명의 수군을 파병했다. 명나라는 1598년 종전 무렵에는 14만여 명 대군을 조선에 주둔시켰다. 이렇듯 1950년 6·25전쟁, 1894년 청일전쟁, 1592년 임진왜란 때 등 역대 중국 정권은 한반도가 해양세력의 영향력하에 들어갈 상황에 처할 때마다 주저 없이 대군을 파병했다. 이들 역대 정권은 내란 상태에 있거나 내란에서 벗어난 지 얼마 되지 않았는데도 국력이 감당할 수 있는 범위를 훨씬 벗어난 대규모 병력을 한반도에 투입했다. 국가 안보라는 관점에서 중국에 대한 북한의 비중은 미국에 대한 멕시코, 캐나다의 비중보다 높다. 김정일 사망 때 중국이 취한 일련의 조치도 중국의 안보라는 시각에서 보면 쉽게 이해할 수 있다. 중국은 김정일의 사망이 야기할 북한의 불안정이 자국 안보에 미칠 파급효과를 크게 우려했다.

2012년 2월 감행된 북한의 제3차 핵실험과 그해 12월 자행된 이른바 친중파親中派 장성택 처형 이후 중국의 대북 정책 변화를 예상하거나 기대하는 한국과 미국, 일본, 서유럽 국가의 외교관, 군 장성, 학자, 언론인의 목소리가 부쩍 커졌다. 3차 핵실험 실시 이후 일부 한국 언론은 중국이 한반도의 안정보다 '북한의 비핵화'를 우선하는 방향으로 정책을 수정해 나갈 것이라고 강하게 주장하기도 했다. 심지어 중국이 한국 주도 통일을 수용하는 방향으로 정책을 바꿀 것이라는 보도도 나왔다. 실제로 중국이 대외개방을 지향하고 경제 발전을 계속해 나가는 반면, 북한은 폐쇄·고립 정책을 고수하며 경제난이 심화하는데다 김정은으로 이어지는 3대 세습권력을 구축함에 따라 북한에 대한 중국인들의 실망감을 넘어선 혐오감은 점점 더 커졌다. 장성택 처형은 안 그래도 북한에서 멀어지던 중국인의 마음을 더욱 더 멀어지게 했다. 안후이성 우후시蕪湖市 저우펑안 정협위원은 SNS소셜네트워크서비스에 '장성택의 처형은 중국인들로 하여금 문화혁명의 광기를 떠올리게 한다.'고 썼다. 그만큼 장성택 처형은 중국인들에게 북한 체제에 대한 혐오와 동시에 북한 주민에 대한 안타까움을 불러일으키는 계기가 됐다. 상당수 중국 지식인은 북한을 '실패 국가a failed state'로 간주하며, 자국의 대북 정책을 바꿔야 한다고 주장한다. 중국 정부로서도 핵무기 보유를 추구하고, 장성택을 처형하면서 석탄을 포함한 자원 수출입 계약 문제와 함께 나선항 임대차 문제 등을 제기한 김정은 정권이 결코 곱게 보일 리가 없다.

표면이 아닌 심층을 들여다봐야

북·중 관계에서도 공산혁명동지共産革命同志라는 이념적 유대는 형해화形骸化된 지 오래이며 남아 있는 것은 믿을 수 없고, 밉살스럽지만 어쩔 수 없이 서로가 서로를 필요로 하는 '전략적 이해관계의 불일치 하의 일치同床異夢' 뿐이다. 한국의 시각에서 볼 때 베이징의 북한 정권에 대한 태도는 불가사의하지만 중국의 처지를 역지사지해 볼 필요가 있다. 중국의 관점에서 볼 때 북한은 면적 12만 3,000㎢, 인구 2,500

만 명, GDP국내총생산 260억 달러의 약소국이기는 하지만 육지로는 만주, 바다로는 보하이만과 연접하고 숙적 일본을 직접 공격할 수 있는 동해로의 출구를 담보하는 요충 중의 요충이다. 북한은 베이징과 톈진을 포함한 중국 수도권의 안보를 확보하는 외곽의 참호이면서 미국과 일본 등 해양세력을 공격할 수 있는 발판인 반면, 잃어버리면 만주와 보하이만 나아가 수도권이 위협을 받게 되는 그야말로 사람의 목구멍咽喉과 같이 중요한 위치를 차지한다. 더구나 미·일에 비해 해·공군력이 약한 중국에게 있어 육지로 연결된 북한의 군사전략적 가치는 비교할 대상이 없을 정도로 중요하다.

한국과 미국, 일본 등의 외교관, 군 장성, 학자 중 일부가 특히 장성택 처형 후 중국이 과거와 다르게 북한을 전략적 자산이라기보다는 부채liabilities로 여기기 시작했다는 주장을 펴고 있으나 이는 호수의 표면에 이는 잔물결만 보고, 심층도 그럴 것이라고 오해한 데서 비롯한 것으로 판단된다. 중국의 진심은 국가최고지도부인 공산당 정치국 상무위원회가 '러시아가 북한을 포기한 후 영향력을 상실한 사례에서 얻은 교훈'이란 제목이 달린 보고서를 극찬한 데서도 잘 알 수 있다. 중국이 국가 안보에 꼭 필요하기 때문에 북한을 중시하는 것과 마찬가지로 북한도 중국을 믿지는 않지만 정권 생존을 위해 반드시 필요하기 때문에 중국과의 관계를 중시한다.

북한도 활용해야

미·중의 한반도 통일에 대한 입장은 이율배반적이다. 미·중 가운데 어느 일방을 배제하고 다른 나라와만 협의·협력해 통일을 달성할 수도 없다. 한국을 미국의 방위 목표에서 빼버린 1950년 애치슨라인을 통해서도 알 수 있듯 극단적인 경우 미국 처지에서 한국은 상실해도 어쩔 수 없는 위치에 있지만, 중국 처지에서 북한은, 미국이 서태평양의 도서 괌Guam 이동 하와이로 후퇴하더라도 일본이 버티고 있는 한 결코 포기할 수 없는 사활의 땅이기 때문이다. 따라서 통일은 중국으로 하여금 안보 불안을 느끼지 않게 만들고 난 다음에야 이룰 수 있을 것으로 판단된다. 한반도 문제에 대한 미·중의 처지가 이렇듯 서로 다르기에 통일의 돌파구를 열기 위해서는 한국이 강한 인내심을 갖고 실패 국가 북한을 이끌어 가야 한다.

안보적 보수 인사 다수가 핵무기를 가진 북한과는 대화가 불가능하다고 말한다. 2019년 현재도 동일한 목소리가 나온다. 이들은 북한이 먼저 핵무기 완전 폐기 약속 등 진정성과 신뢰를 보여 주고 난 다음에야 한국도 상응하는 조치를 취할 수 있다고 말한다. '믿을 수 없는 상대가 믿을 만한 행동을 취할 때에만 이에 상응하는 조치를 취할 수 있다.'라는 주장이나 정책은 전제부터가 잘못됐다. 그 경우 우리가 할 수 있는 것은 아무것도 없으며, 대화도 시작할 수조차 없기 때문이다. 사면초가 상황인 북한은 끝내 핵무기를 포기할 수 없거나, 100% 확실하게 안보를 보장받고 있다고 믿기 전에는 포기하지 않을 것으로 보인다. 우리는 이를 인식하고 북한과 대화해야 한다.

현재까지도 연 경제성장률이 6%대에 달하는 중국의 국력 증강 속도에 비추어 볼 때, 획기적인 조치를 취하지 않을 경우 분단된 한반도가 중국 영향권으로 빨려 들어가는 것은 시간문제로 판단된다. 한국에 시간이 많이 남아 있지 않다. 북한 정권은 핵무기를 정권 생존을 위해 필요불가결한 수단으로 본다. 북한 핵문제는 바로 북한 문제이다. 그리고 한반도 문제이기도 하기 때문에 동아시아 안보구조가 재편돼야 비로소 해결될 수 있다. 중국의 급부상과 일본의 재무장 추구로 인해 '초가집 지붕에 매달린 제비집 근처에 불이 붙은 연작처당燕雀處堂'의 위기상황에 놓인 우리나라는 북한 핵문제 해결과 통일을 위해 동원 가능한 모든 수단을 강구해야 한다.

2
순망치한, 보거상의輔車相依

2015년 8월 20일 저녁 중국 선양군구 소속 탱크 대열이 옌볜조선족
자치주 주도州都 옌지延吉 시가지를 통과해 두만강 하류 투먼圖們-훈
춘琿春 방면으로 이동했다. 이튿날 오후 3시경엔 탱크와 자주포 수십
대가 옌지 시가지를 거쳐 허룽和龍 방향으로 이동했다. 허룽 맞은편에
는 동아시아 최대 철광석 산지인 북한 무산茂山이 있다. 중국 인민해방
군이 북중 접경 지역으로 이동한 것은 비무장지대DMZ 목함지뢰 사건
으로 인해 남·북이 포격을 교환한 후 북한이 준전시 사태를 선언해 전
면전 가능성마저 거론될 때였다.

"경거망동 말라"
인민해방군이 북·중 접경으로 이동한 것과 비슷한 시각 훈춘에서 멀
지 않은 극동러시아 블라디보스토크 앞바다에서는 미국과 일본을 가
상 적으로 삼은 중·러 해상 합동훈련8월 20~28일이 실시됐다. 다롄大連
재중동포 사회에서는 병력 이동을 포함한 중국의 압박에 대한 항의

독일 식민지에서 발전한 칭다오

표시로 북한이 8월 27일~9월 3일 평양-옌지 간 전세기 운항을 잠정
중단했다는 얘기가 돌았다. 2010년 11월 말에도 한반도에 전운이 감
돌았다. 평양은 국군의 연평도 북방한계선NLL 서남방 포사격 연습을
빌미로 11월 23일 연평도에 포격을 가했다. 연평도 주둔 해병대는 즉
각 자주포를 동원해 맞은편 북한군 진지를 포격했다. 공군은 포격 직
후 KF-16 2대, 추가로 KF-16 2대와 F-15K 4대를 출격시켰으나 공
대지空對地 미사일을 장착시키지는 않았다. 같은 해 3월 발생한 천안
함 사건과 연결돼 북한에 대한 국민의 분노가 컸다. 국민 다수가 즉각
적이고도 강력한 보복을 요구했으며, 일촉즉발의 전쟁 위기가 고조
됐다.

　　베이징은 연평도 포격 사건이 일어났을 때 당황했다. 한반도에
서 전쟁이 발발하는 게 아닌지 우려한 것이다. 베이징은 이 사건이 투
키디데스 함정패권국과 도전국 간 충돌에 빠지는 계기가 될 것을 걱정했
다. 11월 27일 다이빙궈戴秉國 외교담당 국무위원부총리급을 한국에 급

파했다. 다이빙궈는 비자도 없이 한국행 특별기에 몸을 싣고 인천공항에 내린 후 도착비자를 받았다. 당시까지만 해도 중국인은 외교관이더라도 한국에 입국하려면 비자가 필요했는데, 국무위원이 비자도 없이 날아온 것이다. 다이빙궈는 이명박 당시 대통령, 김성환 당시 외교부 장관을 차례로 면담하면서 격앙된 분위기를 가라앉혀 달라고 요구했다. 평양을 향해서도 "더는 경거망동하지 말라"고 경고했다. 중국은 미국의 항공모함이 서해에 전개된 것에 특히 민감하게 반응했다. 연평도 포격 도발에 대한 경고의 의미로 한·미 양국이 2010년 11월 28일부터 12월 1일까지 서해에서 항모 조지 워싱턴함을 동원한 해상 합동군사훈련을 실시하자 중국은 베이징군구와 선양군구 병력을 동원해 대항 훈련에 나섰다. 중국은 미국의 항모전단航母戰團이 두 나라 간 암묵적 합의를 무시하고 북위 36도 34분 격렬비열도충남 태안 선線을 넘어 북진하는 것이 아닌지 극도로 긴장했다. 인민해방군은 산둥반도의 지난군구2016년 1월 북부전구에 병합와 칭다오의 북해함대 등에 비상을 걸었다.

'목구멍'이 불안하다

4세기 이란계 갈족羯族 후조後趙를 필두로 7세기 선비족鮮卑族 수隋, 10세기 한족 송宋, 14세기 한족 명明을 거쳐 중화민국에 이르기까지 한반도-만주의 불안정으로 인해 위기에 처한 끝에 멸망한 중원 정권이 10개가 넘는다. 16세기 말 명나라는 왜군의 침략임진왜란, 정유재란으로 인해 위기에 처한 조선을 구원하고자 대군을 보냈다. 19세기 말 청나라는 영국과 프랑스, 러시아, 독일 등 제국주의 세력의 침략에 허덕이면서도 조선에서 임오군란과 동학혁명이 일어나자 무리해 가면서까지 대군을 파병했다. '중화인민공화국PRC'은 건국 1년도 채 되지 않은

1950년 발발한 6·25전쟁 때 연 인원 100만 명 이상의 대병력을 파병해 핵무장한 미국에 도전했다.

중국은 현재도 목구멍咽喉에 위치한 한반도의 불안정이 만주를 거쳐 수도 베이징으로 파급돼 전국이 혼란에 처하는 상황을 두려워한다. 중국은 ①중부전구 ②동부전구 ③서부전구 ④남부전구 ⑤북부전구를 뒀는데, 각 전구에는 육군, 공군, 전략미사일부대제2포병 등이 소속돼 있다. ①북해함대산둥성 칭다오 ②동해함대저장성 닝보 ③남해함대광둥성 잔장 등 3개 함대도 보유하고 있다. 중국은 베이징 외곽 환보하이만環渤海灣 권역에 자국 군사력의 약 40%에 달하는 2개 전구와 1개 함대를 배치했다. 북한을 포함한 한반도에 긴급사태가 발생하면 가장 가까운 북부전구 병력이 득달같이 달려올 것이다. 중국은 2011년 12월 김정일 사망 때 북한의 불안정 사태를 우려해 선양군구당시 병력 43만여 명을 북한과의 접경지대에 전진 배치한 적 있다.

중국은 열병식에서 다종다양한 첨단 전략무기를 선보였다. 가장 관심을 끈 것은 '항공모함 킬러'로 불리는 세계 유일 지대함地對艦 탄도미사일ASBM DF 21-D와 잉지鷹擊-12, 잉지-62, 잉지-83 미사일이다. 차세대 대륙간탄도미사일ICBM로 알려진 DF-31B와 DF-41은 공개하지 않았다. 중국의 ICBM은 태평양 건너 미국 본토 전역을 사정권에 둔다. DF 21-D는 사거리 900~1,500㎞로 동중국해와 남중국해의 미국 항공모함을 타격할 수 있다. DF 21-D의 파생형인 DF 26은 '괌 킬러'로 불리는데, 사거리가 3,000~4,000㎞에 달해 서태평양의 미군기지 괌을 공격할 수 있다. 항공기나 함정에 탑재해 공대함空對艦, 함대함艦對艦 공격용으로 사용하는 잉지 미사일은 서방의 대함미사일 하푼Harpoon과 유사한 무기다. 잉지-12의 사거리는 120㎞가량인 하푼의 3배가 넘는 400㎞에 달한다. 초음속 비행이 가능해 미국의 이지스 전투체계를 무력화할 수 있다. 잉지-62와 잉지-83은 더 뛰어난 미사일로 판단된다. 중국은 최신예 전략폭격기인 훙轟-6K도 공개했는데, 이 폭격기는 작전반경 3,000㎞, 최장 비행거리 9,000㎞를 자랑한다. 괌과 하와이 공습이 가능하다. 항공모함용 함재기艦載機 젠-15도 공개했다. 젠-15는 미국 해군의 주력 함재기인 FA-18E/F 슈퍼호넷 Super Hornet에 필적한다.

'괌 킬러' 탄도미사일 둥펑DF 26

중국이 열병식을 통해 한국, 미국, 일본, 베트남, 필리핀을 포함한 세계 각국에 각인하려 한 사실은 다음과 같다. 첫째, 미국의 군사적 접근을 거부하겠다는 반反접근/접근거부Anti-Access/Area-Denial 전략을 뒷받침할 군사력을 확보했다는 사실을 과시한 것이다. 둘째, 장래에 서해와 동중국해, 남중국해를 포함한 서태평양에서 미군을 몰아내겠다는 의지를 나타낸 것이다. 일본과의 센가쿠 열도댜오위다오 분쟁 시 미국이 개입하면 DF-31A, DF-41 등 핵무기 탑재가 가능한 대륙간탄도미사일을 바탕으로 동귀어진同歸於盡·파멸의 길로 함께 들어감, 공멸할 것으로 위협하면서 DF 21-D, DF 26, 잉지, 훙-6K 전략폭격기로는 괌과 하와이, 서태평양의 미국 항공모함을 공격하겠다는 뜻이다. 미국은 중국의 군사력 증강에 대응해 7함대의 모항인 일본 요코스카항에 항모 로널드 레이건함과 이지스 순양함 챈설러스빌함CG-62을 새로 배치했다. 핵잠수함 8척과 B-2를 포함한 스텔스 전폭기 60여 대도 태평양 지역에 배치해 놓았다. 미국은 해·공군력 강화를 통해 태평양을 반분하자는 중국의 신형대국관계 설정 요구를 거부했다.

동아시아-서태평양 패권을 추구하는 중국에게 한반도는 반드시 안고 가야 할 지역이다. 중국은 북한뿐 아니라 한국에 대한 영향력도 키우려 한다. 중국이 내외 몽골과 비슷한 형태로 한반도의 몽골화를 바란다는 관측도 있다. 내몽골은 중국령이 돼 버렸으며 외몽골몽골공화국만 독립국 형태를 유지하고 있다. 한반도는 만주와 보하이만渤海灣을 넘어 베이징을 직접 겨냥하는 요충지다. 한국 서해안에 미사일을 배치하면 경제 중심지 창장長江 델타상하이-쑤저우 지역은 물론 북해함대와 동해함대를 묶어 놓을 수 있다. 반대로 중국이 진해나 거문도를 얻으면 대한해협을 통제할 수 있다. 진해에서 일본 열도가 지척이다. 제주도를 확보하면 서해와 대한해협 입구를 틀어막을 수 있다. 한반도의 안정이 흔들리면 제3국이 간섭할 공간이 넓어진다.

중국군은 아직 미·일 동맹군을 상대할 만한 실력을 갖추지 못했다. 베이징이 2015년 9월 3일 전승절 행사에 박근혜 전前 대통령의 참석을 학수고대했던 것은 한·미·일 동맹의 약한 고리인 한국을 떼어놓아 중국에 대항하는 한·미·일 군사동맹 탄생을 지연시키려는 포석에 따른 것이었다. 한국 정부는 천안문 망루외교를 통해미국의 우려에도 불구하고 중국의 협조를 받아 북한 문제 해결을 추진했지만, 중국은 북한 문제는 '소국' 한국이 아니라, 패권국 미국과만 협의할 수 있다고 생각한다. 박 전前 대통령의 천안문 망루외교는 중국의 굴기에 대한 대처와 관련 한·일 관계를 악화시키는 가장 중요한 사건 중 하나였다.

광대뼈-잇몸 관계
중국은 2015년 8월 목함지뢰 사건, 2010년 연평도 포격과 같은 모험적 행태가 한국의 반격과 확전, 미·일의 개입으로 이어지는 것을 우려

한다. 북한을 포함한 한반도가 혼란에 처하면 수백만 명의 난민이 육상과 해상으로 중국에 밀려들 수 있다. 한반도로부터의 난민 유입은 재중동포 150만 명 이상이 거주하는 북·중 접경지대뿐 아니라 중국 전역을 혼란에 빠뜨릴 수 있다. 한반도에서 사태가 발생하면 중국은 난민의 중국 유입을 막기 위해서라도 북부전구 병력을 출병시켜 청천강 이북과 두만강 대안對岸의 청진과 나선을 통제하려 들 가능성이 있다.

중국은 북한이 붕괴할 경우 미군의 북진, 일본군의 개입도 배제할 수 없다고 본다. 중국은 한반도 전쟁 시 북부전구 병력 및 북해함대를 동원할 것이다. 미국과 일본이 한반도 전쟁에 개입하면 중국이 이긴다는 보장이 없다. 따라서 중국은 미·일 동맹에 맞설 국력을 갖추기 전까지는 한반도의 안정을 절대시할 수밖에 없다. 중국과 한반도특히 북한는 광대骨—잇몸과 같은 보거상의輔車相依 관계지만, 중국은 북한이 핵무장을 추구해 한반도와 인근의 혼란을 조성하는 것을 좌시하지 않겠다는 의지가 강하다.

시진핑은 2014년 2월 베이징을 방문한 한국 국회 방문단 접견 때 "성문에 불이 나면 해자垓字의 물고기까지 화를 입는다."는 지어지앙池魚之殃의 고사를 인용하면서 '북핵불용北核不容' 의지를 표명했다. 중국은 평양이 일으키는 긴장에는 반대하지만 북한이 가진 지전략적地戰略的 자산을 포기할 생각은 없다. 시진핑은 2015년 9월 2일 한·중 정상회담에서 박 전 대통령에게 "한반도가 장래 한민족에 의해 평화적으로 통일되는 것을 지지한다."고 말했다. 이를 해석하면 '중국은 지금 당장이 아니라 미래에 미·일 등이 개입하지 않고, 전쟁이 아닌 평화적인 방법으로 남북한이 합의해 통일하는 것을 지지한다.'는 뜻이다. 다시 말해 '당장은 한국 주도 통일을 지지할 생각은 결코 없다.'는 것이 중국의 본심이다. 중국은 한반도의 안정과 현상 유지status quo를 바란다.

3
중국은 한반도 불통불란不統不亂을 원하는가?

2015년 9월 23일 브라질 통화 헤알real 환율이 1달러당 4.1462019년 7월 16일, 3.762까지 치솟았다. 1994년 헤알화 도입 이래 최고치를 기록했다. 헤알 가치가 속락續落하면서 2015년 브라질 국내총생산GDP은 4년 전 지우마 호세프 정권 출범 시기에 비해 약 2분의 1로 줄어들었다. 브라질의 1인당 GDP는 2011년 1만 5,984달러, 2012년 1만 3,778달러, 2013년 1만 2,707달러, 2014년 1만 1,567달러에 이어 3년 뒤인 2017년 9,821달러로 하락했다. 헤알 가치 속락 추세는 이제야 멈추었다. 당시 리우데자네이루, 상파울루 같은 대도시에서는 호세프 정권 퇴진 운동이 일상화했다. 헤알화 가치 폭락과 브라질 경제의 쇠락은 중국 경제가 10% 넘는 초고속 성장을 끝내고 7% 전후로 성장률이 떨어지기 시작한 시점과 일치한다. 중국 경제가 기침을 하자 지구 반대편 브라질 경제가 치명적 독감을 앓기 시작했다. 2012년만 해도 브라질은 미국, 중국, 일본, 독일, 프랑스, 영국에 이어 6대 경제대국으로 꼽혔다. 2018년 현재 브라질 GDP는 2.1조 달러로 세계 8위, 한국 GDP

아마존강 상류 유역

는 1.53조 달러로 세계 12위 2010년 중국−브라질 간 무역액은 560억 달러에 달했으며, 중국의 대對브라질 직접투자FDI는 세계 1위로 170억 달러가 넘었다. 중국은 브라질로부터 철광석, 원유, 콩 등 원자재를 '빨아들이듯' 구매했다. 브라질의 중국 수출 비중은 전체 수출의 18% 안팎에 달했다. 그러던 브라질 경제는 끝이 안 보이는 내리막길을 걸었다. 중국 덕분에 급성장하고, 중국 탓에 추락한 것이다.

역사상 수많은 제국이 흥망을 거듭했다. 앗시리아, 바빌론, 페르시아, 로마, 한漢, 몽골, 티무르, 오스만터키, 청淸, 무굴, 영국 등의 동서양 제국들이 명멸明滅했다. 그중 4,000년의 긴 역사를 가진 중국만이 영국, 러시아, 일본 등 제국주의imperialism의 공세에도 살아남아 비상飛上에 나섰다.

2018년 현재 중국은 인구 14억 명, 면적 960만㎢, 명목 GDP 12조 3,000억 달러미국의 약 67%, 군사력 3위 등 '세계 제2 강대국'이다. 중국은 1978년 개혁·개방 이후 40년간 연평균 9.6%의 고도 경제성장을 지속했다. 2005년 영국과 프랑스, 2008년 독일, 2010년 일본을 제치고 미국 다음 제2 경제대국이 됐다. 중국은 세계 최대 철강 생산국이면서 자동차와 컴퓨터, 휴대전화 세계 최대 소비시장이다. 5G 통신장비기술은 세계 최고를 자랑한다. 빅데이터BD, 인공지능AI, 자율자동차, 첨단 통신기술은 미국 수준에 다다랐다. 5년 전인 2014년 중국에서 판매된 자동차 대수는 한 나라에서 판매된 것으로는 사상 최대인 2,300만2018년 승용차만 2,272만 대에 달했다. 2016년 현재 초고속열차노선 연장은 23,000㎞열차노선 연장은 124,000㎞, 고속도로노선 연장은 131,000㎞에 달한다. 2018년 현재 외환보유고는 세계 최대인 3조 1,000억 달러 수준이며, 자산 기준으로 공상은행工商銀行·건설은행建設銀行·중국은행中國銀行 등 3개 은행이 세계 10대 은행에 포함된다.

큰 몸집, 작은 옷

영국 주간 『이코노미스트』 예측에 따르면, 중국은 2030년대 초 미국을 제치고 '제1의 경제대국'이 될 것이라고 한다경상 GDP 기준. 미국과 함께 지구촌 정치·경제 질서를 주도하는 2대 제국empire이 될 전망이다. 아이가 성장하면 큰 옷으로 갈아입듯, G2로 부상한 중국은 커진 몸집에 맞는 새로운 질서를 국제사회에 요구한다. 중국은 정치·군사·안보와 경제·금융 모두에서 새 질서를 추구한다. 중국은 2014년 5월 상하이에서 열린 '아시아 교류 및 신뢰 구축회의CICA'에서 '아시아인에 의한 아시아'라는 '중국판 먼로 독트린'을 발표했다. 항공모함을 건조하고, 2019년 초에는 달 뒷면에 우주선을 보내는 등 군사력을 증강하면서 아시아인프라개발은행AIIB 설립도 주도했다. 미국은 무역전쟁으로, 일본은 '전쟁할 수 있는 나라 일본'으로 응수했다. 2018년 일본 GDP4조 9,000억 달러는 중국 GDP12조 3,000억 달러의 1/2에도 못 미쳤지만, IMF 지분 구조는 미국 17.41%, 일본 6.48%, 중국 6.41%, 독일 5.60%다한국은 1.81%. ADB 지분도 미국과 일본이 각각 15.6%인 데 견줘 중국은 6.4%에 불과하다한국은 5.0%.

미국은 북아메리카의 대서양 연안 13개 주州에서 출발해 압도적 경제력과 해·공군력을 바탕으로 태평양, 대서양, 인도양 등 포함 세계를 아우르는 세계제국이 됐다. 반면 중국은 유사 이래 외부로의 팽창보다는 외부로부터의 공격을 막는 데 주력해 온 내향적 국가다. 근대 이후 등장한 해방론防海論은 바다로부터의 적을 막는 데 중점을 두자는 것이며, 새방론防塞論은 북방으로부터의 공격을 막는 데 방점을 찍자는 주장이다. 해방론은 친러시아 정책, 새방론은 친미 정책이라 할 수 있다. 중국은 경제적으로는 제2의 대국으로 부상했지만, 군사적으로는 아직은 지역 강국에 불과하다.

중국은 급성장한 경제를 뒷받침할 안전한 해로를 확보하고자 서태평양 진출을 시도한다. 이를 위해 둥펑東風, DF과 잉지鷹擊 등 각종 탄도미사일, 홍轟-6K 등 전폭기, 전략핵잠수함SSBN 개발과 함께 제3, 4, 5, 6호 항공모함 추가 건조에도 나섰다.

공산당, 알파이자 오메가

중국의 급성장에 놀란 미국은 '아시아 복귀pivot, re-balancing to Asia' 와 '봉쇄'를 통해 중국의 서태평양 진출을 저지하기 시작했다. 그러자 중국은 '쉬운 것을 먼저, 어려운 것은 나중에 해결한다.'는 선이후난先易後難으로 정책 방향을 바꿨다. 일대일로一帶一路를 내놓고 동쪽이 아닌 서쪽으로 방향을 튼 것이다. 중국은 중앙아시아, 동남아시아를 넘어 인도양, 중동, 아프리카, 동유럽으로 영향력을 확대하려 한다. '제 3의 대륙'이자 천연자원의 보고인 아프리카 진출에도 적극적이다. 아 프리카의 중요성은 19세기 제국주의 시대 이래 아프리카를 차지한 나라가 세계 패권국이 된 데서도 짐작할 수 있다. 20세기 전반기까지 는 영국, 20세기 후반기에는 미국이 아프리카에서 가장 강한 영향력 을 행사했다. 초超스피드 경제성장을 이끌어 낸 데서 보듯 중국 공산 당 통치체제는 뛰어난 효율성을 지녔다. '민주집중제'라는 공산당 독 재체제로 당·정·군黨·政·軍이 긴밀하게 연결돼 있다. 공산당은 민주주 의의 원칙을 살리면서 조직을 견고하게 하고, 통일된 방침과 실행을 보증해 사회의 혁명적 변혁, 사회주의 건설, 공산주의 발전을 위해 '민 주집중제'를 취한다고 주장한다.

당직이 결정되고 난 다음 국가직이 인선되며, 인민해방군PLA이 국가가 아니라 공산당에 소속됐을 만큼 중국은 공산당 우위의 나라, 공산당이 통치하는 나라다. 공산당이 권력의 알파α요 오메가ω이다. 중국은 ①마오쩌둥毛澤東, 류사오치劉少奇, 저우언라이周恩來 등의 창업 기 ②덩샤오핑鄧小平이 주도한 발전기 ③장쩌민江澤民과 후진타오胡錦 濤로 이어진 성숙기를 거쳐 ④시진핑習近平 주도하의 완숙기로 나아간 다. 현재의 중국 지도부는 마오쩌둥이나 저우언라이, 덩샤오핑의 경 우처럼 피비린내 나는 국공내전을 경험하거나 10년 넘게 계속된 문 화혁명을 비롯한 살벌한 권력투쟁에서 살아남은 백전불굴의 용장들 이 아니다. 대신 능력과 조직생활 측면에서 수없는 능력경쟁과 검증, 권력투쟁을 거쳐 살아남은 시진핑과 리커창李克强, 왕치산王岐山을 포 함한 기술 관료technocrats가 다수를 차지한다. 마오쩌둥과 덩샤오핑 이 100만 대군을 지휘하는 장군이라면, 장쩌민과 후진타오는 고급 엔

지니어이며, 시진핑은 엘리트 교수에 비유할 수 있다.

시진핑은 중국의 꿈中國夢을 실현하여 한·당漢·唐과 같은 세계제국 건설의 기초를 닦아 마오쩌둥, 덩샤오핑에 버금가는 위대한 지도자 반열에 들기를 바란다. 시진핑은 집단지도체제와 격세지정隔世指定, 현 지도자가 차차기 지도자 지정으로 상징되는 덩샤오핑의 유훈遺訓에 어긋나게 1인 지배체제를 확립했다. 혹 시진핑이 실각한다면 인민의 불만을 등에 업은 반대파의 반격 때문일 것이다.

다시 문화혁명?

2017년 4월 시진핑 방미訪美를 전후하여 드러났듯 중국은 트럼프 등장 이후 다소 조심스러운 외교정책을 펴고 있다. 되도록 미국에 맞서지 않으려는 태도를 보였다. 왜 그럴까? 무엇보다 오랫동안 경착륙hard landing이 회자될 정도로 경제 사정이 이전과 많이 다르다. 바오류성장률 6%대 지키기도 버거울 정도이다. 중국은 고도 경제성장 과정에서 파생된 사회갈등 고조를 우려한다. 2018년 1인당 GDP가 9,900달러 수준에 이르렀으나 아직도 하루 2달러14위안 이하로 생활하는 사람의 수가 총인구의 10%인 1억 4천만 명을 넘는다. 사회 불평등이 극심한 일부 중남미 국가와 유사한 수준이다. 농민 인구도 여전히 5.5억여 명에 달한다. 2011년 9월 샤오강 당시 중국은행 이사장은 '차이나데일리' 기고를 통해 중국이 빈부차이가 극심한 라틴아메리카의 길을 걸을 수 있다고 경고하면서 덩샤오핑이 주창한 선부론先富論이 수정돼야 한다고 주장했다. "또 한 번의 문화혁명이 필요하다."는 주장도 나온다. 중국 정부는 지난 4월 2022년까지 1,000만여 명의 청년들을 농촌지역에 파견하는 문제를 검토하겠다고 발표했다. 문화대혁명 냄새가 물씬 풍긴다.

2019년 들어 첨단기술 국가를 지향한 야심찬 계획 '중국 제조 2025' 무용론이 나오는 한편, 중국이 중진국 함정에 빠질 것이라는 예상도 나오고 있다. 중국 경제의 미래에 대한 부정적 예측의 이면에는 미국과의 무역 전쟁이나 경제성장률 하락보다는 국가 주도 발전 모델의 한계라는 평가가 자리하고 있다. 중국 경제가 바오류에 머물 정도로 약화됨에 따라 광둥성 주장珠江 공업지대 등에서 종종 발생해 온 노동자·농민 소요처럼 농민공農民工을 중심으로 대규모 소요가 일어날 가능성이 커지고 있다. 농민공 혹은 민공民工은 1978년 개혁·개방 이후 낙후한 내륙의 농촌지역을 떠나 연안의 발전된 지역으로 일자리를 찾아 이주한 노동자를 뜻한다. 중국 지도부는 중동 재스민 혁명 이후 직업이 없는 사람들의 분노가 체제를 위협할 수 있다는 것을 분명히 인식하고 있다. 중국 정부는 시진핑 1인 통치가 공고화된 2017년 10월 시진핑 2기 이후 사회관계망서비스SNS를 포함한 언론 통제를 보다 더 촘촘히 하고 있다. 중국 정부는 세계 2~3위 수준으로 추정되는 인공지능AI 기술의 도움을 받아 정보 독점 등 완벽한 대중 통제를 시도하고 있다. 2014년 이후 중국공산당이 저우융캉周永康 전 상무위원, 쉬차이허우徐才厚 전 중앙군사위원회 부주석, 링후지화令狐計劃 전 통일전선부 부장 등 최고위급 인사들을 부패 혐의로 처벌한 데는 반대파를 제거하면서 인민들의 불만 또한 잠재우려는 의도가 담겨 있다. 중국의 관료 부패는 상상을 초월한다. 2018년 4월 화룽자산관리공사 사장 집에서 3t 무게 한화韓貨 457억 원 가치의 중국 지폐元가 발견되었다. 그는 홍콩과 타이완 출신 포함 100여 명의 내연녀를 둔 것으로 알려졌다.

동해로의 출구 북한

중국 외교정책의 우선 과제 중 하나는 안정적 내치內治에 바탕을 둔 주변국 포용이다. 서쪽의 파키스탄, 남쪽의 베트남, 동쪽의 한반도특히 북한는 외교정책에서 매우 중요한 위치를 차지한다. 주한 중국대사를 지낸 리빈 포함 중국 외교안보 전문가들에 의하면, 한반도와 베트남 은 북과 남에서 중국을 포위할 수 있는 2개의 날개가위라 한다. 중국은 주변국 가운데 3강强인 러시아, 일본, 인도와 함께 3중中인 한반도한국· 북한, 베트남, 파키스탄을 특히 중시한다. 북한은 1940년대 후반 국공 내전 시기 인민해방군에게 투항한 장제스蔣介石의 국부군 2개 사단이 국부군 부대의 추격을 받고 압록강 서안西岸 단둥까지 후퇴하자 입경 入境을 허용했다. 이들은 북한 북부를 통과해 오늘날의 옌볜조선족자 치주北間島로 탈출했다. 북한은 인민해방군에 폭약, 뇌관, 군화 등 군 수물자도 지원했다.

연인원 수십만 명의 재在만주 조선인이 승패의 분수령이 된 랴오 선遼瀋 및 쉬저우徐州 전투, 양쯔강 도하 작전을 포함한 다수 전투에 참 전해 인민해방군이 내전에서 승리하는 데 크게 기여했다. △1960년 대 이래 장기간 계속된 중·소분쟁 △1992년 7월 한·중 수교 △2014 년 7월 시진핑의 선先방한 등 북·중 관계를 악화시키는 사건이 잇달 아 발생했는데도 불구하고 북·중 관계의 기본 틀은 바뀌지 않고 있다. 2018년과 2019년 상반기까지에만, 북·미 정상회담을 앞둔 김정은이 시진핑과 다섯 차례나 만났을 정도다. 중국에 있어 북한은 아직은 버 려서는 안 되는 완충지대buffer zone다. 중국 내에서는 한국의 부산- 제주도선까지 중국과 미국·일본 세력 간 완충지대로 보는 시각이 늘 고 있다. 중국에게 있어 북한은 숙적 일본의 도쿄-오사카축 등 전략

종심戰略縱深을 직접 타격할 수 있는 곳이며, 북만주와 장강 델타, 주강 델타의 산업지대를 해로로 연결해주는 동해로의 출구이기도 하다.

'한반도 불통불란不統不亂'

중국의 대對한반도 정책의 원칙은 '안정과 현상 유지不統不亂'인데, 주변에서 분쟁이 일어나는 것을 막아 지속적으로 국가를 발전시키겠다는 현실적 이해관계가 그 배경에 있다. 중국이 북한의 3대 세습에 대해 보여 준 태도도 이러한 시각에서 해석해야 한다. 3대 세습을 지원해 북한의 안정을 도모하면서 김정은 체제에 대한 영향력을 확보하는 것이 중국의 국익을 위해 바람직하다고 본 것이다. 중국은 김정은에 대한 영향력을 확보하려고, 2017년 2월 쿠알라룸푸르 공항에서 살해당한 김정남의 생전 생활을 지원했었다 한다. 당나라는 망명해 온 발해 무왕의 동생 대문예大門藝를 이용해 발해를, 신라 문무왕의 동생 김인문金仁問을 이용해 신라를 견제했다. 원나라도 만주 선양의 심양왕瀋陽王과 개경의 고려국왕 사이를 이간하는 방법으로 고려를 견제했다.

　　미국의 영향 아래에 있는 한국이 북한을 접수하면 150만 명 이상의 재중동포가 거주하고 한반도와 역사적 연결고리도 있는 만주지역은 중국에게 상시 불안 요소로 작용할 것이다. 현재로선 중국이 한국 주도 한반도 통일을 받아들일 리 없다는 뜻이다. 덩샤오핑적 현실주의도광양회·韜光養晦: 실력을 숨기고 때를 기다림, 겸허저조·謙虛低調: 겸허하고 낮은 자세를 견지를 추구하던 시진핑의 국내외 정책이 제2기 집권을 계기로 변했다. 시진핑은 대對미국 협조와 갈등의 이원구조 속에서 한반도의 안정을 우선시하면서, 미·일 세력에 대응하는 차원에서 대對한반도 정책을 추진하고 있다. 취임 후 시진핑이 한국을 먼저 방문하는 등 최근까지도 북한을 대하는 태도가 눈에 띄게 달라 보였던 것은 급부상한 중국의 자신감이 그만큼 커졌기 때문이다. 중국은 한·중관계 강화와 관련된 북한의 반발은 충분히 통제할 수 있다고 생각했다. 철저히 국익의 관점에서 북한을 바라본 것이다. 2008년 5월 중국 외무성이 이명박 정부의 미국 일변도 외교에 대해 쌓인 불만을 '한미동맹은 냉전의 유물'이라는 말로 표출한 적이 있다. 베이징, 톈진, 상하이, 다롄 등 중국의 정치·경제 중심지를 타격할 수 있는 전략요충에 위치한 한국의 행보가 중국으로서는 그만큼 신경이 쓰이는 것이다.

"한국이 핵공격 받을 수도"

'대륙의 붉은 별' 저자 미국 기자 에드가 스노가 확인한 바와 같이 마오쩌둥은 한반도를 중국의 속방으로 인식했다. 장제스의 한반도에 대한 인식도 거의 같았다. 이 같은 인식은 시진핑에게도 남아 있다. 시진핑은 2017년 4월 미·중 정상회담 시 트럼프에게 '역사적으로 한반도는 중국 영향권 내에 있었다.'고 말했다 한다. 한반도 포함 중국 인근 지역에 대한 중국의 정책을 요약하면 분할과 지배Divide & Rule, 다시 말해 코뚜레 꿰기羈縻政策이다. 1992년 한·중 수교도 한국을 이용해 북한을 견제하는 기미고삐를 느슨하게 잡되 끈은 끊지 않음 정책의 일환이라 할 수 있다. 중국은 한반도 정세가 안정적으로 유지될 수 있다면 김정은 아닌 그 누가 북한 집권자가 되어도 상관하지 않을 것이다. 중국의 국력이 증강되면 될수록, 중국이 서태평양으로 동진하려 할수록 한반도 남쪽에 위치한 한국의 지정학적 가치는 높아진다. 한국은, 중국이 서태평양으로 향하는 길잡이가 될 수 있다. 또한 중국이 자국에 유리한 국제 규범 및 제도를 주장할 때 이에 대한 지지와 함께 정당성을 제공하는 역할을 할 수 있는 나라이기도 하다. 한반도의 안정과 통일을 위해서는 중국과의 관계를 개선·강화할 필요가 있다. 미국의 힘을 빌려서라도 중국에 대한 레버리지도 확보해야 한다. 이 둘의 조화는 결코 쉽지 않다.

한·중 간에는 △북핵을 포함한 북한 문제 △고대사 문제 △이어도를 포함한 배타적경제수역EEZ 경계선 획정 문제 등 난제가 겹겹이 쌓여 있다. 미국 군산軍産복합체의 이해관계와도 관련된 사드THAAD, 고고도미사일방어체계 한국 배치 문제도 있다. 인줘尹卓 인민해방군 해군 소장은 2014년 8월 CCTV와의 인터뷰에서 "사드의 주요 공략 대상은 중국과 러시아의 중장거리 탄도미사일이다. 사드가 한국에 배치되면, 이는 한·중관계를 훼손하는 것은 물론이고 한국이 제3국의 선제 핵공격을 받는 원인이 될 수도 있다."고 말했다. 우리가 중국과 직접 군사 충돌하는 일이 발생했다고 가정해 보자. 우리가 군사 대응 능력을 갖췄는지가 무엇보다 중요하겠지만 동맹국의 지원도 필요하다. 그런데 동맹국이나 우호세력의 지원은 제한적일 수밖에 없다. 또한 대가가 수반된다. 동맹이나 우호관계에도 강자의 논리가 적용되기 때문이다. 일례로 미국은 러시아와 전략무기감축협정START을 체결하는 과정에서 동맹국 영국이 강력하게 반대했는데도 영국군의 트라이던트 핵미사일 배치 정보를 러시아에 넘겨줬다. 동맹이란 것이 이렇기에 우리도 동맹국 미국에 요구할 때는 확실하게 요구해야 한다.

2015년 10월 3일 다롄시내 한 영화관에서 중국인 200여 명과 함께 중국어 자막이 깔린 우리 영화 '암살'을 봤다. 일제에 항거한 우리 애국지사들의 활약을 잘 묘사한 듯했다. 중국인들의 반응도 매우 좋았다. 다만 같은 민족끼리 죽이고 죽는 내용이 나와 씁쓸하기도 했다.

'강인국' 같은 부일파附日派들과 '염석진' 같은 변절자들은 조선이 멸망하지 않았다면 그런 삶을 살지 않았을 것이다. 영화 속 '영감'의 말이 떠오른다. "조선이라는 나라가 어디 있어. 모두 다 일본인 되고, 중국인, 미국인, 멕시코인이 됐는데…." 중국의 초고속 굴기崛起, 아베와 아소 포함 일본 우익 정치 엘리트들의 거국적 대응이 몰고 올 어두운 그림자가 한층 짙어진다. 우리 외교안보 최고위 인사들은 불과 74년 전까지 우리가 일본의 식민지였으며, 앞으로 다시 외세의 침략 아래 놓일 수도 있다는 것을 인식하고 있을까? '암살'을 본 우리 관객들은? 절대 양보할 수 없거나, 반드시 이뤄야 할 우리의 핵심이익core interest 은 무엇이며, 이를 어떻게 보호하고, 달성할지 우리는 생각하고 있는가?

한반도의 시간은 '다시' 중국으로 흐르는가?

2012년 맑게 갠 가을 어느 날 베이징의 한 식당에서 한국인 사업가와 결혼한 톈진天津 출신 한족漢族 직원 황페이黃飛 씨와 재미있는 대화를 나눈 적이 있다. 그녀는 초고속 열차노선 확대2018년 총연장 2만㎞ 이상, 유인 우주선 발사, 항공모함 취역을 비롯하여 중국은 나날이 발전해 나가고 있는데, 왜 남편과 아이의 조국祖國 한국은 갈 때마다 거의 변화가 없어 보이는지 물었다. 그리고 한국의 장래가 그리 밝아 보이지 않는다고 덧붙였다. 몇 가지 예를 들어 반박을 하기는 했지만, 마음이 무거워지는 것은 어쩔 수 없었다. 불과 몇 년 전 제네바 근무시절 한국은 나날이 발전하고 있는데, 왜 스위스는 예나 지금이나 그대로일까 궁금했었는데, 이제 우리나라가 거의 변화가 없는 스위스와 같은 처지가 되고 만 것이다. 게다가 우리나라의 경제수준은 1인당 GDP 기준으로 볼 때 아직 스위스의 1/2에도 못 미친다. 생각이 여기에까지 이르자 한숨이 절로 나왔다. 2011년 2월 말 베이징에 부임했으니 베이징에서 일한 지도 2년이 다 되어 간다. 베이징에서 근무하면서 중국의 발전 속도에 자주 놀란다.

한·중 문화공동위원회 회의 참석차 1998년 12월 처음으로 중국에 발을 내디뎠다. 지금도 베이징 겨울의 공기는 결코 맑다고 할 수 없지만, 당시 베이징의 공기 오염은 훨씬 더 심각했다. 밤에 택시를 탔는데, 매연煤煙으로 가득 찬 터널 속을 달리는 것 같았다. 당시 베이징에 이어 하이난과 상하이, 쑤저우도 방문했는데, 하이난의 싼야三亞에서 용봉탕龍鳳湯이라는 음식을 먹고 배탈이 나 1주일이나 고생했던 기억이 난다. 싼야가 유명한 관광지였음에도 불구하고, 식당의 위생 상태가 별로 좋지 않았던 것이다. 가장 발전한 도시 상하이에도 자동차보다는 자전거가 훨씬 더 많았고, 시민들은 인민복 스타일의 우중충한 옷차림을 하고 있었다. 상하이와 쑤저우 간 고속도로 주변은 지금과는 달리 거의 논밭만 있었다. 2012년의 중국은 1998년의 중국과는 다른 나라가 되었다. 1인당 GDP 800달러가 채 되지 않던 최후진국 가운데 하나가 1인당 GDP 6,200달러2018년 9,900달러의 중견 산업국가로 도약했다.

베이징시, 상하이시, 톈진시, 장쑤성, 저장성과 내몽골자치구의 1인당 GDP는 2015년 이미 1만 달러를 넘어섰다. 다롄에서 광저우까지의 연안지역뿐만 아니라, 상하이에서 청두까지의 창장, 그리고 성리유전이 있는 둥잉에서 시안까지의 황허 연안 모두 발전에 발전을 거듭하고 있다. 2017년 현재 무역흑자는 5,000억 달러가 넘는다. 돈이 흘러넘치고, 이에 따라 베이징과 상하이의 부동산 가격은 해마다 올라 서울보다 더 비쌀 정도가 되었다. 중국은 프랑스와 이탈리아산 포도주, 노르웨이산 연어를 가장 많이 수입하는 나라가 되었다. 시민들은 자전거 대신 자동차를 타고, 시커먼 인민복 대신 산뜻한 양복으로 갈아입었다. 1998년 GDP는 1조 달러에 불과했으나, 2012년 GDP는 8.2조 달러가 되었다. 14년 만에 8배 이상 성장한 것이다. 2008년 세계금융위기GFC를 계기로 중국의 경제성장은 가속도를 내게 되었다. 중국 경제는 2010년대 몇 년간 매년 한국 경제규모와 비슷한 1조 달러씩 덩치를 키워 나갔다. 이에 따라, 중국의 경제규모는 2010년 경상 GDP 기준 일본을 제치고, 세계 제2위로 도약했다. 중국 경제규모는 2012년 미국의 53%, 2018년에는 67% 수준까지 커졌다.

이집트와 이라크, 파키스탄, 페루 등 고대문명국가 가운데 중국은 현재까지도 존재감을 자랑하는 사실상 유일한 나라이다. 4,000년의 빛나는 역사를 자랑하는 중국의 생명력은 그만큼 강하다. 중국은 면적 960만㎢, 인구 14억의 거대 국가이다. 인구 1억 명이 넘는 지역도 △광둥, △허난, △산둥, △베이징-톈진을 포함한 허베이, △상하이를 포함한 장쑤, △충칭을 포함한 쓰촨 등 여섯 곳에 달한다. 세계 최선진 지역의 하나인 홍콩과 마카오도 중국에 속해 있다. 베이징, 상하이, 톈진, 광저우, 충칭, 선전 등 대도시의 스카이라인은 뉴욕이나 도쿄, 서울에 견주어도 손색이 없다. 베이징과 상하이 시내에는 람보르기니, 롤스로이스, 페라리와 같은 최고급 차들이 숱하게 눈에 띈다.

2012년 중국은 1,927만 대의 자동차를 생산, 미국을 1천만대 이상 차이로 따돌리고 독주체제를 갖추었다. 베이징과 상하이, 광저우, 정저우, 시안, 하얼빈, 우루무치, 라싸 등을 종횡縱橫으로 연결하는 고속철도도 건설되었다. 중국 고속철도의 품질은 우리나라 것보다 낫다. 2012년 이미 국제특허 출원 건수는 2만 건을 넘어 미국과 일본에 이어 세계 제3위가 되었다. 중국은 이제 더 이상 삼국지나 초한지, 수호지와 같은 고전古典이나, 발 마사지, 또는 비단장사 왕서방의 나라가 아니다. 세계 최정상을 향해 달리고 있는 역동성의 나라이다. 중국에는 K-POP과 한드한국드라마 등 한류韓流가 유행하고 있다. 하지만 양날의 칼날이 숨어있다. 1,000만 관객을 돌파한 우리 영화 '도둑들'과 최근 인기를 끌고 있는 조승우, 이요원 주연의 드라마 〈마의馬醫〉에는 중국어가 수시로 들린다. 〈도둑들〉과 〈마의〉 배경의 상당 부분이 중국이기 때문이다. 그리고 송혜교, 장나라, 권상우, 정우성 같은 1류 배우들이 중국 영화와 드라마에 종종 출연하고 있다. 중국 문화산업의 규모가 크고, 이에 따라 배우들의 출연료도 한국에 비해 훨씬 많기 때문이다. 우리가 자랑하는 문화산업에도 중국의 그림자가 드리우기 시작한 것이다. 한류 역시 중국의 거대한 문화시장과 자본력에 의해 잠식당할 상황에 놓이게 될 수 있다는 뜻이다.

중국은 ⑴허베이성 산하이관에서 간쑤성 자위관까지 동서로 이어지는 만리장성과 ⑵베이징과 항저우를 남북으로 연결하는 대운하를 건설한 나라이다. 중국인의 핏속에는 건축과 토목에 대한 DNA가 흐르고 있다. 여기에다가 중국인은 △종이, △인쇄술, △화약, △나침반, △7음계 등 인류 문명에 큰 영향을 미친 소프트웨어도 발명해냈다. 그들에게는 창의와 창조의 정신이 깃들어 있다. 우리나라는 14세기 말부터 19세기 말까지 500여 년간 한족이 세운 명나라와 만주족이 세운 청나라의 강력한 영향하에 있었다. 17세기 전반 절대숭명絶對崇明의 서인 집권층의 어리석은 대외정책이 남한산성 농성전에 이어 삼전도의 굴욕屈辱을 야기함으로써 만주족 지배 청淸에 대한 종속을 한층 더 심화시켰다. 우리가 중국의 품에서 벗어난 지는 이제 겨우 120여 년에 불과하다. 중국은 계속 급속히 발전해 나가고 있는데, 우리는 거의 정체상태에 놓여 있다. 여기에다가 남·북으로 분단되어 있기까지 하다. 계속 이렇게 가면 우리의 앞날은 어둡다.

황페이 씨가 미소를 띠면서 물었다. "핵무기와 미사일 문제도 있는데, 남·북한이 정말로 싸운다면 어느 쪽이 이길까요?" "당연히 한국이 이기겠지요."라는 대답에 그녀는 생글생글 웃으면서 말했다. "남·북한이 싸우면 중국이 이겨도 크게 이길 걸요." "남·북한이 싸우는데 왜 중국이 이겨요?" "양패구상兩敗俱傷할 것이니까요. 중국으로서는 어부지리가 되죠. 그리고 한반도의 시간은 중국으로 흐르니까요. 과연 한국이 그것을 막을 수 있을까요?"

통일 외교관의 눈으로 보다

7

미·중 태평양 전쟁

비무장지대DMZ 지뢰 폭발에서 비롯된 위기가 절정으로 치닫던 2015년 8월 22일 정오, 국군과 미군 공군 전투기 각 한 개 편대, 총 여덟 대가 동해 상공에서 만나 공군 제16전투비행단이 주둔한 경북 예천을 거쳐 오후 1시 경기 오산비행장에 착륙했다. 소백산맥 바로 남쪽에 위치한 예천에서 휴전선까지는 전투기로 10여 분밖에 걸리지 않는다. 전투기 합동 기동을 전후해 미국 항공모함 전단戰團과 B-2 스텔스 폭격기와 F-22 랩터 전투기의 한반도 전개를 예측하는 기사가 보도되기 시작했다. 전쟁으로 치달을 것 같던 DMZ 지뢰 위기는 남·북 고위급 접촉 개시와 함께 수그러들었다. 우리 재래식 군사력의 3분의 1, 경제력의 50분의 1도 채 안 되는 북한을 미국의 군사 지원을 받고서야 제압한 셈이다. 북한이 2017년 7월 6일 ICBM급 화성-14형 발사 이후 한·미와의 대화에 나선 것도 미국 F-22 랩터 전투기의 북한 상공 전개에 위협을 느꼈기 때문이라는 말이 있다. 미국은 실제로 대對북한 전쟁을 준비했다 한다.

우리가 안보를 굳건히 하고 통일을 이루려면 최강대국 미국의 외교·안보 정책을 제대로 이해해야 한다. 중국이 부상하고, 일본에서 경기침체와 정치 불안정이 나타나고, 한국의 경제력·군사력이 공업화 진전 덕분에 충실해진 2000년대 초 이전까지 미국은 한국을 제대로 된 군사협력 파트너로 간주하지 않았다. 한국은 미국, 중국, 러시아, 일본 등이 주요 행위자로 참가하는 동아시아 체스판의 졸pawn에 불과했다. 미국은 한국보다 핵무기와 운반수단인 장거리탄도미사일 개발을 추구해 온 북한의 동태에 오히려 더 많은 관심을 기울여 왔다. 한·미는 미·영, 미·이스라엘과 같은 정도의 혈맹관계staunch ties가 아니며, 미·일 관계보다도 긴밀도가 낮다. 미국은 한국의 국익과 직접 관련된 몇몇 중요한 문제에 대해 한국의 처지를 배려하지 않는다. 대표적 사례가 한국의 영토 통합과 직접 관련된 독도에 대해 모호한 자세를 취하는 것이다. 미국은 더 강력한 동맹인 일본과의 관계를 염두에 두지 않을 수 없다. 미국은 한국의 탄도미사일 능력 강화에도 다분히 부정적이다. 미국이 800㎞인 한국의 미사일 사거리 추가 연장중량은 무제한에 부정적인 것은 대량살상무기 비확산 정책 외에도 한국이 미국의 통제에서 벗어날 수 있다고 보기 때문이다. 아울러 한국의 미사일 사거리 연장에 동의하면 일본과 러시아를 자극하는 것은 물론, 중국의 저항을 유발할 것으로 본다.

독도 상공에서 한·일 공군이 맞붙으면…

미국은 특히 군사 부문에서 한·일을 차별한다. 한국과 일본은 다 같이 록히드마틴의 F-35A 스텔스 전투기를 도입하려 하는데, 미국은 일본에는 마하 4 유럽제 장거리 공대공 미사일 미티어Meteor를 장착하도록 허용한 반면 한국에는 불허했다. 우리와 일본 공군기가 독도 상공에서 공중전을 벌이면 우리 공군기가 격추될 공산이 클 수밖에 없다. 또한 미국은 일본과 달리 한국에는 기체만 팔고, 무장 통합을 할 소프트웨어나 소스 코드source code, 창정비 권한을 주지 않는다. 일본은 F-35A 150대는 물론 항모용 F-35B 수직이착륙기도 도입한다. 우리도 경항모용 F-35B를 도입할 예정이라 한다. 북한에 급변사태가 발생해 중국군이 북한에 진입하고 우리가 이에 맞서 국군을 휴전선 이북으로 전개할 경우 미군이 우리와 함께 중국군에 맞서 싸우려 할지도 불명확하다.

미국은 1951년 1·4 후퇴 때 중국군이 금강-원주 이남 선으로 밀고 내려오려 하자 한반도를 포기하려 한 전력이 있다. 세계제국 미국은 분명한 외교 우선순위를 갖고 있다. 동맹국이 요청해도 미국의 국익에 합치할 때만 움직인다. 또한 에너지 안보 확보, 이스라엘 방어 등 발등에 떨어진 불부터 먼저 끄고 난 다음에야 행동하는 경향이 있다. 우라늄 농축 문제와 관련해 이스라엘과 사우디아라비아가 끈질기게 반발하는 데도 불구하고, 2015년 7월 이란과 타협한 데서 보듯 세계 각지의 다종다양한 문제에 동시에 개입할 힘도 줄었다. 트럼프의 미국은 2018년 5월 전임 Obama 정부 정책에 대한 반감과 함께 이스라엘의 입장을 수용하여, 유럽 동맹국들의 반대에도 불구하고, 이란핵협상에서 탈퇴했다. 북한의 안보 위협 저지를 포함해 한반도와 한반도 인근에서 발생하는 군사안보 문제에 스스로 어느 정도 영향력을 미칠 군사력을 확보하지 못하면 우리는 다시 동아시아 국제 정치판의 졸로 전락할 것이다.

미국은 태평양과 대서양 사이 북아메리카 대륙의 중심부를 영토로 하는 면적 962.6만㎢세계 3위, 인구 3억 2,000만 명세계 3위, GDP 16조8억 달러세계 1위의 최강대국이다. 기축통화인 달러 발권력을 가졌으며, 국제통화기금IMF과 세계은행WB을 중심으로 한 국제금융체제도 장악했다. 영어와 할리우드로 대표되는 막강한 문화 권력도 지녔다. 세계제국 미국의 군사력 투사 범위는 옛 몽골제국이나 대영제국보다 넓다. 미국은 동아시아, 유럽, 중동, 아프리카 등 대륙과 태평양, 대서양, 인도양 등 대양 포함 전세계를 투사범위로 하여 6개군 북미군, 남미군, 유럽군, 중동·중앙아군, 아프리카군, 인도-태평양군을 운용하고 있다. 130여 개 국가한·일·독 포함 소재 750여 개 기지에 37만 명의 병력을 전개하고 있다. 해군함정은 286척이며, 공군전대는 312개에 달한다.

태평양과 대서양 사이에 위치해 있으나 영국과 독일, 스칸디나비아 등 유럽 문화를 기원으로 하는 미국은 18세기 말 건국 이래 늘 유럽 우위, 즉 대서양주의에 기초한 대외정책을 취해왔다. 2013년 겨울 베이징에서 만난 한 미국 외교관한국 근무 경력 보유은 "미국 외교정책의 중심은 늘 유럽이었고, 중국이 부상한 지금도 유럽의 중요성은 줄어들지 않고 있다."고 말했다. 그는 미국 외교안보정책 목표 중 가장 중요한 4가지를 들었다.

첫째, 본토를 외침으로부터 방어하는 것으로 이를 위해서는 대량파괴무기WMD 확산을 저지해야 한다.

둘째, 유라시아 대륙에서 세력균형을 확보하는 것으로 이를 위해서는 유라시아 대륙의 양 날개인 북대서양조약기구NATO와 함께 일본, 한국, 호주, 인도 등과의 동맹을 강화해야 한다.

셋째, 자유롭고 개방된 세계경제 질서를 확보하는 것이다. 이는 트럼프 시대에 들어와 악화되었다.

넷째, (매장량이 풍부한 대규모 셰일가스전을 갖고 있으나) 안정된 에너지 공급선을 확보하는 것으로 이를 위해서는 페르시아 만 석유와 천연가스에 대한 타국의 독점적 지위 확보를 막아야 한다.

이 가운데 우리와 가장 밀접한 것은 '중국, 일본, 러시아, 인도, 독일 등 강대국이 위치한 유라시아 대륙에서의 세력균형 유지'다. 유라시아 대륙에서 세력균형이 무너지면 미국의 패권도 종말을 고할 가능성이 크고, 이는 한국의 국가 안보에 치명적 영향을 미칠 것이기 때문이다. 14억 인구의 초대국 중국의 부상과 도전은 독일의 히틀러 제국이나 일본제국, 소련의 도전과는 규모가 다르다. 미국은 지금껏 상대한 나라와는 판이한 규모와 문화를 가진 국가의 도전에 직면했다.

미국의 대對일본 애증의 변주곡

미국은 1776년 대서양 연안 13개 주를 통합하여, 나라를 세운 이래 계속 서쪽으로 나아가 19세기 중반에는 태평양 연안 캘리포니아에 도달했다. 1893년 하와이를 거쳐 1898년에는 타이완 남쪽에 위치한 필리핀까지 손에 넣었다. 필리핀에 교두보를 확보한 미국은 거대 국가 중국에 대한 이권을 놓고 영국, 프랑스, 독일, 러시아 등의 유럽 국가 및 일본과 경쟁했다. 중국 연안에서 제동이 걸린 미국의 관심은 이후 유라시아 대륙의 특정 국가가 동아시아를 지배하는 것을 막는 것, 즉 세력균형 유지로 바뀌었다. 유라시아 대륙의 세력균형 유지라는 측면에서 미국의 적국은 1900년대 초까지는 러시아, 1930년대 이후는 일본, 지금은 중국이다.

일본이 19세기 말 20세기 초 청나라와 러시아를 차례로 격파하고 동아시아 패권을 장악한 데는 러시아의 남진을 우려한 영·미Anglo-Saxon의 지원이 결정적이었다. 일본은 1905년 초, 더글러스 맥아더 장군의 아버지로 주일駐日 대사관 무관이던 아서 맥아더도 참관한 뤼순旅順 203고지 전투 등에서 러시아군을 격파하고 전쟁을 승리로 이끌었다. 그 직전 미국과 일본은 태프트-가쓰라 밀약을 체결해 필리핀과 조선에 대한 우월권을 맞교환했다. 영국은 2차례에 걸친 영·일동맹을 통해 일본을 지원했다. 미국은 러·일전쟁 이후 남만주 이권을 놓고 일본과 갈등했다. 이로 인해 일본의 조선 강제합병은 약 5년 지체된 1910년에야 완성됐다. 대공황1929~1939 발생 직후인 1930년대 동아시아에 대한 미국의 주요 관심은 일본의 팽창을 저지하는 것이었다. 일본은 미국 해군과 소련 육군에 대항할 힘을 비축하기 위해 1931년 만주를 점령했다. 만주와 중국 본토, 동남아, 서태평양 군도를 놓고 벌어진 미·일 갈등은 태평양전쟁1941~1945으로 이어져 원자폭탄 투하와 함께 일본의 패전으로 끝났다.

종전 후 미국은 장제스의 중국을 지원해 러시아의 확대판인 소련의 남하를 저지할 계획이었으나, 마오쩌둥의 공산당이 1949년 10월 중국 내전에서 승리하자 일본을 동아시아 제1동맹국으로 선택했다. 이에 따라 일본은 NATO와 함께 자본주의 세계의 보루인 미국의 양 날개 중 하나가 됐다. 2차 대전 후 미국의 동아시아 정책의 기초가 된 것은 독도 영유권 분쟁의 원인이기도 한 1951년 9월 샌프란시스코 조약 체결이다. 샌프란시스코 조약이 초안과는 달리 일본이 영유권을 포기해야 할 한반도 도서 중 하나로 독도를 명기明記하지 않은 것이 두고두고 불씨가 됐다. 미국은 샌프란시스코 조약에 일본이 포기해야 할 도서의 예로 제주도, 거문도, 울릉도만 명기했다.

애치슨라인, 닉슨 독트린

1948년 한반도 북부에 이어 1949년 중국 대륙이 공산화되었지만 미국은 한반도의 전략적 가치를 여전히 낮게 봤다. 미국이 1945년 제2차 세계대전 종전 국면에서 일본 홋카이도北海島일부가 아닌 한반도 38선 이북을 소련에 넘겨준 것도 이 같은 이유가 작용했다. 미국은 소련이 참전 대가로 홋카이도 분할 점령을 요구할 가능성을 크게 우려했다. 딘 애치슨 당시 미 국무장관은 1950년 1월 미국신문기자협회 연설에서 미국의 서태평양 방위선은 알류샨 열도-일본 열도-오키나와 열도-필리핀 열도를 잇는 선이라고 공언했다. 한국과 타이완을 미국의 방위선 밖에 놓은 애치슨라인은 북한 공산세력의 남침 욕구를 자극했다. 1950년 6월 25일, 6만여 명의 재만在滿 조선인 병력이 주공主攻이 된 북한군이 38선 이남으로 밀고 내려오자 미국은 일본 방어와 함께, 소련의 서진西進 시도와 관련하여 서독, 프랑스, 영국 등 서유럽 국가들이 미국을 신뢰하지 않게 되리라는 우려로 인해 전쟁에 개입했다.

전쟁이 소강 국면에 들어간 1952년 미국은 중앙정보국CIA을 동원해 '부산 정치파동직선제 개헌'을 계기로 공산측과의 휴전협상을 방해하던 이승만 제거를 시도하기도 했다. 6·25전쟁 휴전 이후 미국은 동아시아 정책을 변경했다. 소련의 남진을 막기 위한 방안으로 △일본의 공업화를 가속화하고 △중국을 소련으로부터 떼어놓으며 △한국과 타이완을 강화하는 방향으로 정책을 전환한 것이다. 미국은 당초 중국 공산화 이후에도 마오쩌둥과 화해해 소련의 남진을 방어할 계획이었으나 마오쩌둥이 뤼순과 다롄, 남만주철도를 포함한 만주 전역에 대한 통제권 확보 등을 위해 6·25전쟁에 개입하자 일본을 공업화하고, 한국과 일본에 군대를 주둔하는 방향으로 정책 방향을 틀었다. 이에 힘입어 한국과 타이완은 공업화와 함께 군사력을 강화할 수 있었다.

한국과 남베트남 등 동아시아 연안rim으로 군사력 전진 배치를 추구하던 미국은 베트남 전쟁이 교착 상태에 놓인 1969년 7월 닉슨 독트린제2의 애치슨 라인을 발표해 다시 한 번 서태평양 열도선오키나와-괌으로의 후퇴를 선언했다. 닉슨 독트린은 1970년대 초 △미·중 및 중·일 수교 △오키나와 행정권 일본 반환 △제7사단 한국 철수 △미군의 남베트남 철수로 이어졌다. 닉슨 독트린은, 중·소 분쟁을 이용해 국력을 회복할 시간을 제공해 소련과의 냉전에서 미국이 승리하는 데 크게 기여했다.

중국의 남중국해, 인도양 진출

1991년 소련 붕괴 이후 세계 유일 초강대국으로 떠오른 미국은 2000
년대 들어 재정과 무역 쌍둥이 적자가 누적되고, 중국의 부상이 본격
화하며, 9·11테러가 상징하듯 극단주의 이슬람 세력의 도전이 첨예화
하면서 위기를 맞았다. 2001년 아프가니스탄 전쟁, 2003년 이라크 전
쟁, 이란과의 계속된 대립 등으로 인해 중국의 부상에 제대로 대응할
여유를 갖지 못했다. 이렇게 된 데는 극단주의 이슬람 세력의 도전도
도전이지만, 중국을 포함한 동아시아에 대한 전통적 경시도 큰 몫을
했다. 미국은 서부러시아를 포함한 동유럽과 풍부한 에너지 자원을
가진 중동-북아프리카 지역에 관심을 집중했다. 아프가니스탄 전쟁
과 이라크 전쟁, 2008년 경제위기로 인해 전 세계가 불안정에 처한 상
황에서도 중국의 급속 경제성장은 지속됐다. 2014년 중국은 구매력
Purchasing Power Parity 기준으로 미국을 추월했다. 이제 일본마저 '미
국이냐, 중국이냐?'를 두고 고민해야 하는 처지가 되었다. 중국의 국
력 증강 추세는 2017년 초 트럼프 집권 후 미국의 대對중국 무역 공세
에도 불구하고 여전히 계속되고 있다. 2018년 미국의 대對중국 무역
적자는 4,200억 달러에 달했다.

중국은 급속한 경제성장에 힘입어 타이완, 동남아국가연합
ASEAN, 한국 등 인근 국가를 경제적으로 포용해 나가는 한편, 해·공
군력 증강을 통해 남중국해, 동중국해에 대한 영향력을 강화하고 있
다. 미얀마, 스리랑카, 몰디브, 파키스탄, 지부티, 세이셸, 탄자니아 등
의 인도양 항구들을 목걸이 형태로 연결하는 군사전략, 이른바 '진주
목걸이 전략'으로 아프리카 동해안을 포함한 인도양에 대한 영향력도
강화했다. 우리의 서해, 동중국해, 남중국해는 중국의 내해內海로 변해

가고 있다. 중·일 갈등의 진원지인 센가쿠 열도댜오위다오 분쟁도 중국의 동진東進 추진과 밀접하게 연관된다. 중국은 센가쿠 열도 분쟁을 국가통합과 서태평양 진출의 전제조건인 해·공군력 강화 기회로 이용한다. 또한 미국에 '신형대국관계新型大國關係'를 주장하면서 제2도련선 이서以西 태평양에 대한 통제권을 넘겨줄 것도 요구한다. 미국은 중국의 부상으로 동아시아에서 지배적 위치가 흔들리자 2009년 2월 힐러리 클린턴 당시 국무장관의 '아시아 소사이어티' 연설을 통해 '아시아 복귀pivot, re-balancing to Asia'를 선언했다.

미국은 2017년 트럼프 시대에 들어와 '무역전쟁'과 함께 인도-태평양 전략을 통해 일대일로 정책을 추진하고 있는 중국 봉쇄를 시도하고 있다. 미국은 중국의 도전을 가능케 한 지금까지의 무역 레짐regime을 수정하려 한다. 미국은 중국과의 무역전쟁을 통해 중국의 부상을 가져온 '핵심 동력'인 국제무역 분야에서의 중국의 우위를 감쇄하는 한편, 5G 통신장비기술 선두 주자인 화웨이의 멍완저우 부회장 체포사태2018년 12월에서 보듯이 미래 도전 요인인 4차 산업혁명에 필요한 첨단기술 개발도 지체시키려 하고 있다. 미사일방어체계MD 일본, 한국 전진 배치와 중거리탄도미사일조약INF 탈퇴, 남중국해와 타이완 해협에서의 '항행의 자유 작전FONOP'을 통해 군사 측면에서도 중국을 압박하고 있다.

'때늦은' 아시아 복귀, 인도-태평양 전략

때늦은 결정이었다. 1980년 이미 미국-동아시아 간 무역액이 미국-유럽 간 무역액을 능가했으며, 2000년에는 동아시아로부터의 수입액이 미국-유럽 간 무역액을 추월했다. 초대국 중국의 부상이 1970년

대 말부터 시작돼 2000년대 초에는 도약 단계에 들어섰는데도 미국은 여전히 대서양주의유럽 우선주의에 빠져 있었다. 미국이 동맹국과 우호국에 제공할 경제·안보자산도 줄어들었다. 트럼프 집권 후 방위비 분담, (미국의) 무역적자 문제 등과 관련하여 미국과 동맹국들 간 갈등이 심화되고 있다. 미국의 최대 과제는 경제력의 상대적 약화와 동아시아, 유럽 동맹국이 미국에 대해 갖는 신뢰의 간극을 메우는 일이 될 것이다. 미군을 '전략적 유연성' 개념의 기동군 형태로 개편하는 것도 해외 곳곳에 고정된 군부대를 주둔시킬 재정 능력이 부족하기 때문이다. 시오노 나나미가 쓴 '국가와 역사'에 따르면 로마제국도 국력이 쇠퇴한 말기로 가면서 전략적 유연성에 기초해 라인강, 도나우다뉴브강, 브리타니아영국, 다키아루마니아 등 전선에 상비군이 아닌 기동군을 배치하는 방향으로 군사전략을 변경했다 한다. 오스만터키도 마찬가지였다. 영국이 1950년대 중반 이후 아랍에미리트UAE와 바레인 등을 제외한 수에즈 운하 이동의 해외 군사기지를 포기한 것도 결국 국방비 부족 때문이었다.

2013년 기준 매년 1,500억 달러 안팎의 국방비를 지출하던 중국은 2014년부터 연 10% 넘게 국방비를 증액했다. 8~9년 후에는 미국과 유사한 수준의 국방비를 지출할 것으로 추산된다. 이렇게 되면 지금으로부터 20년 후 중국은 적어도 규모 측면에서는 미국과 유사한 수준의 군사력을 보유할 전망이다. 산업화한 초대국 중국의 군사력 증강 속도는 그만큼 빠르다. 그러나 중국은 미국, 일본, 영국 등이 축적한 것과 같은 제대로 된 전쟁 경험이 없다. 같은 첨단무기로 무장해도 훈련만 한 군대와 실전을 경험한 군대의 차이는 크다. 중국의 군사력은 이 점을 감안해 평가돼야 한다. 중국의 우주전력도 세계 최강 미국에 비해 크게 열세다. 전통적 육군 국가인 중국의 해·공군력 역시 미·일에 비해 취약하다. 중국 연안 지역을 직접 겨냥할 수 있는, 백령도-평택-군산-제주도를 연결하는 한국 서해안의 전략적 가치가 상승한 것은 이 때문이다. 미국과 중국의 전략적 경쟁과 관계된 '비등점'은 동중국해, 남중국해와 함께 서해가 될 가능성이 크다. 우리에게는 우리 운명과 직접 관련된 서해가 특히 중요하다.

미국은 중국의 부상과 도전을 지켜보고만 있을 것인가. 이와 관련, 2014년 봄 다롄에서 만난 중국 선양군구당시 소속 한 장군은 "미국과 같은 세계제국이 패권을 유지하는 방법에는 여러 가지가 있다"며 이렇게 설명했다.

"첫째, 도전국을 선제공격하는 것이다. 패권국이던 티무르 제국이 1402년 7월 앙카라에서 신흥제국 오스만터키를 공격한 것이 이에 해당된다. 오스만터키는 황제 바야지트 1세가 티무르 제국군에게 사로잡히는 등 궤멸적인 타격을 입고 이후 국가 재건에 수십 년을 소모했다.

둘째, 도전국을 봉쇄하는 것이다. 1940년대 말~1950년대 초 미국의 대對소련 봉쇄정책이 그런 예다. 미국은 이를 통해 소련의 팽창을 저지하는 데 성공하는 한편, 이후 소련과 중국 간 갈등을 이용해 중국을 끌어들인 뒤 소련을 무너뜨리는 데까지 성공했다.

셋째, 도전국에 우호적이지 않은 국가들과 촘촘한 그물망을 형성해 도전국의 성장을 억제하는 것이다. 미국이 추진하는 한국·일본·호주·베트남·인도 등 인도-태평양 국가들과의 협력 강화가 그것이다.

넷째, 후퇴해서 세력을 보존하고 있다가 상황이 유리하게 변화할 때 도전국을 응징하는 것이다. 중국 삼국시대 조위曹魏가 촉한蜀漢

승상 제갈량이 공격해오자 일단 후방인 웨이수渭水 유역으로 후퇴해 있다가 제갈량이 병사하고, 촉한이 약해진 다음 등애와 종회가 이끄는 대군을 보내 일거에 촉한을 정복한 것이 예다. 닉슨 독트린도 여기에 해당된다." 미국은 상호 확증 파괴Mutually Assured Destruction 수준의 핵무장과 상호 경제 의존 때문에 도전국 중국을 향해 선제 군사공격을 가하거나 완전한 경제봉쇄정책을 펼 수 없다. 상대적으로 약화되고 있는 미국이, 급성장한 경제력을 배경으로 군사력을 증강시키고 있는 중국의 팽창을 일정한 선까지 받아들일 수밖에 없는 것이 현실이다.

미국은 '후퇴'할 것인가?

1978년 개혁·개방 이후 군인 출신으로는 유일하게 공산당 정치국 상무위원을 지낸 해군제독 류화칭劉華淸은 1980~1990년대 중국의 중장기 해양 전략을 수립했다. 그는 세계 물동량의 90% 이상을 담당하는 해양의 중요성에 주목하고, 지속적인 경제 발전을 위해서는 '대양해군'이 필수적이라고 생각했다. 오키나와를 기점으로 우선 타이완, 필리핀, 보르네오에 이르는 선을 제1도련선第一島鍊線으로 정하고, 2010년대에는 이 해역에서 미군을 축출한다는 것이다. 이후 2030년까지는 항공모함 전대를 구성하여 오가사와라 제도에서 괌, 사이판, 파푸아뉴기니를 연결하는 제2도련선 해역에서 중국의 제해권을 수립하는 것이다.

　제2도련선은 2차대전 때 일본의 태평양 최대 팽창선과 상당 부분 겹친다. 2012년 중국 해군의 양이楊毅, 인쭤尹卓 제독 등은 경제력과 군사력의 상관관계에 비춰볼 때 미국 해군은 머지않은 장래에 제2도련선 밖으로 후퇴를 강요당하게 될 것이라고 주장했다. 미국이 세력 보존을 위해서라도 서해-오키나와 제도-타이완-남중국해 라인에서 중국이 주장하는 제2도련선 이동以東의 하와이 라인으로 후퇴하는 것이 전혀 불가능한 일만은 아니다. 저명한 지정학자 로버트 카플란은 '중국의 지리학The Geography of Chinese Power'에서 미국이 국력을 회복하려면 중국에 서태평양을 양보해 오세아니아로 후퇴하고, 일본이나 한국 등 동북아시아와 동남아시아보다는 남태평양과 인도양 등에 중점을 둬야 한다고 주장했다.

깊어가는 고민

미국은 동아시아-서태평양에서의 패권을 포기하고 오세아니아, 하와이로 후퇴하더라도 유라시아 대륙의 서반부와 아메리카, 아프리카, 동태평양과 인도양, 대서양 등 세계 육지와 해역의 3분의 2 이상을 계속 통제하면서 중국에 대해 우월한 지위를 유지할 수 있을 것이다. 그리고 에너지 자원 부족이라는 약점을 지닌 중국이 미국의 견제와 일본, 러시아, 인도 등의 저항을 뚫고 동아시아-서태평양 지역에서 확고한 패권을 수립할 수 있을지도 불분명하다.

　　미국은 일본이 욱일승천의 기세로 팽창하던 1930~1940년대 초 짧은 기간 하와이 라인line으로 후퇴한 경험이 있다. 일본은 1931년 만주, 1937년 화북·화중 일부, 1941년 홍콩을 점령했고 동남아를 거쳐 인도를 향해 진군했다. 1941년 12월 쿠릴열도 에토로후섬에서 발진한 6척의 항공모함 기동대를 앞세워 하와이 진주만을 기습한 데 이어 1942년 4월에는 필리핀 마닐라만灣 바타안 반도에서 필리핀 주둔 미군의 항복을 받아냈다. 전성기 일본제국은 웨이크 섬, 솔로몬 제도,

길버트 제도 등 하와이 이서以西 서태평양 거의 전역을 수중에 넣었다. 국토 면적, 인구, 경제력 등 여러 측면에서 기본 국력이 약한 일본은 비교적 짧은 기간에 전쟁을 통해 크게 팽창했다가 패배하면서 현재 규모로 축소됐다. 그러나 중국은 19~20세기 전반기의 미국과 같이 거대한 국토와 인구, 경제력을 배경으로 서서히 팽창해 나가기에 속도는 완만해도 일단 팽창하고 나면 오래 세력을 유지할 것이다.

통일 외교관의 눈으로 보다

8

북·미·중 트라이앵글

북한을 보는 시각은 각양각색이다. 극단적 민족주의에 빠져 북한도 살 만한 나라라고 주장하는 사람이 있는가 하면, 한국의 생존을 위협하는 뿔 달린 악마로 여기는 이도 많다. 2007년 늦가을 세계무역기구 WTO, 유엔인권최고대표실OHCHR, 국제적십자사ICRC 등이 자리한 제네바에서 업무 차 만난 스위스 출신 국제적십자사연맹IFRC 여성 직원은 '북한은 살기에는 불편하지만 심성이 착한 이들이 사는 나라'라고 했다. 그는 "북한에서 먹은 단감이 그때까지 먹어본 과일 중 가장 맛있었다."면서 "한국에도 여러 번 가봤지만 단감을 못 먹어봤는데 한국에도 맛있는 단감이 있느냐?"고 물었다. 그러면서 한국인과 북한인의 차이는 한국인과 스위스인의 차이보다 훨씬 더 클 것이라고 했다. 작곡가 고故 윤이상의 권유로 여러 차례 북한을 방문해 김일성을 만난 '생의 한가운데Mitte des Lebens'의 저자 루이제 린저도 2002년 사망할 때까지 비슷한 시각을 고수했다. 그들에게 북한은 가난하지만, 선량하고 정이 많은 사람들이 사는 동양의 신비한 나라다.

"우리에게도 核우산을…"

객관적 시각을 가졌다면 누구나 북한을 빈곤한 '종교적 공산 전제왕조국가'로 볼 것이다. 북한은, 김정은으로 대표되는 이른바 '백두혈통'이 공산주의와 함께 유교, 기독교 등에서 발췌·혼합한 주체사상을 바탕으로 핵무기와 정보 통제 등을 이용해 생존하는 세계 최빈국 가운데 하나다. 2012년 가을 중국 지린吉林성 옌볜조선족자치주 출장 때 옌지延吉시 숙소에서 북한조선중앙TV를 봤다. 자강도 강계시에서 열린 김일성, 김정일 부자 동상 제막식이 방송됐는데, 행사 사회자의 말이 한국의 기독교 교회에서 하는 설교와 너무나 흡사한 데 놀랐다. 김

북한의 가을 걷이. 산에 나무가 없는 모습

일성·김정일을 하나님·예수님으로 대체하면 상당수 한국 일반 교회 목사의 설교로도 손색이 없을 정도였다. 기독교를 믿는 일부 재중동 포도 기독교와 주체사상의 논리 전개가 매우 비슷한 데 놀란다 한다.

북한 정권의 최소 목표는 정권과 체제 유지, 최대 목표는 외부 세력의 간섭을 배제하고 북한 주도로 한반도를 통일하는 것이다. 물론 북한은 국제관계가 근본적으로 변하지 않는 한 자신이 주도하는 한반도 통일이 현실적으로 불가능하다는 것을 잘 알고 있을 것이다. 1990년대 초 냉전 종식 이후 외톨이가 된 북한은 핵무기 및 미사일 개발에 몰두했다. 한반도 남쪽에 동족 국가 한국을 적으로 뒀기에 대폭 개방을 하면 한국의 실정을 파악한 주민이 봉기할 수 있어 쉽게 개방할 수도 없다. 결국 3대 세습이라는 성리학적 공산共産 전제왕정으로 이행했다. 북한의 안정을 바라는 중국의 지원이 계속되지만, 과도한 대對중국 의존이 정권 안정을 저해한다는 사실을 알고 있는 평양은 핵무기 개발과 함께 러시아와의 관계 증진은 물론 미국, 일본, 한국과의 관계 개선도 시도했다. 김정은은 2018년 6월 싱가포르 북·미 정상회담시 트럼프에게 '원산 미 해군기지 건설' 제의를 했다 한다. '사드 북한 배치' 제의설도 있다. 그리고 외무성 김계관 부상은 2007년 3월 뉴욕에서 "북·미관계가 정상화하면 북한이 중국을 견제하는 전략적 역할을 수행할 수 있다"고 말했다. 최선희 북미국 부국장현 제1부상, 노동당 중앙위원이자 국무위원은 2012년 3월 미국 시라큐스대 주최 세미나에서 "미국이 한국에 핵우산을 씌워주는 것처럼 우리에게도 핵우산을 씌워주면 핵무기를 개발할 이유가 없지 않으냐?"고 반문했다. 사망한 김용순 노동당 비서는 1992년 미국에서 개최된 북·미 고위급 회담에서 북·미 수교를 제안하기도 했다. 북한은 사방이 적으로 에워싸인 고립무원의 나라다. 냉전시 소련을 끌여들였듯이 미국을 끌어들여서라도 기존 지배체제를 유지하려 하는 것 또한 그래서이다. 2014년 10월 4일 인천 아시아경기대회 폐막식 때 황병서북한군 총정치국장와 최룡해국무위원회 제1부위원장를 한국에 파견하는 등 성동격서 방식으로 중국에 메시지를 전한 적도 있다. 중국은 황병서, 최룡해 등의 인천 방문 후 북한의 진의를 파악하고자 수많은 정보원과 외교관을 동원했다 한다.

북한의 '지정학적 숙적' 중국

북한의 대對중국 불신은 오랜 역사를 가졌다. 단적인 예가 1956년 8월 개최된 북한 노동당 전당대회이다. 전당대회장에서 권총을 빼들고 윤공흠, 최창익, 서휘 등 친중 연안파延安派 간부들을 위협한 이가 북한 정권 2인자 최룡해국무위원회 제1부위원장의 아버지인 헤이룽장성 지둥현

鷄東縣 출신 최현이다. 연안파조선독립동맹는 1958년까지 평남 회창 등에 주둔하던 중국군에 기대어 김일성 일파와 권력투쟁을 벌였다. 한편, 해방 후 북한 지도부는 ①주로 동북만주, 나중 연해주에서 주로 활동한 동북항일연군 소속 항일빨치산파김일성, 김책, 강건, 최용건 등, ②국내파박헌영, 허헌, 이강국, 이승엽 등, ③중앙아 타쉬켄트 출신 소련파알렉세이 허, 남일, 박창옥, 박영빈 등와 ④연안파김두봉, 김강, 김무정, 방호산 등로 구성되어 있었다. 마오쩌둥은 1956년 9월 파북派北 중국군 사령관을 지낸 펑더화이를 파견하여 김일성에게 연안파 제거를 중단하라고 요구했다. 결국 연안파 모두를 숙청하는데 성공하기는 했지만, 당시 김일성은 중국의 간섭과 연안파 득세로 인해 정권 상실 위기에 처했었다. 미·중 등 강대국 정치의 희생양이 될지 모른다는 위기의식에다 인구 약 2배, 국내총생산GDP 50배가 넘는 한국에 흡수당할지 모른다는 공포심도 지녔다. 옛 소련을 비롯한 사회주의권 붕괴 이후 소멸의 위기에 처한 북한은 1994년 7월 김일성 사망 이후 생존을 고민하는 처지로 내몰렸다. 북한이 적敵으로 상정한 나라에는 한국, 미국, 일본 외에 지정학적 숙적 중국도 포함된다. 북한이 가장 두려워하는 나라는 최강대국 미국이지만 직접적 위협은 한국, 중장기적 위협은 중국으로부터 올 것이라고 여긴다. 김정일 말기 동양 최대 규모인 무산 철광 등을 담보로 중국으로부터 대규모 투자를 유치하려다 실패해 평양의 한 구역 실무자로 좌천당한 적이 있으며, 주스위스 대사를 지낸 이수용노동당 부위원장은 중국에 대한 의심과 혐오감이 매우 큰 것으로 알려졌다. 북·중 경제협력 강화는 북한의 개혁·개방을 유도한다는 긍정적 측면, 그리고 북한에 대한 중국의 영향력 확대 및 북한의 대對중국 의존도를 심화하는 부정적 측면을 아울러 가졌다. 동아시아–서태평양 지역에서 미·중 간 전략

적 이해관계 불일치는 북한의 생존에 큰 도움을 주고 있다.

적대적 외부 환경에 둘러싸인 채 경제난을 겪어온 북한이 보통 국가였다면 수십 번 붕괴했을 것이다. 북한은 핵무기와 미사일에 집중해 아직 생존해 나가고 있다. 북한은 정권 생존을 위해서라면 외부 세계가 북한을 봉쇄하더라도 모든 수단을 동원해 핵무장을 강화하려 들것이다. 김정은을 포함한 지도부는 핵무기를 포기하면 정권에 대한 내부 구성원들의 신뢰조차 상실해 리비아 무아마르 카다피 정권의 전철을 밟을 수 있다고 믿는 듯하다.

중·소 '줄타기 외교'

사면초가의 북한 지도부는 핵무장을 통해 안보를 확고히 한 다음에야 경제 발전을 이뤄낼 수 있다고 믿어 왔다. 핵·경제 병진竝進정책을 추구해 온 이유이다. 북한은 미·중 간 상충되는 이해관계를 이용해 핵무기와 탄도미사일을 확보했을 뿐만 아니라 베이징으로부터 정치적·경제적 지원도 받는다. 그러면서 북한은 대對중국 레버리지를 확보하고자 미국, 러시아뿐 아니라 한국과 일본에도 접근한다. 북·일관계가 정상화하면 UN제재 해제 시 연간 교역 규모가 20억 달러에 달할 것으로 전망되며, 일본의 대對북한 유·무상 원조는 연 17억 달러를 넘을 것으로 추산된다.

북한은 앞으로도 미·중 간, 일본을 포함 여타 관련국 간 전략적 이해관계 차이를 이용해 생존을 도모하려 할 것이다. 중국은 2011년 12월 김정일 사망 때 북·중 접경지역에 최신형 전투기를 배치한 후 즉각 투입 가능한 지상군 병력 43만여 명을 북한과의 국경에 포진시켰다. 베이징 외교가에도 비상이 걸렸다. 김정일 없는 북한이 안정을 유지할 수 있을지, 정변政變이 발생하는 것은 아닌지 많은 이가 관심을 기울였다. 중국이 어떻게 나올지도 베이징 외교가 인사들의 큰 관심거리였다. 중국은 김정일 사망 발표일인 2011년 12월 19일 베이징 주재 한·미·일·러 4개국 대사를 초치해 북한의 안정을 해치는 어떠한 행위도 하지 말 것을 요구했다. 이튿날 후진타오 당시 국가주석과 원자바오 당시 국무원 총리 등 공산당 정치국 상무위원 전원이 주駐중국 북한 대사관에 설치된 김정일 빈소를 방문했다. 이를 통해 중국은 대내외에 김정은 정권과 북한의 안정을 지지한다는 뜻을 명확히 표명했다.

동아시아 주둔 미군이 북한 정권의 생명 연장?

중국은 이렇듯 북한의 지정학적 가치를 매우 높게 본다. 미군의 한·일 포함 동아시아 주둔 등 동북아시아에 대한 워싱턴의 지속적 영향력은 중국으로 하여금 베이징 외곽에 위치한 만주와 보하이만渤海灣을 지켜주는 참호인 북한을 지원하지 않을 수 없게 만든다. 동아시아-서태평양 주둔 미군은 한국과 일본 등 동맹국을 지켜줄 뿐 아니라 역설적이게도 북한 정권의 생명을 연장해 주는 셈이다. 가까이는 연평도 포격 사건, 멀리는 6·25전쟁, 청·일전쟁, 임진왜란까지 해양세력이나 대륙세력 어느 한쪽이 일방적으로 한반도 문제를 해결한 적은 단 한 번도 없었다. 6·25전쟁 때도 현대식 무기로 무장한 미군이 해·공군도 갖추지 못한 신생 중국의 인민지원군을 패퇴시키지 못했다. 그만큼 한반도는 해양세력과 대륙세력이 팽팽한 균형을 유지하는 사활의 땅이다.

북한은 지리적으로 한국과 중국, 러시아에 에워싸였다. 평양이 느끼는 안보 불안은 한국보다 더 크다. 최악의 경제난 또한 거의 30년

북한 원산 명사십리

간 지속돼 왔다. 고립무원의 평양이 여유 부릴 공간이 거의 없다는 말
이다. 북한은 1960~1980년대 중·소 사이 줄타기 외교와 1990년대 이
후 미국을 상대로 핵무기 외교를 하면서 강대국을 어떻게 다뤄야 하
는지를 경험으로 익혔다. 북한은 중·소 분쟁 시기 '소련 해군에 원산
항·남포항 사용을 허가할 수 있다.'는 카드로 중국이 대對소련 레버리
지로 추진하던 미국 7함대의 칭다오靑島 기항을 좌절시켰다. 중·소 분
쟁이 마지막으로 고조되던 1984년 11월 방북한 카피차Mikhail Kapitsa
소련 외무차관은 북한 지원 대가로 원산·남포항의 군사적 사용 허가
를 요구했다. 평양은 핵실험과 미사일 발사시험 등을 통해 '약한 고리'
한국을 흔들고, 이를 통해 미·중·일도 뒤흔드는 등 생각할 수 있는 모
든 방법을 동원해 한반도를 둘러싼 '지정학적 체스판'을 유리하게 짜
려하기도 했다. 6차례나 핵실험을 강행하고 미국과의 핵전쟁 불사를
외치며, 2019년 5월 초 이스칸데르급 단거리 미사일을 발사한 데서
보듯 한국이 대북 강경책을 택하건, 온건책을 택하건 평양은 오직 체

제와 정권 유지에 도움이 되는지 만을 기준으로 행보할 것이다.

북한 공장들은 군수 분야를 제외하면 제대로 가동되지 못하고 있다. 생필품 포함 공산품 대부분을 중국 등 외국에서 수입해야 한다. 주요 상거래에선 북한 원화가 아닌 위안화, 유로화, 달러화가 주로 사용된다. 국제연합 제재로 인해 전기와 석유를 포함한 에너지와 식량 부족은 만성적이다. 그럼에도 불구 시장화가 진행되고 있다. 북한은 경제난 극복을 위해 가족농¹전제 도입 등 시장화와 함께 중국을 비롯한 외부 세계와의 경제협력을 추구해왔다. 전국에 500여 개 넘는 장마당이 들어섰으며, 평양에는 24시간 문을 열고 주문한 물건을 배달해주는 상점도 생겨났다. 맥주집이 있고, 택시도 다닌다. 핸드폰을 사용하고, 외부 세계와 전자상거래도 한다.

낚시꾼이 물고기 낚듯

북한은 한국과의 경제협력이 일정 범위 이상으로 확대되면 체제가 무너질 수 있다고 본다. 그렇기에 일정 수준 이상의 경제협력에는 소극적일 수밖에 없다. 2013년 상반기 발생한 개성공단 사태가 보여 주듯 체제 안보 우려가 생기면 설사 남·북 경협을 하더라도 속도를 조절할 것이다. 우리는 긴 호흡으로 인내하고 또 인내함으로써 낚시꾼이 물고기를 낚듯 북한이 우리가 던진 미끼를 물게끔 상황을 조성해야 한다. 1970~1980년대 동독은 서독이 추구하는 동방정책Ostpolitik의 위험성을 잘 알고 있었으나 정권 유지를 위해서라도 서독의 경제지원이 필요했던 터라 그것에 응할 수밖에 없었고, 소련을 포함한 사회주의권 해체라는 국제 정세의 급변 와중에 결국 서독에 흡수당했다. 독일 통일 당시 총리 헬무트 콜을 배출한 보수우파 기민·기사 연합은 진보

좌파 사민당 출신 브란트 총리가 1960년대 말 추진한 동방정책을 비판적으로 수용해 통독統獨의 길을 닦았다.

북한이 6차례나 핵실험에 나서고 미사일 발사 시험을 수시로 감행했는데도 불구, 아직까지 한국은 물론 미·중도 평양의 생존에 결정적 타격을 주는 제재조치는 취하지 못했다. 핵무장을 추구하던 이란에 대해 그러하듯이석유 금수 미국은 독자적으로 강력한 대북 제재조치를 취할 수 있다. 그렇게 한다면 북한은 붕괴할 수 있다. 북한과 거래하는 중국 공·사기업으로 하여금 북한과의 거래를 완전히 끊게 만드는 제3자 제재 조치를 취할 수도 있다. 하지만 미국은 ①중국과의 관계를 고려해선지, ②완전 제재가 전쟁 등 한반도의 불안정을 야기할 소지를 우려해선지, ③북한이 말썽거리로 남아 있는 것이 미국의 동아시아 정책에 도움이 된다고 판단해선지 북한이 붕괴할 정도의 제재는 가하지 않고 있다. 북핵 문제가 해결되지 않는 중요한 이유 가운데 하나는 한반도 문제의 최대주주이자 G2인 미·중이 북한에 부여하는 전략적 가치가 서로 다르다는 것이다. 2012년 12월 미·중 유엔 주재 대사가 북한의 장거리 탄도미사일 발사의 성격을 놓고 안전보장이사회 회의에서 설전을 벌였을 만큼 두 나라는 북한 문제와 관련해 이해관계를 달리한다. 하지만 북핵 불용, 한반도 현상유지에 대해서는 뜻을 같이한다.

'햇볕'이나 '강풍'으로 벗길 수 없는 심장
북한에게 있어 핵무기는 '햇볕' 혹은 '강풍'으로는 벗길 수 없는, 외투가 아닌 심장 그 자체이다. 핵무기는 심장이기에 햇볕정책이나 봉쇄정책, 그 어느 것으로도 쉽게 도려낼 수 없다. 그럼에도 불구하고, 우리는 정부 정책이 '맞다, 아니다.'를 놓고 끊임없는 소모전을 벌인다. 독일의 진보 좌파, 보수 우파가 국익 앞에서 의견을 하나로 모았듯이, 핵을 포함한 북한 문제 해결 방안을 두고 진보, 보수가 지금처럼 분열해선 안 된다. 핵 문제를 포함한 북한 문제는 미·중이 큰 틀에서 타협하지 않는 한 해결되기 어렵다. 아직 북한을 전략적 자산으로 보는 베이징이 산소호흡기 노릇을 계속하는 한 북한은 핵무기와 더불어 생존을 계속해 갈 것이다. 북한은 이처럼 자체 동력과 함께 일부 중국의 지원도 있는 터라 고사枯死하지는 않을 것이다. 미국 또한 기본적으로 동아시아 현상 유지를 선호한다. '상승 대국' 중국에 비해 상대적으로 국력이 약화되고 있는 '기존 대국' 미국으로서는 '고슴도치의 털'과 같은 북핵 문제 해결을 적극 추진할 이유가 부족하다. 이는 2019년 2월 말 하노이 개최 북·미 정상회담 결과를 통해서도 유추해 볼 수 있다. 우리는 미·중 양국이 전략적 이해관계 상충으로 인해 북한 문제 해결에 적극 나서지 않으려는 것을 이해하고, 우리가 적극 나서야 한다. 한 이스라엘군 장성은 "외국군이 주둔하는 나라의 국민은 정신이 부패한다."고 했다. 국민의 생명과 직결된 북핵 등 안보 문제 해결을 남에게 맡기는 나라는 언젠가는 당하게 돼 있다. 북핵 문제에 가장 '목마른' 나라는 바로 우리다.

중국 지도부는 춘추전국시대와 삼국시대 등의 역사를 철저히 연구해 국가정책 수립 때 참고한다. 춘추시대 초강대국 진晉나라 헌공獻公은 이웃 소국 우虞나라 군주에게 괵虢나라를 멸망시키기 위해 군대를 보내고자 하니 길을 빌려줄 것을 요구했다. 길을 빌려주면 많은 금은보화를 보내겠다는 약속도 했다. 이에 넘어간 우나라 군주는 진나라의 의도를 간파한 재상 궁지기의 반대와 괵나라의 거듭된 호소에도 불구하고 진나라 군대에 길을 열어줬다. 괵나라를 점령한 진나라 군대는 돌아오는 길에 우나라도 멸망시켰다. 중국에게 있어 북한은 해양세력을 견제하는 입술과 같은 존재다脣亡齒寒. 역사를 살펴보면 중국이 한반도, 특히 북한 지역을 얼마나 중시하는지 알 수 있다. 제2차 세계대전 막바지인 1945년 초 중국 국민당 정부는 한강 이북 점령 계획을 수립했다. 1950년 6월 남침 이후 남진을 계속하던 북한군이 낙동강 전선에서 발이 묶이는 등 패전의 기미를 보이자 저우언라이周恩來 당시 중국 총리는 유엔에 "중국은 이웃 나라 조선에서 벌어지고 있는 상황을 우려하며, 조선반도 문제에 개입할 것"이라고 통보했다. 중국 공산당이 국민당과의 30년 내전에서 승리한 지 1년도 채 되지 않았을 때다.

해양-대륙세력 각축

미군이 주도하는 연합군이 38선을 돌파하고, 평양-원산 선을 넘어 압록강-두만강 유역까지 거세게 몰아붙이자 인민지원군을 빙자한 30만여 명의 중국군이 야음夜陰을 틈타 압록강을 건넜다. 적유령산맥과 개마고원 골짜기 깊숙이 매복한 중국군이 조심성 없이 북진하던 UN군을 청천강 유역 개천价川 군우리軍隅里 등에서 기습공격해 대파하고 12월 5일 평양을 점령했으며, 1951년 1월 4일에는 서울 이남까지 밀고 내려왔다. 중국군이 금강-원주 방어선 이남까지 연합군을 계속 밀어붙였다면 미군이 한반도에서 철수해 북한 주도 한반도 통일이 이뤄졌을 공산이 크다. 지금도 중국은 △한반도 분단은 미·소의 책임이며, △6·25전쟁은 기본적으로 내전이고, △조선 민족 내부 문제에 외세가 개입할 권리는 없으며, △항미원조抗美援朝, 즉 의용군의 한반도 파병은 미국의 위협하에 중국의 생존과 안전을 지키기 위한 불가피한 선택이었다고 주장한다.

청나라는 1894년 6월 영국, 러시아, 프랑스, 독일 등 제국주의 국가들의 끊임없는 침략과 태평천국太平天國의 난 등 농민반란으로 인해 멸망의 위기에 처했음에도 불구하고, 일본에 맞서 대군을 조선에 파병했다. 청군은 천안과 평양 등 육상은 물론 압록강 하구 하이양다오와 웨이하이威海 앞바다 등 해상에서도 일본군과 맞붙어 연전연패했다. 그 결과 일본에 타이완과 랴오둥 반도를 할양당하고 한반도에 대한 영향력도 상실했다. 일본은 러·독·프 3국 간섭으로 랴오둥 반도를 되돌려줬으나, 러·일전쟁1904~1905에서 승리해 지금의 다롄시 일대인 관동주를 빼앗았다. 임진왜란 때 명나라는 몽골과 투르판 위구르의 거듭된 침공, 누르하치가 이끄는 만주족의 흥기興起, 농민반란이라는 국가적 위기 상황에서도 4만여 명의 육군과 5,000여 명의 수군을 조선에 파병했다. 역대 중국 정권은 이렇듯 한반도가 해양세력의 영향 아래 들어갈 만한 상황마다 국력이 감당할 수 있는 범위를 훨씬 벗어난 대규모 병력을 파병했다. 중국이 한반도에 부여하는 전략적 가치는 미국이 한반도에 부여하는 그것과는 비교조차 할 수 없이 크다. 중국에 있어 북한은, 미국이 이스라엘이나 멕시코를 생각하는 것 이상의 비중을 지녔다.

'아직 망하면 안 되는 나라'

시진핑 국가주석은 2015년 7월 16~18일 지린성 옌볜조선족자치주 허룽和龍 방문과 백두산 등정에 이어 7월 27일 만주의 중심도시 선양瀋陽을 방문했다. 허룽이 고향인 한 재중동포에 따르면 시진핑은 허룽

백두산 천지

방문 때 수행한 중앙과 지방 공산당 간부에게 지린성 등 지방정부 차원에서 북한과의 경제협력을 강화하는 방안을 모색하라고 지시했다한다. 중국은 한편으로는 유엔 안보리 대북 제재를 이행하면서, 다른한편으로는 북한의 숨통만은 틔워주려 한다. 북한의 핵무기는 허용할수 없되, '아직 망하지는 말아야 할 나라'라고 여긴다. 2013년 2월 북한의 3차 핵실험과 그해 12월 자행된 장성택 처형 이후 서방 국가들은 중국의 대북 정책에 상당한 변화가 있을 것으로 예상했다. 한국 일부 언론은 중국이 한반도의 안정보다 '(한반도가 아닌) 북한의 비핵화'를 우선하는 방향으로 정책을 수정해나갈 것이라고 내다봤다.

중국인 상당수가 북한에 대해 실망감을 넘어 혐오감을 갖는다. 많은 중국인이 북한의 세습체제와 김정은을 '제3대 뚱뚱이진쌍팡'라고비웃는다. 3차 핵실험과 장성택 처형은 북한을 향한 중국인의 마음을더 멀어지게 했다. 일부 지식인은 자국의 대북 정책을 바꿔야 한다고주장한다. 중국 정부로서도 장성택을 처형하면서 나선항 등 토지 임대차 문제와 자원 헐값 수출 문제 등을 이유로 든 김정은 정권을 곱게 볼 리 없다. 그럼에도 외교부 훙레이 대변인은 "이것장성택 처형은 조선의 내정"이라고 선을 그었다. 북한은 면적 12.3만㎢, 인구 2,500만 명, GDP 260억 달러의 소국이지만 중국 처지에선 육지로는 만주, 바다로는 보하이만과 연접하고, 숙적 일본을 직접 공격할 수 있는 동해로의 출구 격이라 요충 중의 요충이다. 나선항, 청진항에서 일본 열도를 향해 컴퍼스로 원圓을 크게 그리면 북으로는 홋카이도, 남으로는 규슈까지 일본 모든 도시들이 동일 사거리의 미사일 사정권 내에 들어간다. 미·일에 비해 해·공군력이 약한 중국 처지에서 육지로 연결된 북한의 전략적 가치는 크다.

북·중 동상이몽

한국과 미국 등의 외교관, 군 장성, 학자 중 일부가 장성택 처형 후 중국이 북한을 전략적 자산assets이라기보다는 부담liabilities으로 여기기 시작했다는 주장을 폈다. 하지만 이는 중국이라는 호수의 표면에 생긴 잔물결만 보고, 심층深層도 그럴 것이라고 오해한 데서 기인한 것이다. 골칫거리이기는 하지만 국가안보에 꼭 필요하기에 중국이 북한을 중시하는 것과 마찬가지로, 북한 역시 중국을 믿지 않지만 정권 생존을 위해서는 반드시 필요하기에 중국과의 관계를 중시한다. 북·중 관계에서 공산혁명동지라는 이념적 유대는 껍데기만 남은 지 오래다. 남아 있는 것은, 믿을 수 없고 밉살스럽지만 어쩔 수 없이 서로가 서로를 필요로 하는 '전략적 이해관계 불일치 아래의 일치同床異夢'뿐이다.

통일 외교관의 눈으로 보다

9

일본은 메이지明治 시대로 돌아가려 하는가?

1929년 10월 미국에서 시작된 대공황Great Depression의 후유증이 신흥 제국 일본으로 옮겨갔다. 위기에 처한 일본은 1931년 만주 침략, 1933년 국제연맹 탈퇴 등 전쟁을 통해 상황을 타개하려 했다. 일본이 만주를 점령한 핵심 이유는 만주의 자원을 이용하여 미국과 소련의 군사력에 대항할 수 있는 실력을 기르는 데 있었다. 그러던 1936년 2월 26일 새벽, 도쿄에 주둔한 일본 육군 1사단 소속 위관급尉官級 장교들이 "간신배를 척살하고, 천황 중심의 정치를 해야 한다"는 '존황토간손노토캉, 尊皇討奸'을 기치로 1,400여 명의 병력을 동원해 반란을 일으켰다. 이들은 총리 관저, 국회의사당, 참모본부 등을 습격했다. 반란은 곧 진압됐다. 반란 이튿날 계엄령이 선포되고, 그 다음 날인 2월 28일 천황 히로히토는 반란군의 원대 복귀를 명령했다. '천황'의 명령으로 거사 명분을 잃은 반란군 장교 일부는 자결하고 일부는 투항해 사건은 종결됐으나, 극우 국수주의로 방향을 튼 일본은 이후 폭주를 거듭했다. 1937년 7월 중국을 침공하고, 1941년 12월 진주만을 기습했으며, 1945년 히로시마와 나가사키에서 원자탄 세례를 받고 무조건 항복했다.

자기집착, 자기애narcissism

이상덕 대구시 국제관계대사 등 일본 전문가들은 현재의 일본이 '1930년대 일본'과 비슷한 점이 있다고 말한다. 당시 일본 정부의 정책과 현 아베 신조 정권의 정책엔 공통점이 매우 많다. 당시 일본은 미국과 소련, 중국을 (가상의) 적으로 설정하고, 공세적 통화정책을 통한 경기부양을 추구하며, 동남아 진출을 강화하고, 매스컴 장악을 기도했다. 또한 무기 수출에 적극적이며, 추신쿠라忠臣藏 등 무사도武士道를 찬양하는 분위기가 고조됐다. 자기애narcissism와 자기집착의 시절이었다. 오늘날 일본에서는 그때와 유사하게 일본을 찬미하는 서적이 잇달아 베스트셀러 목록에 오르고 있다. 자기애, 국수주의ultra-nationalism에 빠져 이웃나라 한국을 혐오하고 중국을 배격한다.

일본말에 '부자는 남과 싸움을 하지 않는다.'는 표현이 있다. 부자는 싸울수록 손해를 본다는 것이다. 그러나 일본은 최근 한국과는 △일본군 위안부 문제, △강제 징용 희생자 문제, △한국 군함-일본 초계기 충돌2018년 12월 문제로, 중국과는 동중국해 센가쿠 열도댜오위다오 영유권 문제로 맞서고 있다. 일본은 더 이상 부자의 심리 상태를 갖고 있지 않다. 초대국으로 부상한 중국과도 싸울 수 있다는 생각이 일본 사회 전체로 확산되고 있다. 청년 세대가 좀 더 공격적이다. 센가쿠 열도 영유권을 놓고 중국과 전쟁이 벌어지면 전자·정보통신ICT 기술을 총동원하는 현대전이 될 것이며, 일본이 이길 것이라고 확신한다. 일본은 심지어 2019년 7월 대對한국 경제 제재에 들어갔다. 일본군 위안부 및 강제징용 희생자 문제 등과 관련, 한국과 일전을 감수하겠다는 혼네本音, 속마음를 드러냈다.

1945년 8월 15일 이전 영토 70만㎢

2017년 7월 함부르크 G20 정상회의 계기 면담을 시작으로 문재인 대통령과 아베 총리는 총 4차례 만났지만 한·일 간 갈등은 정도를 더해가고 있다. 동맹국 미국이 한·일 관계 개선을 공개 촉구하고 있을 정도이다. 일본은 여러 차례의 한·일 정상회담에서 대對한국 관계 개선을 바라는 미국의 체면을 살려주는 정도로 할 일을 다 했다는 태도를 보였다.

중국은 2008년 12월 일본이 점유한 센가쿠 열도에 해양조사선을 잇달아 파견했다. 아소 다로 당시 총리의 지시를 받은 일본 해양경비대는 경비정을 파견하여 중국 해양조사선을 강제 퇴거시켰다. 이 사건을 전후해 중국이 희토류 수출을 금지하자 일본은 굴복할 수밖에 없었다. 아시아 최강자로 부상한 중국의 자신감이 그대로 드러난 사건이다. 필자는 그해 7월 스위스 제네바의 한 식당에서 주제네바 일본대표부 정무참사관과 오찬을 함께했는데, 그는 일본 조야朝野 모두 중국의 부상이 동아시아의 불안정과 전쟁으로 이어질 가능성을 우려하고 있다고 말했다. 대부분의 일본 정치인, 외교관, 군인이 1978년 말 개혁·개방 이후 연평균 9.6%의 고도 경제성장을 통해 세계 2위의 경제대국, 3위의 군사대국으로 떠오른 중국이 기존 질서의 도전자로 등장할 것으로 예상한다고 했다.

100여 년간 계속된 전국시대를 끝낸 일본은 16세기 말 임진왜란을 일으켜 조선과 중국 침공을 시도했다. 일본은 17세기 말 명나라의 유장遺將 정성공鄭成功을 지원해 창장長江 하류 난징까지 진출했다. 1854년 페리 흑선에 의한 개항 이후 일본은 중국을 압도하는 실적을 쌓아갔다. 1895년 청일전쟁에서 승리해 타이완과 펑후澎湖 열도를 획득하고 조선에 대한 영향력을 확고히 했다. 불과 10년 후인 1905년 뤼순旅順과 선양瀋陽을 포함한 남만주 일대와 대한해협에서 러시아를 격파해 조선과 남사할린을 장악했으며 관동주關東州, 다롄 일대를 확보했다. 일본은 1910년대 초 동아시아 패권국이 됐다. 일본의 급속한 팽창에 놀란 미국은 '오렌지 작전'이라는 일본 침공 계획을 수립하기도 했다.

일본은 제1차 세계대전1914~1918을 이용해 만주와 내몽골, 산둥성, 푸젠성 등으로 세력을 확장했다. 러시아혁명기인 1918년에는 동시베리아에도 출병했다. 일본은 1945년 8월까지 동아시아 패권국으로 군림했다. 당시 일본은 독일, 미국, 소련, 영국과 함께 세계 5강의 일원이었다. 일본 열도, 오키나와, 한반도, 타이완, 관동주, 남사할린, 쿠릴열도, 남양군도南洋群島 등을 포함한 영토는 70만㎢ 이상에 달했다. 2차 대전에서 패한 일본은 1950년 6·25전쟁으로 부흥했다. 1970년대 말에는 세계 2위 경제대국으로 등장했다. 동아시아 동북부에 위치한 열도국가 일본은 인구 1억 2,500만 명, 국내총생산GDP 4조 9,000억 달러, 면적 37.5만㎢, 동서 약 3,000㎞, 남북 약 5,000㎞의 영토 범위를 가진 강대국이다.

일본의 영토 범위는 남아시아의 아대륙亞大陸 국가 인도에 필적한다. 일본이 △동아시아 동북부에 위치하고 있다는 것과 △도서국가라는 지정학적 위치가 향후 일본의 진로를 결정하리라는 사실은 의심의 여지가 없다. 초대국 중국에 대항해 일본이 선택 가능한 외교안보 정책은 어떤 것일까?

일본은 중국의 힘이 한반도를 거쳐 일본까지 밀려들 것으로 봐

우선 미국과의 동맹 강화다. 아베 신조 총리, 아소 다로 부총리총리 역임와 산케이신문을 포함한 강경 민족주의 세력은 미·일동맹을 20세기 초 영·일동맹 이상의 수준으로 강화해야 한다고 주장한다. 아베를 포함한 일본 지도부는 일본을 메이지明治 시대로 되돌려놓으려 한다. 아베는 2013년 4월 제2차 세계대전 A급 전범을 '국가의 초석'으로 부르는 등 전후 질서를 사실상 부정했다. 아베의 외할아버지는 2차 대전 A급 전범 용의자로, 총리를 지낸 기시 노부스케다. 아베 신조와 그의 아버지 아베 신타로의 이름 중 '신晋'은 메이지 유신의 영웅 초슈야마구치하기萩 출신 무장 다카스기 신사쿠高杉晉作의 '신晉'에서 따왔다. 아베는 종종 다카스기 신사쿠의 묘지를 참배할 정도로 그에게 깊은 존경을 보인다. 2014년 7월에는 다카스기 신사쿠 동상 제막식에도 참석했다. 아베는 메이지 유신의 사상적 기초를 제공한 요시다 쇼인에 대해서도 존경심을 품고 있다. 아베는 2013년 8월 요시다 쇼인 신사神社를 방문했는데, 그 무렵 방영된 NHK 대하사극 '하나모유: 꽃, 타오르다'의 무대가 바로 동해에 접한 야마구치현 하기 일대다. 아베의 국수주의國粹主義 성향은 이러한 가족·역사적 배경을 떼어놓고는 설명할 수 없다.

일본 지도자들은 중국의 부상이 본격화한 1990년대 말부터 국가의 진로에 대해 고민했다. 그들은 급격히 증강된 중국의 힘이 한반도나 타이완을 거쳐 일본까지 밀려들 것으로 본다. 3세기 조위曹魏의 장군 관구검毌丘儉의 고구려 침공은 흩어져 있던 왜倭 세력의 통합을 가져왔으며, 7세기 당唐의 고구려·백제에 대한 압력은 나카노에노中大兄로 대표되는 천황가의 대호족 소가씨蘇我氏 제압과 국가 통합으로 나타났다. 아베가 다시 총리가 된 것도 중국의 부상과 북한의 핵무장에 힘 입었다. 그 만큼 일본은 한반도 상황 변화에 매우 민감하다. 일본 정치·외교 엘리트들은 7세기 백제-왜 연합군의 신라-당 연합군과의 백촌강 해전 패배, 13세기 2차례에 걸친 여몽麗蒙 연합군의 규슈九州 침공, 1950년대 초 부산적기론釜山赤旗論 등 대륙 세력이 한반도를 거쳐 일본을 침공하려 한 역사적 사실을 선명하게 기억한다. 천황 히로히토는 1946년 8월 스스로 주관한 전·현직 총리들과의 간담회에서 미국과의 태평양 전쟁 패배를 백촌강 해전 패배에 비교했다. 다수 일본 지도자들은 급부상한 중국을 제어하려면 최강대국 미국과의 동맹 강화가 불가결하다고 본다. 그런가 하면 오자와 이치로 전前 민주당 간

사장, 하토야마 유키오 전 총리, 간 나오토 전 총리, 아사히신문 등 온건 민족주의 세력은 미국과 좋은 관계를 유지해나가되 한국, 중국 등 인근국과의 관계도 개선해야 동아시아의 안정과 평화 유지, 나아가 일본의 발전도 가능하다고 본다. 이는 '아시아 접근'이라는 말로 요약된다. 온건 민족주의 세력은 지나친 미국 의존이 특히 중국의 반발을 야기해 일본의 국익을 해칠 것이라고 생각한다.

극우파의 '전략적 독립론'

민주당이 정권을 장악한 2009년 이후 약 3년간 일본은 대對중국 접근을 추구해 미국을 매우 당황스럽게 했다. 2009년 12월 오자와 민주당 간사장이 인솔한 140명의 대표단이 일본-중국 관계의 미래와 관련한 건곤일척의 대화를 위해 베이징을 방문할 무렵 오바마 미국 대통령의 머리칼이 단기간에 새하얗게 변했다는 말이 외교가에 떠돌았다. 그러나 같은 민주당 정권의 노다 요시히코 총리가 2012년 9월 센가쿠 열도 국유화 조치를 취하면서 중·일 관계는 급속히 냉각됐다. 한편 이시하라 신타로 전 도쿄도 지사, 하시모토 도루 전 오사카 시장, 다모가미 도시오 전 공군참모총장을 포함한 극우 민족주의자들은 '전략적 독립'의 흐름을 대표한다. 이들은 70여 년 이상 지속돼온 미국의 군사위성국이라는 굴종적 지위에서 벗어나야 한다고 주장한다.

그들은 자위대가 아닌 자위군自衛軍을 보유해야 하며, 한반도와 만주 침략은 일본의 안보를 위한 불가피한 선택이었고, 태평양전쟁은 미·영에 의해 강요당한 전쟁이었다고 생각한다. 전략적 독립론은 일본의 국력이 중국에 비해 현저히 열세이며, 그 격차가 확대되는 추세를 볼 때 비현실적이다. '아시아 접근론'을 취한 민주당 정권은 2011

년 3월 도호쿠東北 대지진과 이어진 쓰나미, 후쿠시마 원전사고 수습 실패 등으로 인해 민심을 잃고 민족주의 우파에 권력을 넘겨줬다. 권좌에 복귀한 아베 신타로 등 자민당 소속 일본 민족주의자들은 예상대로 미국에 접근했다. 미국은 엔화 약세를 용인하는 방법으로 일본의 경제 회복을 지원했다. 이들은 일본 단독으로는 초대국 중국에 맞설 수 없으며, 패권국 미국이 최소 20~30년은 더 현재의 위상을 유지할 것으로 본다. 따라서 대미對美 동맹을 강화해야 일본의 활동 반경이 넓어지고, 중국도 일본을 무시하지 못할 것이라 여긴다.

일본의 국가 진로와 관련된 위의 3가지 흐름은 칼로 베듯 명확하게 나뉜 것은 아니다. 특정 엘리트의 생각 또한 국내 정치 환경과 국제 정세 변화에 따라 언제든 바뀔 수 있다. 다만 일본 정치인, 외교관, 군인들은 폭과 속도의 차이는 있으나 평화헌법 개정 등 전후체제를 바꿔 자위군을 보유하고, 일본의 위상을 강화하며, 중국에 대한 억지력을 높여 동아시아에서 지도적 위상을 확보·유지해야 한다는 데는 견해를 같이한다.

최근에는 중국의 고도성장이 지속될 경우 어쩔 수 없이 중국의 그늘 밑으로 들어가되, 중국의 성장이 정체될 경우 미국의 후원을 등에 업고 중국과 일전을 벌여야 한다는 주장도 나온다.

중국 포위전략 선봉

약 140년 전에도 일본은 국가 진로를 놓고 기로에 섰다. ①사쓰마카고시마 출신 사이고 다카모리 중심의 대륙 진출(정한론 주장) 우선파와 ②오쿠보 도시미치, 이와쿠라 도모미 중심의 내정 개혁 우선파는 권력과 국가의 진로를 놓고 전쟁을 벌였다. 세이난西南 전쟁1877이 그것이다. 농민 출신 징병군을 동원한 내정 개혁파가 사무라이를 동원한 대륙 진출 우선파를 제압했다. 이후 일본은 '내정 개혁 후 해외 진출'이라는 점진책을 추진했다. 중국의 급격한 경제력 증강, 군사력 강화로 인해 중국 중심의 새로운 동아시아 질서가 수립될 가능성이 커지는 상황에서 일본 지도자들이 느끼는 불안감은 상상을 초월한다.

20세기 초 미국 대통령 시어도어 루스벨트는 일본의 손을 빌려 러시아의 남진을 막고, 어부지리漁父之利로 만주 포함 중국에서의 이권을 차지하려고 했다. 일본은 러시아의 남진 저지를 자임하고 나섰다. 전쟁할 수 있는 나라가 되어가는 지금의 일본과 매우 유사하다. 외부 세력에 일격을 가할 수 있을 정도의 군사력을 보유한 국가라는 점도 닮았다. 아베의 일본은 중국의 동진을 저지하는 전선에서 미국 대신 피를 흘려주겠다고 나섰다. 일본은 중국 포위 전략의 선봉을 자처하며 '아시아 복귀pivot to Asia'와 '중국 봉쇄'라는 미국의 세계 전략에 편승해 군사력 증강에 나섰다. 아베는 미국의 대對중국 봉쇄 전략에 발맞추어 '전쟁할 수 있는 나라', 즉 일본의 보통국가화를 강하게 밀어붙이고 있다.

나라는 입이 아니라 칼로 지키는 것

아베는 2015년 9월 안보법 처리를 감행함으로써 집단적 자위권 행사의 봉인封印을 최종 해제했다. 일본이 직접 공격받지 않더라도 제3국을 지원한다는 명분으로 대외 무력행사가 가능해진 것이다. 세계 3위 경제력과 국방비 기준 세계 4위의 막강한 군사력을 가진 일본이 사실상 전쟁할 수 있는 나라가 됐다. 여기에서 더 나아가 아베는 전력戰力 보유 금지와 교전권 불인정을 명시한 평화헌법 9조를 수정하여, 일본을 '전쟁이 가능한 보통 국가'로 바꾸려 하고 있다. 미국도 이를 지원하고 있다. 일본인의 약 1/2이 9조 개정에 찬성한다고 한다. 아베의 지휘 아래 집권 자민당 정책 브레인, 외교관, 군사 전문가들이 모두 합심해 중국과 맞설 아이디어를 짜내고 있다. 일본 지도부는 일본의 장래가 △미·일동맹 유지 및 강화 △한반도 안정 유지 △인도, 베트남, 호주 등과의 관계 강화에 달렸다고 본다. 특히 일본열도의 목구멍을 겨누는 비수匕首 한반도와 복부를 겨누는 단도短刀 타이완의 상황을 예의주시한다.

'스스로를 지키려 하지 않는 자, 그 누가 도우려 하겠는가?'라는 중세 이탈리아 현실주의 사상가 니콜로 마키아벨리1469~1527의 말이 있다. 중국이 부상하고, 일본이 총력 대응에 나섰으며, 북한이 핵무장한 지금은 '제비와 참새의 집이 있는 초가가 불타오르고 기둥으로는 구렁이가 기어오르는' 연작처당燕雀處堂 상황이다. 스스로 나라를 지키려하기보다 미국만 바라보거나 '일격을 가할 수 없는' 군대를 갖

휴전선

DMZ 철책

고는 이러한 위기를 결코 극복할 수 없다. 시어도어 루스벨트 대통령은 1905년 조선 지원을 요청한 주駐조선 미국 공사겸총영사 호러스 앨런에게 "당신은 왜 망하고 말 나라를 지지하려 하는가. 스스로를 위해 적에게 일격도 가할 수 없는 나라를 위해 미국이 헛되이 개입할 수는 없다."고 말했다. 1905년 7월 미국은 일본과 태프트-가쓰라 밀약을 체결해 필리핀과 조선에 대한 권리를 맞교환했다. 그해 8월에는 영국이 제2차 영·일 동맹조약을 체결하여 일본 지원에 나섰다. 그로부터 석 달 후인 11월 17일 을사늑약이 체결되자 앨런의 후임 에드윈 모건은 그 7일 뒤 하야시 곤스케林權助 일본 공사에게 축하인사를 남기고 조선을 떠났다. 조선의 운명을 몹시 안타까워한 선교사 호머 헐버트는 "미국은 작별인사도 없이 가장 모욕적인 방법으로 가장 먼저 조선을 버렸다."고 했다.

2015년 8월 말 비무장지대DMZ 지뢰 사건 후 북한 잠수함의 절반 이상이 모항母港에서 사라지고, 후방의 화력이 휴전선 부근으로 전진 배치됐을 때 우리에겐 북한에 일격을 가할 카드가 없었다. 스텔스 폭격기와 핵추진 항모 등 미국의 전략 자산을 빌려 북한의 공세를 눌렀다. 최후의 순간, 나라는 입외교이 아니라 칼군사력로 지키는 것이다. 국가 위기 상황에 자기 계획을 갖고 전쟁을 수행할 수 있는 능력을 가진 강력한 군대가 필요하다.

우방국의 도움을 바란다면, 적에게 반격을 가할 수 있을 정도의 군사적 능력을 갖추고 있어야 한다. 스스로를 위해 단 한 번도 반격하지 못하는 나라를 위해 자국민의 피를 흘려줄 나라는 세계 어디에도 없다.

자위대의 북한 출병

북한이 남침하거나 북한에 급변사태가 발생하면 일본 내 7개 지점 camps에 주둔 중인 미군 병력이 한반도에 투입될 것이다. 또한 자위대가 병참 지원에 나설 것이다. 6·25전쟁 시기인 1950년 9월 인천상륙작전에 참가한 47척의 군함 중 37척에 일본인이 탑승하고 있었다. 당시 일본인은 원산만 소해掃海, 기뢰 제거 작전에도 투입됐다. 그때처럼 북한을 포함한 한반도에서 작전하는 미군을 지원하기 위해 미군의 요구로 자위대가 투입될 수 있다. 우리가 이를 제어할 방법은 없다. 전시작전권이 없는 우리의 한계다. 전시작전권 전환 문제에 더욱 관심을 기울일 필요가 있다. 한반도는 해양세력, 대륙세력 모두에게 사활이 걸린 땅이기에 일방이 군대를 동원해 현상 변경을 추구할 경우 자동적으로 타방도 군대를 파견하게 돼 있다.

일본은 청나라와 러시아 견제를 위해 1910년 한반도를 병탄했으며, 소련의 육군력과 미국의 해군력에 대항할 거점으로 삼기 위해

1931년 만주를 점령했다. 한반도에 전쟁이 벌어져 압도적 해·공군력을 갖춘 자위대가 자국 안보 불안을 이유로 12해리약 22㎞에 불과한 우리 영해 밖에서 진을 칠 경우, 우리 땅에 진입한 것과 마찬가지 결과를 가져온다. 일본이 한반도 유사시 3만여 명에 달하는 자국민 구출을 위해 자위대를 투입하려 할 가능성도 있다. 우리 영토 진입 전에 당연히 우리 정부의 허가를 받아야 한다. 허가 없이 들어온다면 침략이다. 그러나 이에 대한 명백한 국제 규정은 없다. 일본이 인도적 상황을 근거로 우리 정부의 요구를 수용하려 들지 않을 가능성도 있다. 우리 군과 자위대가 충돌할 가능성마저 배제할 수 없다. 우리 국방부는 2015년 4월 워싱턴에서 열린 한·미·일 안보토의DTT에서 미군 등의 북한 진입 문제와 관련해 국제법을 따르겠다고 합의해 주었다. 그해 10월 서울에서 개최된 한·일 국방장관 회담에서 일본은 유사시 한국 정부의 동의 없이도 북한 지역에 자위대를 파견할 수 있다는 주장을 폈다. 그리고 11월 초 서울에서 열린 한미연례안보회의SCM 미국 수석대표인 애슈턴 카터 국방장관은 회의 후 기자회견에서 일본과 같은 견해를 표명했다.

우리 헌법은 한국의 영토가 '한반도와 그 부속 도서'라고 규정하지만, 국제법은 유엔 회원국인 북한을 별개의 국가로 인정한다. 한·미·일 안보토의, 한·일 국방장관 회담 때 남·북관계의 특수성을 주장하고 이와 관련한 기록을 남겼어야 했다. 휴전선이 남·북 간 육상분계선이듯 북방한계선NLL은 서해 해상분계선으로 NLL 이북 바다 역시 헌법을 고치지 않는 한 우리 영해에 속한다는 사실을 확실히 해야 한다. 2015년 10월 14일 황교안 국무총리는 국회에서 "부득이한 경우 우리 정부가 동의하면 일본군이 입국할 수 있다."고 말했다. 우리는 1894

년 동학 봉기에 겁먹은 조선 정부가 청나라에 파병 요청한 것을 빌미로 일본군이 개입해 한반도를 전쟁터로 만든 것을 기억해야 한다. 이렇게 빚어진 청·일전쟁이 러·일전쟁의 불씨가 됐음을 알아야 한다. 이것이 일제 식민 지배, 한반도 분단, 6·25전쟁으로 이어진 사실도 상기해야한다.

우리는 무엇을 하고 있는가?

미어샤이머John Mearsheimer 교수는 "미국은 역사를 통해 증명했듯 전쟁을 감수하고라도 패권경쟁국peer competitor을 용인하지 않을 것"이라고 말했다. 일본은 중국의 동진東進 저지 선봉에 섰다.

미·일동맹의 목적이 아시아의 기존 질서를 위협하는 중국을 견제하는 데 있다면 중국의 국가 전략은 한반도를 넘어 동아시아와 서태평양에 중국 중심 국제질서를 수립하는 것이다. 초고속 경제성장의 거품이 가라앉은 중국은 독일의 손을 잡고 산업구조 개혁에 나섰다. 메르켈 독일 총리는 산업협력 논의를 위해 취임 후 거의 매년 방중訪中했다. 독일은 중국 화웨이사의 5G 통신장비 구입문제에 대해서도 미국과 생각을 달리한다. 독일의 친중親中 행보에 대한 미국의 견제로 인해 배기가스 조작 관련 폴크스바겐 사태가 일어났다고 보는 시각도 있다. 헤이세이 천황 아키히토의 퇴위레이와 천황 나루히토 즉위는 2차 대전 패전국가 일본의 종언을 고하는 일대 사건이 될 것이다.

이웃 나라 중국과 일본이 모두 한반도를 자국의 핵심 이익권에 포함시키고 있다. 이렇듯 중·일은 발버둥 치는데, 우리는 도대체 무엇을 하고 있는가?

우리는 우리의 핵심이익core interests이 무엇이고, 이것을 보호하기 위한 최선의 방안이 무엇인지 고민하고 있는가?

통일 외교관의 눈으로 보다

10

러시아의 전략적 가치

중국 세력 침투 막는 방파제

러시아의 크리미아 점령, 돈바스 내전우크라이나 동부 지속 등 우크라이
나 사태를 통해 알 수 있듯이 러시아의 전략 중심은 유럽에 위치한다.
러시아는 중국, 일본, 미국만큼 한반도의 상황 전개를 긴박하게 느끼
지 않는다. 한반도 문제에 대한 민감성 정도는 ①중국과 일본 ②미국
③러시아 순으로 판단된다. 러시아에 북한은 계륵鷄肋이며, 중국과 미
국, 일본, 한국에 대한 하나의 카드다. 반면, 중국과 일본은 한반도 통
일과 같은 '결정적 사안'에 대해서는 정책을 바꿀 여지가 거의 없다.
중국과 일본의 전략 중심인 베이징보하이만-상하이창장 델타-광저우주장
델타 축과 도쿄-오사카-후쿠오카 축은 한반도의 상황 변화에 매우 민
감한 지역에 있기 때문이다.

한반도 외곽 4각 체제

우리의 생존과 번영을 위해서는 한반도의 상황 변화에 상대적으로 덜
민감한 러시아와 카자흐스탄, 우즈베키스탄 등 중앙아 국가들과의 협
력을 강화해 우리의 최대 약점이라 할 에너지 및 식량 부족 문제를 해
결해야 한다. 또한 우리의 자본과 기술, 북한의 노동력을 활용해 러시
아와 함께 연해주, 사할린을 비롯한 동시베리아 지역을 개발해야 한
다. 이는 △한국은 원료 공급지를 확보하고, △북한은 외화를 획득하
며, △러시아는 중국 세력의 부식扶植을 막을 수 있다는 점에서 남·북·
러 3자 모두에게 이익이 된다. 극동지역에서 북한과의 협력 증진은 남
북관계 개선에도 도움이 될 것이다. 러시아와의 관계 강화는 러시아
의 최첨단 기술 도입에도 도움을 줄 것이다. 우리의 미래를 위해 △극
동러시아식량·에너지, △중앙아물류, △동남아산업기지·시장, △인도산업기지·

시장 등 한반도 외곽 4각 지원체제를 구축할 필요가 있다.

신新북방정책

우리는 한반도 철도와 시베리아 철도를 연결해 북한→연해주→동부 시베리아→중앙아시아→서부 러시아→유럽으로 이어지는 유라시아 협력 벨트를 구축, 유라시아를 우리의 배후지역Hinterland으로 만들어야 한다신북방정책. 러시아는 북한과 직접 국경을 접하고 있으며, 핵무기와 우주항공기술, 미사일을 비롯한 세계 최첨단 군사 기술을 보유했고, 1억 4,500만 명의 인구와 거대한 규모의 천연자원을 갖고 있으며, 유엔 안전보장이사회 상임이사국이기도 하다. 통일 문제와 관련해서도 러시아는 매우 중요한 나라이다. 러시아는 2010년 북한의 연평도 포격도발과 관련해 한국의 서해 북방한계선NLL 지역 군사훈련을 문제 삼았으며, 사드THAAD 한국 배치에도 반대했다. 이렇듯 러시아는 한반도 통일을 지원하기에는 힘이 부치지만 마음만 먹으면 방해는 할 수 있는 나라다.

북한은 역량이 달리는 러시아보다는 주로 중국에 의존하고 있다. 우리가 러시아에 대한 레버리지를 높이려면 우선 대對러시아 무역을 획기적으로 늘리고, 연해주와 아무르주, 사할린 등 극동 지역에 대한 투자를 확대해야 한다. 한국의 투자와 러시아 극동의 경제력 강화는 중국의 점진적 침투에 대한 방파제 기능을 할 수 있다. 우리의 에너지 문제를 해결하는 동시에 북한을 국제 에너지 체제 내에 끌어들이는 수단의 하나로 북한통과 석유·가스 파이프라인을 통해 시베리아산 석유와 천연가스를 도입할 필요도 있다. 러시아도 한국과의 협력 강화를 바란다.

에필로그

유연한 자주의식과 국가 개혁

남쪽으로 한강을 끼고, 북쪽으로 남산을 바라보고 있는 용산龍山은 우리 민족에게 수치羞恥와 한숨으로 점철된 땅이다. 한반도가 외국의 영향 아래 들어갈 때마다 용산이 그 외국군의 주둔지가 되었기 때문이다. 1904년 말 일본군은 랴오둥반도 천혜의 부동항不凍港 뤼순항에 정박해 있던 러시아 극동함대를 포격, 섬멸하기 위해 항구가 내려다보이는 뤼순 203고지 일대에 주둔하고 있던 러시아군을 포위·공격했다. 수십 차례의 백병전白兵戰까지 치른 끝에 203고지 일대를 점령한 일본군은 장거리 대포를 동원하여 뤼순항의 러시아 극동함대를 섬멸했다. 일본 해군은 대한해협에서 멀리 남아프리카 희망봉을 돌아온 러시아 발틱 함대마저 대한해협에서 격파하고, 한반도에 대한 주도권을 장악했다.

러·일 전쟁 개전과 함께 일본군은 용산에 조선주둔군 사령부를 설치했다. 그 이전인 1882년 임오군란 때는 청나라군, 1592년 임진왜란 때는 일본군이 용산에 주둔했다. 용산은 1945년 8월 15일 광복이후 주한미군 사령부로 바뀌었다. (미국 전前 국방장관 럼스펠드조차 주한미군 사령부가 서울의 한복판 용산에 자리하고 있는 것을 매우 이상하게 생각했다는데도 불구하고) 그동안 우리 국민 대부분은 서울의 한 복판 용산에 외국 군대인 주한미군 사령부가 있어도 이상하게 생각하지 않아왔다. 미국이 6·25전쟁 시 전적으로 한국을 지원하고, 이후에도 한국의 가장 가까운 동맹국으로 남아있기 때문인 듯하다.

전시戰時를 제외하고, 그리고 극소수 아프리카, 중동 국가를 제외하고, 수도에 외국군 사령부가 자리한 나라는 우리나라 말고는 없었다. "스스로 지키려 하지 않는 자 그 누가 도우려 하겠는가?"라는 마키아벨리의 말을 달리 해석하면, '스스로 지키려 하지 않는 자는 아무도 돕지 않는다.'라는 뜻이다. 분단된 한반도 체제를 스스로 극복해야 할 한국이 계속 대외 의존에 빠져 있을 경우 미군이 철수하면, 중국군과 일본군, 또는 러시아군이 한반도에 다시 나타날 것이다.

시진핑 시대의 중국은 증강된 국력을 바탕으로 휴전선을 넘어 대한해협으로까지 영향력 확대를 추구하고 있다. 시진핑이 2014년 7월 초 북한에 앞서 한국을 방문한 것은 무엇보다 미·일의 중국 견제에 대항하여, 한국을 중국의 영향권 내로 끌어들이기 위해서였다. 부상浮上한 중국은 19세기 말 20세기 초 욱일승천旭日昇天의 일본이 했던 것과 같은 공격적 현실주의offensive realism적 행태를 보이고 있다. 한족漢族의 중국은 1950년 6·25전쟁 참전을 통해 뤼순과 다롄 포함 만주에서 소련 세력을 일소하고, 4,000년 역사상 최초로 만주를 완전히 장악했다. 이전까지는 거란, 여진, 몽골, 만주족 같은 우리와 동일한 계열의 북방민족들이 한반도와 중국 본토 사이에 완충역할을 해 줌으로써, 한반도는 한족의 사회·문화적 위협으로부터 보호받을 수 있었다.

우리는 이제 강력해진 중국의 경제·사회·문화적 흡수 위협으로부터 스스로를 지켜내야 할 상황에 놓였다. 중국은 한국에 비해 약 28배의 인구와 9배의 경제력, 4대 발명품과 유교로 대표되는 문화적 응집력도 갖고 있다. 중국의 영향력으로부터 우리를 지켜내는 것은 결코 쉽지 않을 것이다. 일본은 1876년 조·일朝日 강화도조약 체결 이후 한반도를 대륙세력 중국으로부터 떼어내기 위해 갖은 노력을 다했다. 1895년 체결된 청·일 간 시모노세키下關 조약 제1조는 "청은 조선이 완전무결한 자주독립국임을 인정한다. 조선이 자주독립국임을 훼손하는, 조선이 청에 대해 해오던 공헌과 전례 등은 모두 폐지한다."고 규정했다. 1905년 체결된 러·일 간 포츠머스 조약 제2조는 "러시아는 일본이 조선에서 정치·군사·경제적으로 배타적 이익을 향유하는 것을 인정한다. 러시아는 일본이 조선에서 취하는 모든 조치를 저지하거나 간섭하지 않는다." 라고 규정했다. 우리의 운명을 일본과 중국, 러시아 등 제3국이 결정한 것이다.

중국의 부상과 미국의 상대적 약화, 일본의 재무장 시도 등으로 인해 19세기 말 20세기 초 상황과 같이 분단된 한반도를 놓고, 다시 강대국 간 경쟁이 시작되었다. 일본 아베 총리는 2014년 7월 메이지 시대의 무장武將 다카스기 신사쿠와 이론가 요시다 쇼인의 묘지를 참배한 후 "뜻이 확실히 정해진 느낌"이라고 말했다. 그의 말에서 중국에 밀리고 있는 현재의 일본을 융성하던 '메이지 일본'으로 바꾸어 놓고 말겠다는 결기決氣가 느껴진다. 재정난을 겪고 있는 미국은 고립주의적 경향도 보이면서, 동아시아에서 미군의 역할을 축소, 조정함으로써 생겨날 공백을 일본군으로 대체하려 하고 있다. 미국은 일본을 이용하여 중국의 동진을 막는 전략, 즉 이호경식계二虎競食計를 취하려 하고 있다.

중·일 두 마리의 사나운 호랑이가 포효咆哮하는 동아시아의 전장戰場에서 대외 의존적 생각을 가진 인사들로 가득찬 한국이 과연 견뎌낼 수 있을까? 동아시아에서 전쟁이 재발할 경우 일본은 대對중국 군사작전을 위해 한반도나 그 주변에 파병하려 할 것이다. 전시작전권을 갖고 있는 동맹국 미국은 한반도 유사시 유엔사를 통해 일본군의 한반도 상륙을 허용할 수 있다. 위기에 처할 경우 미·일이 나서기 전 우리가 먼저 일본군의 지원을 요청하고 나설 가능성마저 있다. 1894년 청·일 전쟁과 같이 중국군과 일본군이 한반도에서 싸우는 일이 다시 발생할 가능성이 있다. 이러한 상황에서 과연 우리가 다수 외교전문가들이 생존전략으로 제시하는 용미用美, 용중用中하여 살아남을 수 있을까? 용미, 용중할 수 있는 레버리지는 갖고 있는가? 우리가 미국과 중국을 이용하기보다 미국이나 중국이 우리를 이용하지 않을까? 일본·미국간 카쓰라−태프트 밀약이나 러시아의 남진 저지를 위해 조선을 이용하려했던 황준헌黃遵憲의 『조선책략朝鮮策略』이 다시 나타날 가능성은 없을까?

토요토미 히데요시豊臣秀吉 휘하 일본군의 침공을 눈앞에 두고 있던 1592년 초 동인東人과 서인西人으로 갈려져 있던 조선 지도부는 국가의 운명을 좌우할 일본의 움직임에 대한 정보마저도 당파에 따라 완전히 달리 해석했다. '대동大同'을 주장한 소위 '정여립의 난'에 따른 기축옥사가 1589년부터 임진왜란 발발 1년 전인 1591년까지 3년여 간 계속되어 최영경과 이발 삼형제, 백유양 부자 등 동인東人 엘리트 1,000여 명이 처형 등 큰 피해를 입었다. 1627년 벌어진 정묘호란을 앞두고는 서인 지도부끼리 내전이괄의 난을 벌였다. 준비 없이 외침을 당하고, 지도자 선조李昖나 인조李倧는 제일 먼저 도주했다. 19세기 말 조선 지도부의 무능과 몰염치, 6·25전쟁 중 보여준 다수 정치·군사 지도자들이 보여준 무능과 비겁함은 재론할 필요조차 없다. 2014년 4월 16일 발생한 세월호 참사 사건의 선장이나 22사단율곡부대 GOP 총기난사 사건의 소초장의 행동에서도 알 수 있듯이, 우리는 위기에 직면하면 지도층이 제일 먼저 도주하거나, 지도층 내부에 극심한 분열이 벌어지곤 하는 수치의 역사를 갖고 있다. 수치의 역사를 반복할 가능성은 없을까?

습관적으로 의존하려고만 드는 우리나라를 동맹국 미국은 믿을 만한 나라로 보고 있을까? 20세기 남베트남이나 중국 전국시대 정鄭나라처럼 국가안보를 외국에 과도하게 의존하는 나라는 멸망하거나 속국屬國이 되게 되어있다. 생존을 유지하고, 번영을 지속해 나가기 위해서는, 강력한 국방력과 국민통합을 바탕으로 나폴레옹의 프랑스나 히틀러의 독일 제3제국의 위협에도 굴하지 않았던 스위스, 그리고 이란과 시리아, 레바논 헤즈볼라 등 이슬람 세력의 압박과 위협 속에서도 생존과 번영을 지속하고 있는 이스라엘 지도층 인사들과 같이 우리 지도층 인사들도 나라는 스스로 지킨다는 마음가짐을 굳게 가져야 한다.

동아시아–서태평양에서 두드러져 보이는 미·중 세력전환기에 대처하기 위한 최선의 방안은 질質과 양量 두 가지 측면에서 국력을 증강하는 것이다. 질적인 측면에서는 △산업경쟁력과 과학기술력 제고 등 경제력 강화, 인구 노령화 문제 해결, △정치체제 개혁, △지방행정제도 개편, △군軍구조 개혁 등을 통한 통치의 효율화, 국민통합, 군사력 강화이며, 양적인 측면에서는 △뉴 프런티어New Frontier라 할 북한과 경제통합하고, △극동러시아와 중앙아, 동남아, 인도 등 외곽으로 경제·사회적 영향력을 확대해 나가는 것이다.

남·북통합은 임진왜란이후 계속되어온 대륙세력과 해양세력의 한반도에 대한 영향력을 구축驅逐하고, 고구려 이후 최초로 제대로 된 Great Korea를 세울 수 있는 천고千古의 사업이다. 동아시아는 다시 19세기 말 20세기 초 약육강식 시대로 되돌아가고 있다. 아베의 일본은 물론, 시진핑의 중국도 민족주의로 기울고 있다. 동아시아 정세변화에 따른 파급력은 우리만의 시각이 아니라 중국과 일본, 북한의 시각으로도 점검해 보아야 한다. 우리가 국제정세를 제대로 읽지 못하고, 자주자강 없이 특정 국가에게 국가안보를 의존하다가는 19세기 말과 같은 망국멸종의 위기에 처하게 될 수 있다.

경제·사회가 풍요로워지면서, 국가 엘리트들이 1960~1970년대 진취적 기상을 잃고 샌님이 되어 가고 있다. 심지어 실패국가 북한에 의한 한국 적화赤化를 겁내는 이들까지 있다. 불로不勞의 지대地代, rent 를 추구하는 기업인, 고위 관료 출신 건물주의 사례에서 보듯이 기업인, 노조지도자, 정치인, 고위관료와 군인, 법조인, 언론인 등 대다수가 기득권 고수를 위해 개혁을 가로막고 있다. 후쿠야마가 말한 "정치의 쇠퇴political decay"가 우리나라에서 일어나고 있다. 남·북통합은 동아시아 현상유지를 타파하는 민족적 사업이기 때문에 진취적 국민정신이 필요하다. 통일을 위해서는 우리사회의 각성이 필요하다. 우리 모두, 특히 각계 엘리트들은 치욕의 역사를 반면교사로 삼아 스스로를 먼저 희생함으로써 나라를 구하겠다는 마음가짐을 새롭게 하여야 한다. "역사는 아무것도 가르쳐 주지 않는다. 다만 역사로부터 배우지 못하는 자를 처벌할 뿐이다."라는 말이 있다. "한반도의 시간은 한국이나 북한이 아닌 중국으로 흐른다." 라는 말도 있다. 우리는 이를 가슴에 새겨 우리 민족이 다시 망국의 위기에 빠지지 않도록 최선을 다해야 한다.

통일 외교관의 눈으로 보다

부록

한반도 문제

I. 한반도 미래의 설계자로 한겨레 2018년 9월 17일

동아시아 질서가 요동칠 때마다 한반도는 태풍의 눈 속으로 빨려 들어갔다. 수·당의 중국 통일, 몽골의 흥기와 쇠퇴, 일본 전국시대 종식, 만주淸의 굴기崛起 등 동아시아에 파도가 칠 때 한반도는 늘 그 파도에 휩쓸렸다. 이런 경향은 근현대 들어 더 심해졌다. 19세기 일본의 흥기는 2차례청·일전쟁, 러·일전쟁나 한반도를 전쟁의 참화 속으로 몰아넣었으며, 한반도는 끝내 일본의 식민지가 되고 말았다. 중국 공산당과 국민당 간 내전은 한반도에까지 파급되어 6·25전쟁과 한반도 분단 고착의 원인으로 작용했다.

동아시아 질서가 요동칠 때마다 한반도가 큰 피해를 본 것은 한반도가 대륙세력과 해양세력의 경계선상에 위치해 있기 때문이다. 1978년 중국의 개혁·개방과 초고속 성장, 동아시아 냉전체제 해체 이후 동아시아 질서가 다시 꿈틀대기 시작했다. 우리 정부가 1988년 7

월 7일 '민족자존과 번영을 위한 특별선언7·7 선언'을 발표한 것은 우리 민족 보호를 위한 선제적 대응이었다. 우리 정부는 7·7 선언에서 '더 이상 북한을 적대 상대로 보지 않으며, 남·북 협력에 적극 나서겠다.'고 밝혔다. 7·7 선언은 1993년 제1차 북핵 위기로 추동력을 상실했다. 그럼에도 불구하고 7·7 선언은 줄곧 분단 문제 해결을 위한 가이드라인민족 자체 해결으로 작용해 왔다.

북핵 문제는 강고했던 동아시아 냉전질서가 약화되면서 시작됐다. 북핵 문제는 북한 문제인 동시에 분단된 한반도 문제이기도 하다. 북핵 문제를 해결하기 위해서는, 무엇보다 한반도 문제의 당사자인 남·북한 사이에 안정적 평화구조가 정착되어야 한다. 한반도 평화구조를 정착시키기 위해 우리 정부는, 특히 국민의 정부와 참여정부 시기 정상회담 등 다양한 레벨에서 북한과 대화했다. 2010년대 들어 미·중 경쟁과 대립이 심화되면서 동아시아 질서 변화의 폭과 강도는, 한반도 현상 유지status quo가 지속될 경우 남·북 모두 더 이상 감당하지 못할 정도로 커졌다.

대륙세력 소련과 해양세력 미국 사이에 낀 서독 역시 큰 어려움을 겪었다. 1970~1980년대 소련을 겨냥한 중거리탄도미사일INF 서독 배치 문제가 대표적이다. 이러한 상황에서도 서독은 미국과 소련, 영국, 프랑스 등 강국은 물론 동독의 마음을 얻는 데 외교력을 집중했다. 1969년 집권한 진보 사민당SPD 출신 빌리 브란트 총리 이후 서독 외교는 진보·보수 관계없이 '독일민족주의'라는 일관성을 갖고 있었다. 동·서독은 1972년 '동독을 주권국가로 인정하며, 동·서독 간 교류를 확대해 나가자.'는 내용의 기본조약을 체결했다. 이후 동·서독 간 교류는 크게 확대되어 상주 대표부 개설과 동·서독 경계협정 체결 등 많은 성과를 냈다. 정상회담과 각료회담 개최, 정당 간 교류 역시 확대되었다. 1982년 사민당으로부터 정권을 인수한 보수 기민당CDU 출신 헬무트 콜 총리는 동독에 대한 경제지원이 동독 정권의 안정을 가져와 독일 통일에 방해가 될 것이라는 강경보수 일각의 비난에도 불구하고, 동독에 대한 지원을 계속했다. 동·서독 간 경제협력 증대는 단기적으로는 동독 정권을 안정시키는 데 도움을 주었지만, 시간이 지나면서 서독에 유리한 방향의 동·서독 간 상호 의존 강화로 이어졌다. 게르만 경제공동체로 발전해 나갈 기반이 구축된 것이다.

문재인 대통령이 2018년 8·15 광복절 경축사에서 밝힌 대로, 남북 교류 확대는 상호 의존 증대로 이어지고, 북한 비핵화를 촉진하는 동력으로 작용할 것이다. 우리는 북핵 문제 해결과 통일을 위한 노력을 그만둘 수 없다. 독수리에게 영원히 간肝을 쪼이는 프로메테우스의 고통을 겪더라도 민족적 숙제宿題 북핵 문제 해결 노력을 계속해야 한다. 이를 통해 우리는 한반도 운전자에서 나아가 한반도 미래의 설계자가 되어야 한다. 우리가 바로 한반도의 주인이기 때문이다.

Ⅱ. 꽃놀이패를 쥐게 될 한국 신동아 2016년 2월

1970~1980년대 필자의 고향에서는 뜨거운 여름날 막걸리를 폭음하고 대취해 상의를 다 벗어던진 채 낫을 들고 "다 찔러 죽이고 나도 죽자"고 소리 지르며 날뛰는 사람을 가끔 볼 수 있었다. 그럴 때 동네 사람들은 걱정은 하면서도 재미있다는 듯이, 그의 형에게 몽둥이로 흠씬 두들겨 팬 뒤 집으로 끌고 가라고 재촉했다. 그런데 잘못하다 형이, 동생이 휘두른 낫에 다치기도 했다. 바로 지금 북한이 핵무기와 미사일이라는 커다란 낫을 들고 날뛰는 못된 동생 꼴을 보이고 있다.

북한이 2016년 1월 6일 4차 핵실험을 감행했다. 원자탄보다 폭발력이 100배 이상 강한 수소폭탄을 실험했다고 주장한다. 북한이 또한 번 시퍼렇게 날 선 낫을 들고 설치기 시작한 것이다. 동생은 그렇게 형을 막다른 골목으로 몰아가는 형국이다. 힘깨나 쓰는 이웃 중국의 정치인, 외교관, 학자는 물론이고 일반 국민까지 나서 북한의 4차 핵실험을 '정신 나간 짓'이라고 강하게 비난한다. 그러면서도 담장을 접한 이웃집 망나니 동생을 앞장서서 혼내주려고 하진 않는다. 그자를 징치懲治하려다 자기네 식구도 다칠 수 있다는 것이다. 그리고 그자가 그렇게까지 된 것은 멀리 떨어진 동네에 사는 미국이 그자의 행실이 나쁘다고 상대도 해주지 않고 수시로 위협하기 때문이라는 것이다.

이런 북한을 어떻게 다뤄야 할까. 동네 사람들이 부추기는 대로 몽둥이를 들고 정신 나간 북한을 상대해 유혈낭자하게 싸워야 할까. 각기 이해관계가 다르고, "큰일 났다."고 말은 하면서도 제대로 도우려곤 하지 않는 동네 사람들을 설득해 함께 징치에 나서야 할까. 이해관계가 다른 이웃 사람들이 망나니 동생의 형 뜻대로 움직여줄까. 북한을 징치하려다가 휘두르는 낫에 찔려 중상을 입는 것은 아닐까. 그게 아니라면, 방어는 철저히 하되, 못된 동생 북한으로 하여금 일단 흥분을 가라앉히게 하고, 우선 낫을 치우게 한 뒤 낫을 들고 설치는 이유를 찬찬히 물어보고 해결책도 모색해가야 할까.

"비구름 뒤에 가린 태양이 나타나는 짧은 순간"

29년 전인 1990년까지만 해도 우리처럼 분단된 처지이던 서독은 동독을 어떻게 다뤘을까. 디트리히 겐셔 전 독일 외상은 독일 통일이 "비구름 뒤에 숨은 태양이 잠깐 얼굴을 내민 짧은 순간을 움켜쥐어 달성한 것"이라고 표현했다. 그의 말에서도 알 수 있듯, 통독統獨은 도둑처럼 온 것이 아니라 찰나의 기회가 오기만을 기다리던 독일 지도자들의 끊임없는 인내와 지혜가 만들어 낸 결과물이다. 통독은 콘라드 아데나워총리, 보수가 이뤄놓은 경제력을 바탕으로 에곤 바르특임장관, 진보가 설계하고, 빌리 브란트총리, 진보가 추진했으며, 헬무트 슈미트총리, 진보를 거쳐 헬무트 콜총리, 보수과 디트리히 겐셔외상, 중도가 종결지은 독일민족의 과업이었다. 독일 통일의 설계자 바르는 통독은 소련과 함께 가야 달성할 수 있다고 봤다.

서독은 소련이 바라는 대로 동독을 안정시켜야 하며 경제협력을 통해 동독 주민의 삶을 개선시켜 동·서독 간 경제·문화적 유대를 강화하는 방안을 모색해야 한다는 게 바르의 주장이었다. 그는 이를 '접근을 통한 변화Wandel durch Annäherung'라고 했다. 변화를 위한 조치가 하나하나 쌓이다 보면 결국 통일로 이어진다는 것이다. 바르는 민족주의자이자 현실주의자였다. 바르의 아이디어는 사민당SPD 출신 총리 브란트의 지지를 받아 동방정책Ostpolitik으로 구체화했다. 동방정책은 처음에는 서독 보수당기민당/기사당은 물론이고, 미국과 영국, 심지어 동독으로부터도 환영받지 못했다. 책사策士 헨리 키신저는 동방정책이 독일을 다시 유럽의 중심에 위치시키려는 비스마르크식 고전적 책략이라고 판단했다.

하지만 미국이 동방정책을 반대하면 서독과 여타 유럽 국가의 관계가 악화되고, 이는 결국 미국의 국익에 반하는 결과를 가져올 것이라고 생각해 동방정책을 지지하기로 마음을 바꿨다.

세 갈래 길

동방정책은 동·서 진영 간 세력균형의 기초 위에서 서독의 국익을 확대하고자 추진됐다. 브란트 정부는 미국과 일정한 거리를 두면서 대對소련 접근을 시도했다. 그 뒤를 이은 사민당진보 슈미트 정부, 기민당/기사당보수 콜 정부는 동방정책 수행 과정에서 초강대국이자 동맹국인 미국의 핵심 이익에 결정적으로 반하는 행보는 하지 않았다. 서독은 미국의 의심을 받아가면서 소련과 함께 유럽안보협력회의CSCE 창설을 주도했다. 동독과 교역을 확대하고, 기본협정 포함 동·서독 간 왕래를 쉽게 하는 양자협정도 체결했다. 이는 서독에 대한 동독의 경제 의존도를 높였다. 동방정책은 국내외 정세 변화에 따라 양상을 바꿔가면서 1990년 통독 때까지 계속됐다.

최근 발표된 경제협력개발기구OECD 보고서에 따르면 특별한 상황 변화가 없을 경우 한국의 연평균 실질 경제성장률은 2030년까지 1.5~2.5%에 머물 것이라고 한다. 저성장의 늪에 빠진 한국이 살아남으려면 질과 양, 두 가지 측면에서 모두 탈바꿈해야 한다. 질 측면의 변화는 과학기술 혁신과 정치·경제·사회구조 개혁에 기초한 경제 활성화이며, 양 측면의 변화는 통일이다. 다행스럽게도 우리에겐 면적 12만 3,000㎢, 인구 2,500만 명, 석탄·철광·우라늄 등 풍부한 지하자원을 갖고 있고 대륙으로 가는 교량 노릇을 할, 북한이라는, 다른 어떤 나라도 넘볼 수 없는 통일 대상이 있다. 북한이 핵실험을 하는 등 아무리 깡패같이 행동하더라도 북한을 포기해선 안 된다.

북한은 거듭 핵실험을 감행하면서도 한국과의 경제협력은 바라고 있다. 중국 역시 남·북한 관계 개선과 경제협력을 원한다. 중국은 쌍중단, 쌍궤병행을 제안하는 등 현상 유지적 한반도 질서를 바란다. 김정은은 2011년 12월 집권 후 두 차례나 핵실험을 하고도 경제 건설에 매진해나갈 것임을 표명했다.

북한 4차 핵실험 이후의 대북정책은 다음의 세 갈래로 나눠 살펴볼 수 있다. ①적극적 관여engagement 정책으로 전환해 북한의 변화를 촉진, ②북한 내부의 상황 전개를 면밀히 주시하면서 한반도 안정을 위한 현상 유지 추구, ③핵실험 자행과 같은 김정은의 망동을 체제 붕괴의 전조로 인식하고 봉쇄containment를 통한 북한 붕괴정책을 추진하는 것이다. 봉쇄정책은 나폴레옹 시대 프랑스가 영국을 고립시키기 위해 실시한 유럽대륙 봉쇄나 미국의 대對이란 제재가 실패로 끝난 데서 알 수 있듯 성공한 예가 드물다.

중국이 숨통을 틔워주는 한 북한 완전 봉쇄는 불가능할뿐더러, 가능하다 해도 한반도의 극심한 불안정과 북한의 중국 경제 의존 심화로 이어질 가능성이 크다. 2015년 현재 북한의 중국에 대한 무역의존도는 90% 이상이며, 위안화는 오래전부터 유로화, 달러화와 함께 북한에서 주요 거래수단으로 사용되고 있다.

위사필궐 궁구물박 圍師必闕 窮寇勿迫

따라서 유일한 통일 방안은 이제 막 시장화를 시작한 북한의 체제변화를 촉진하는 정책 추진이라는 것을 알 수 있다. 북한의 변화를 촉진하려면 대북 경제협력이 필요하다. 북한은 2014년 이후 농촌에서는 포전제분조관리제 틀 속에서 가구별로 영농 자율성을 부여하는 과도기적 제도, 도시에서는 기업소별 독립채산제를 실시하는 등 농장 및 공장 운영과 관련한 시장적 요소의 상당 부분을 합법화했다. 중국의 1980년대 후반~1990년대 초반 수준으로 시장화가 진행됐다는 평가도 나온다. 최근에는 장마당을 능가하는 수준의 국영 판매소가 속속 등장하는 등 시장화가 점점 더 탄력을 받고 있다. 2016년 5월 초 개최 예정인 제7차 노동당 대회에서 새로운 정책이 발표될 가능성이 있다. 북한판 개혁·개방 등 새로운 노선이 제시될 소지도 있다. 시장화 단계에 진입한 북한은 정권 안보를 위해서라도 시장 요소 확대를 계속 추구하지 않을 수 없다. 이러한 북한사회의 움직임이 진정한 시장화와 관계없다는 주장도 있다.

따라서 ①의 정책적극적 관여을 구사할수록 북한의 변화를 촉진시키며, 평양에 더 많은 딜레마를 안겨줄 가능성이 크고, 통일의 조건도 만들어 나갈 수 있다. 또한 ③의 정책봉쇄를 통한 붕괴 촉진으로 갈수록 북한은 물론, 중국과의 갈등이 심화될 가능성이 커진다. 북한은 고립될수록 추가 핵실험을 포함한 단말마적 정책을 계속해나갈 공산이 크다. 우리가 핵무기와 미사일을 가진 북한을 두려워하듯 북한도 선진국 수준에 도달한 한국을 무서워한다. 김정은은 2016년 신년사에서 한국이 체제흡수통일을 기도하고 있다고 비난했다. 북한이 중국식 개혁·개방을 실시하지 못하는 중요한 이유 중 하나는 휴전선 남쪽에 선진국 수준 경제를 운용하는 한국이 버티고 있기 때문이다. 김정은을 포함한 북한 지배층은 정권 안보가 확보되지 않은 개혁·개방은 자신들의 신변위협으로 이어질 수 있다고 본다.

'손자병법' 군쟁편軍爭篇에 '위사필궐圍師必闕 궁구물박窮寇勿迫'이라는 말이 있다. 퇴로가 막힌 군대는 반드시 결사적으로 항전하게 되어 있는 만큼 적군을 포위할 때는 반드시 퇴로를 열어주고, 궁지에 몰린 도둑은 가진 힘을 다 쏟아 저항하는 만큼 끝까지 쫓아서는 안 된다는 뜻이다. 북한의 변화를 촉진하려면 봉쇄·압박보다는 남북 모두에 도움이 되는 경제협력 정책을 추진하는 것이 바람직하다. 무력통일이나 합의통일이 사실상 불가능하다고 보면 유일하게 남은 것은 경제협력을 통한 공존공영과 점진적 통일뿐이다. 점진적 통일은 미국과 더불어 한반도에 큰 영향력을 가진 중국도 받아들일 수 있는 방안이다.

4차 핵실험으로 인해 남북관계가 악화될 대로 악화된 상황에도 개성공단은 운영되고 있다. 이는 북한에 개성공단이 필요하다는 뜻으로 해석된다. 북한은 경제 건설에 필요한 자본재를 조달하기 위해 더 많은 외화를 원한다. 지린성과 랴오닝성 등 중국에서 근무하는 북한 노동자 수가 수만 명을 넘어섰다. 옌볜조선족자치주에만 6,000명 넘게 근무하는 것으로 알려졌다. 북한은 관광수입 증대를 위해서도 노력하고 있다. 동·서해 연안과 북·중 국경, 대동강 하구 등을 개발구로 지정하기도 했다. 한국은 북한이 지정한 개발구 중 한 곳에 진출해볼 필요가 있다. 이 프로젝트가 잘 진행되면 북한과 조강祖江, 한강과 임진강이 만나 형성된 강화도 북쪽의 강 남쪽에 위치한 강화도의 부속도서 교동도와 그 북쪽 대안對岸 황해도 연백평야를 교량으로 연결하는 방안을 논의해볼 수 있다. 연백평야는 동쪽의 개성, 서쪽의 해주와 옹진반도로 연결된다. 물론, 북핵 문제 해결과 UN 안보리 제재 해제를 전제로 한다.

그렇게 되면 강화와 김포 등에 소재한 우리 기업체가 북한 근로자를 고용할 수 있다. 강화나 김포는 한국 땅이라 공장 추가 설립과 운영에 가외 비용이 들지 않을 것이며 공장지대를 특별 관리하면 북한 근로자의 탈출 같은 곤란한 문제도 막을 수 있다. 강화, 김포 등이 포화 상태에 이르면 북쪽의 연백평야나 해주, 옹진반도 등지로 공단을 확대할 수 있다. 생산된 제품은 인천항과 영종도 인천공항을 통해 수출한다. 강화, 김포와 기존의 개성공단, 연백평야, 해주, 옹진반도를 연결하면 서해 북방한계선NLL을 중심으로 수시로 발생하는 군사 긴장도 완화할 수 있다. 조강 프로젝트가 자리 잡으면 다롄에서 선전에 이르는 중국 연안도시에 진출한 우리 기업 중 인건비 급상승 등 기업 환경 악화로 한계에 달한 업체 다수가 이 지역으로 이전할 것이다.

이와 같은 방식으로 남포, 신의주, 원산, 금강산, 흥남, 청진 등의 개발도 상정해볼 수 있다. 조강 프로젝트가 성공하고 남북 긴장이 완화되면 인천 앞바다 경기만을 대규모로 매립해 '국가 내 국가'라 할 수 있는 홍콩과 같은 국제도시 건설도 추진해볼 만하다. 이 역시 한반도 경제공동체 건설과 통일에 큰 도움이 될 것이다.

'일대일로'와도 조응調應

중국은 국토 균형 발전을 위해 중서부 개발에 적극적이다. 1978년 개혁·개방 이전까지 중국 최대 공업지대였으나 지금은 낙후된 만주 공업지대 복구에도 열의를 갖고 있다. 중국 베이징대 진징이金景— 교수에 따르면 한반도 통일 시 만주지역 GDP는 약 1,600억 달러 증가할 것이라고 한다. 중국은 창춘-지린-투먼-훈춘 개발에도 소매를 걷었다. 지린성 정부를 포함한 중국 당국은 창-지-투-훈을 고속철도로

다롄항의 야경

연결하고, 이를 나선항, 청진항에 추가 연결해 헤이룽장성과 지린성의 산물産物을 부산과 상하이, 선전, 홍콩 등으로 운송하려 한다. 2014년 말 현재 하얼빈-상하이 간 20피트 컨테이너 1개당 육로 운송 시 15일·4,800달러, 다롄항을 이용한 해상 운송 시 8~10일·2,000달러가 소요되는데, 창-지-투-훈을 경유해 나선항혹은 청진항을 이용하면 6~8일·1,700달러가 소요된다.

중국은 랴오닝성 다롄-선양-단둥 삼각지점triangle을 고속열차로 연결하는 등 압록강 하구 지역을 이용한 북한과의 협력 증대도 대비한다. 마지막 구간인 다롄-단둥 간 고속철이 지난해(2015년) 12월 완공됐다. 따라서 한국 기업의 옌볜조선족자치주와 단둥을 포함한 만주동북지방 진출을 장려할 필요가 있다. 압록강, 두만강변의 우리 업체들은 북한 주민에게 한국의 발전상을 알리는 일종의 쇼윈도 구실을 할 수 있다. 만주지역에 대한 한국의 경제·사회·문화적 영향력을 키우는

데도 도움이 될 것이다. 정부 차원의 만주, 연해주 진출 전략을 수립해야 한다. 이런 점에서 볼 때 한중 자유무역협정FTA 체결을 계기로 추진된 FTA 특구에 옌볜조선족자치주가 포함되지 않은 것은 안타까운 일이다. 한강 하류의 조강을 축으로 한 남북 경제협력구가 자리를 잡으면, 남북 간 추가 경제협력 수요도 생겨날 것이다. 신뢰 구축 단계에 도달하면 △서울에서 개성, 평양을 거쳐 신의주와 단둥으로 이어지는 고속철도 및 고속도로 △평양을 거쳐 강계, 만포와 지안으로 이어지는 고속철도 및 고속도로 △서울에서 금강산, 원산, 청진을 거쳐 투먼으로 이어지는 고속철도 및 고속도로 등을 건설하는 방안을 논의해 볼 수 있다. 다만 북한 동해안 방어부대 대부분이 철로를 따라 배치되어 있어 군부대를 옮기지 않고는 철도 보수·개선이 쉽지 않은 점은 고려해야 한다. 청진에서 갈라져 나선과 연해주로 이어지는 고속철도 및 고속도로 건설도 검토해볼 만하다.

남·북 경제협력 제도화해야

교통과 물류에 이어 에너지 분야 협력도 검토해야 한다. 시베리아 극동에서 시작해 북한 동해안을 경유하고, 한국 동해안을 통과해 일본 규슈와 서부 혼슈로 이어지는 시베리아 극동 석유·천연가스 운반 파이프라인을 건설하는 방안이 그것이다. 파이프라인은 지하에 묻히므로 문제가 발생할 소지가 적다. 토지 사용료와 함께 석유와 천연가스 일부를 공급받게 될 북한도 호응할 것이다. 러시아도 중국 견제 차원에서 강력하게 희망한다. 이와 함께 남북한과 중국, 러시아, 몽골, 나아가 일본의 전력망을 연결하는 메가 그리드 구축도 남북 경제통합에 도움이 될 것이다. 러시아의 수력 에너지, 몽골의 풍력 및 태양열 에너지를 북한을 거쳐 한국과 일본으로 공급하면, 경유지가 되는 북한은 만성적 에너지 부족에서 벗어날 수 있다. 손정의 일본 소프트뱅크 회장에 따르면, 몽골의 풍력 에너지로만 한국 전력 수요의 23배, 태양열 에너지로는 13배를 충당할 수 있다고 한다.

중국-타이완 통합의 신호탄이면서 협정 자체로는 타이완에 더 유리한 내용이 담긴 중국-타이완 경제협력기본협정ECFA이 2010년 6월 제2차 국공합작회의가 개최된 충칭에서 체결됐다. 이에 따라 타이완 경제의 중국 의존도는 한층 더 심화했다. 2015년 현재 중국에 대한 타이완의 경제 의존도는 40%가 넘는다. 타이완 경제는 이제 중국 없이는 존립할 수 없는 상태가 됐다. 중국은 타이완 독립을 반대하는 국민당은 물론 독립을 찬성하는 민진당과도 일정한 관계를 구축해 놓았다. 중국이 ECFA를 통해 타이완을 자국 경제권으로 끌어들였듯 북한의 대對한국 경제 의존을 심화하려면 남북경제협력의 제도화가 필요하다. 북한과의 교역 때 마이너스 관세를 부과하는 등 특혜를 주는 방안도 검토할 만하다. 군사적 신뢰관계 구축에 이르지 않더라도 ECFA 체결 등 경제협력의 제도화만으로도 북한 체제의 이완을 야기할 수 있다. 평화리에 점진적으로 북한과 통합할 환경을 조성할 수 있다는 얘기다.

1871년의 독일 통일도 프로이센의 강력한 군사력과 함께 비스마르크가 주도한 외교 및 관세동맹이 밑바탕이 됐다. 당시에도 관세동맹이 프로이센에 대항하던 바이에른, 바덴 등의 군사력만 강화해 준다는 주장이 있었다. 그럼에도 비스마르크 등 프로이센 지도부는 독일 통일을 위해 관세동맹을 밀고 나갔다. 관세동맹이 주는 경제 혜택을 거부할 수 없었던 바이에른, 바덴, 뷔템베르크 등 남부 독일 국가들

평양 개선문 앞 시민행사

은 결국 통일 대열에 합류했다.

　김정은이 지배하는 북한의 변화를 촉진하고 궁극적으로 통일을 달성하려면 국민이 남·북통합 필요성에 대해 확고한 신념을 가져야 한다. 또한 북한으로 하여금 한국이 믿을 만한 상대라고 인식하게 해야 한다. 문제가 잘 풀리지 않을 때 군사적 수단에 호소해보려는 유혹을 느끼게 해서는 안 된다. 미국의 전략자원 지원 없이도 단독으로 제한전 정도는 치를 수 있는 전략·전술체계를 갖춰가면서 군의 전투력도 강화해야 한다. 한반도가 통일을 이뤄내면 인구 8,000만 명, 면적 22.2만㎢, 동-서 800㎞, 남-북 1,500㎞의 영토 범위를 갖는 강국이 된다. 통일은 단순히 '한국+북한'이 아니라 우리에게 그 4~5배 이상의 국력 향상을 가져다줄 것이다. 통일 이후에도 당분간 한국 경제와는 별도로 운용될 북한 경제는 20년 이상 연평균 15% 넘게 성장할 수 있을 것이다. 통일한국은 통일 15~20년 후에는 독일 정도의 경제력과 군사력을 갖게 될 것이다.

통일한국의 꽃놀이패

세계는 통일한국을 어떻게 대우할까. 아시아 3강의 하나로 대두한 남아시아의 대국 인도를 보자. 인도는 미국과 중국은 물론 일본과 러시아, 베트남 등으로부터 적극적인 구애를 받고 있다. 꽃놀이패를 쥔 셈이다. 통일한국은 미국, 중국, 일본, 러시아, 독일과 인도 등 강국 모두가 중시할 수밖에 없는 곳에 위치해 있다. 통일한국은 중국 국가주석과 일본 총리가 취임 후 가장 먼저 방문하는 나라가 될 것이다. 현실주의 국제정치학자 모겐소가 말한 바와 같이 한반도는 조선왕조 말과 6·25전쟁 시기처럼 국력이 약하던 시기에는 대륙세력과 해양세력 간 전쟁터가 됐다. 통일한국은 더 이상 강대국 간 싸움터가 아니라 만주와 몽골, 연해주 등에 경제·문화적 영향을 미치는 나라가 될 것이다.

국제정치는 국가와 국가 간 작용과 반작용, 갈등과 협상, 타협의 산물이다. 한반도의 장래는 워싱턴과 베이징, 서울, 평양 간 협상과 타협에 의해 결정될 가능성이 크다. 통일 문제를 포함한 한반도 주변 상황이 우리에게 유리하게 결정되느냐, 불리하게 규정되느냐는 한반도의 주인인 우리의 능력과 의지, 대외정책의 향방에 달렸다. 조속히 통일을 이루지 못하면 북한은 물론 한국도 병자호란 이후 조선과 같이 이웃 강대국의 부용국으로 전락하고 말 것이다.

Ⅲ. 외교가 실패하면 남는 것은 전쟁 한겨레 21, 2016년 10월

중국은 팽창을 계속하고 있고, 일본은 중국의 팽창을 저지하기 위해 국력을 결집하고 있다. 북한은 핵실험과 미사일 시험을 되풀이 한 끝에 외세에 한반도 개입 명분을 주었다. 중국 경제는 1978년 개혁·개방 이후 40년간 연평균 9.6%, 지금도 6% 이상 성장을 계속하고 있다. 1990년대 이후 20여 년간의 정체기를 보낸 일본은 2012년 아베安倍 晉三 총리 재집권 이후 미국을 등에 업고 전쟁할 수 있는 나라로 변신變身하고 있다. 지금의 한반도 상황이 결정된 것은 가까이는 6·25, 멀리는 임진왜란까지 거슬러 올라간다. 임진왜란 150년 전인 세종시기에 이미 일본의 국력은 조선을 크게 앞질렀다. 임진왜란을 전후하여 일본 인구는 조선의 2배 이상인 2,000만 명, 경제력은 조선의 3배가 넘었다. 임진왜란 시 일본은 30만 정예군 가운데 절반인 15만 대군을 조선에 파병했다. 조선 정규군은 4~5만 명에 불과했다. 당시 일본은 세계 최강 육군국陸軍國으로 유럽 대륙이 보유한 전체 총기 수를 능가하는 약 50만 정의 조총鳥銃을 갖고 있었다.

임진왜란 이후 한·일 간 국력 차는 더 커졌다. 도쿠가와德川 막부의 수도 도쿄에도는 18세기 경 100만 인구의 세계 최대 도시였다. 당시 베이징과 파리 인구는 각각 50만, 한양 인구는 30만 명 정도였다. 도쿄에서는 양질의 물을 공급하는 상수도上水道까지 설치되어 있었다. 간사이關西 최대도시 오사카는 출판으로도 유명했다. 도로는 사통발달四通八達로 잘 닦여 있었으며, 물자는 풍부했다. 그런데도 통신사로 일본을 방문한 조선 사대부 성리학자들은 현실에는 눈 감고 일본을 시문詩文이 뒤떨어진 오랑캐라고 얕보았다. 19세기 말 일본이 아시아 최초로 근대화에 성공한 데에는 이러한 경제·군사적 배경이 자리하고 있다. 중국은 임진왜란 시에는 조선 해군의 도움을 받아 일본군을 조선에서 축출하는데 성공했지만, 19세기 들어 결정적 약점을 드러냈다. 중국은 1840년 아편전쟁, 1894~1895년 청·일 전쟁에서 패하고, 반식민지로 전락했다가 30여 년간의 내전을 거쳐 1949년 '중화인민공화국'이라는 새 나라로 등장했다. 중국이 6·25전쟁에 참전하여 세계 최강 미국과 무승부를 이룰 수 있었던 것은 제국주의 침략과 국·공國共 내전을 거치면서 조직된 힘이 분출한 결과였다.

중국은 문화혁명1966~1976이라는 수축기를 거쳐 개혁·개방 이후 응축해 놓은 국가 에너지를 일시에 발산하고 있다. 국가주석 시진핑習近平 주도로 대내적으로는 권력 집중, 대외적으로는 일대일로一帶一路를 기치로 남중국해와 인도양, 중앙아 등으로 뻗어나가고 있다. 일본은 중국의 팽창을 막기 위해 평화헌법을 개정하여 전쟁할 수 있는 나라가 되려 한다. 팽창하는 중국과 저지하려는 일본 사이에 낀 한반도는 분단 74년을 맞았다. 북한은 미·일로 대표되는 해양세력과 중.러로 대표되는 대륙세력 간 경쟁과 갈등의 빈틈을 파고 들어가 생존 공간을 확보하고 있다.

북·중北中은 지정학적으로 '순치脣齒' 즉, 입술과 이빨의 관계이다. 4세기 갈족羯族이 세운 후조後趙, 7세기 선비족鮮卑族이 세운 수隋와 한족의 송宋, 명明을 거쳐 중화민국에 이르기까지 만주-한반도의 불안정으로 인해 위기에 처한 끝에 멸망한 역대 중국 왕조가 10개가 넘는다. 16세기 말 명明은 일본의 침공으로 위기에 처한 조선을 구하고자 대군을 파병했다. 19세기 말 청淸은 영국과 러시아 등의 침략에 허덕이면서도 조선을 빼앗기지 않기 위해 무리해가면서 대군을 보냈다.

'중화인민공화국'은 건국한지 채 1년이 되지 않은 6·25전쟁 시 연 100만 명 이상의 대군을 파병하여 세계 최강 미국에 도전했다.

북한이 2016년 1월과 9월 제4차, 제5차 핵실험을 감행했음에도 불구하고, 중국은 북한의 생존에 타격을 줄 만한 여하한 조치도 취하지 않았다. 중국은 목구멍咽喉에 위치한 북한의 혼란이 만주滿洲와 보하이만渤海灣을 거쳐 수도 베이징 일대로 파급돼 전국이 혼란에 처하게 되는 상황을 우려한다. 중국은 ①중부 전구 ②동부 전구 ③서부 전구 ④남부 전구 ⑤북부 전구 등 5개 전구戰區를 두고 있는데, 각 전구에는 육군, 공군, 전략미사일 부대제2포병 등이 소속돼 있다. 한반도와 극동러시아를 염두에 둔 중부와 북부 전구가 상대적으로 더 강력함은 물론이다. 중국은 ①북해함대산둥성 칭다오 ②동해함대저장성 닝보 ③남해함대광둥성 잔장 3개 함대도 보유하고 있다. 중국은 수도권 일대에 전체 군사력의 약 40%에 달하는 2개 전구와 1개 함대를 배치하고 있다. 한반도에 급변사태가 발생하면 가장 가까운 북부와 중부 전구 병력이 득달같이 달려올 것이다. 중국은 2011년 12월 김정일 사망 때 북한의 불안정 가능성을 우려해 (당시) 선양 군구 병력 43만여 명을 국경지대에 전진 배치한 적이 있다.

현재의 일본은 '1930년대 세계 공황기 일본'과 유사한 점이 많다. 당시 일본 정부는 미국과 소련, 그리고 중국을 가상 적으로 설정했으며, 통화팽창을 통한 경기부양을 추구하고, 매스컴 장악을 시도했다. 사회적으로는 추신쿠라忠臣藏 등 무사도武士道를 찬양하는 분위기가 고조됐다. 자기애narcissism의 시대이기도 했다. 오늘날 일본에서도 (한국과 중국을 혐오하고) 일본을 찬양하는 서적이 잇달아 베스트셀러 목록에 오르고 있다. 국수주의ultra-nationalism에 빠져 이웃 한국을 혐오하고 중국을 배격한다. '부자는 남과 싸움을 하지 않는다.'는 일본 말이 있다. 부자는 싸울수록 손해를 본다는 것이다. 그러나 일본은 이제 더 이상 부자의 심리상태를 갖고 있지 않다. 중국, 한국과도 싸울 수 있다는 생각이 일본 사회 전체로 확산되고 있다. 일본인들은 조어도센가쿠 열도 영유권을 놓고 중국과 전쟁이 벌어지면 전자·정보통신ICT 기술을 총동원하는 현대전이 될 것이며, 미국의 지원을 받는 일본이 이길 것이라고 확신한다. 필요시 미운나라 한국과 일전도 감수할 수 있다는 혼네本音, 속마음를 부지불식간에 드러낸다.

북한은 경제력의 압도적 열세에서 기인한 재래식 무장력의 약점을 핵무기와 미사일이라는 대량파괴무기WMD 확보를 통해 보완하려 한다. 중국은 북한의 WMD 개발을 명백히 반대하고 있다. 미국이 동맹국 한국과 일본의 WMD 개발을 수용하지 않는 것과 마찬가지이다. 북핵은 북한이라는 숙주宿主에 기생하는 기생충이다. 북핵이라는 기생충을 없애기 위해서는 먼저 북한 문제를 해결해야 한다. 북한 문제를 해결하기 위해서는 '관여engagement'라는 약을 적당량 투약投藥해야 한다. 중국은 북한의 생존에 지장을 줄 수 있는 원유와 비료 공급 중단과 같은 조치는 취하지 않고 있다. 북한은 중국 수도권을 방어하는 외곽의 해자垓子이기 때문이다. 북한이 붕괴하면 적게는 200~300만 명, 많게는 700~800만 명의 난민이 중국으로 유입될 수 있다. 이러한 이유도 있어 중국은 국제연합UN 안보리 대북對北 제재에는 참가하되, 북한 주민의 생활과 관계되는 상품, 서비스의 수출입은 허용한다.

한국은 2010년 5.24 대북對北 제재 조치에 더하여 북한의 제4차 핵실험 이후인 2016년 2월 개성공단 철수를 단행했다. 거듭된 UN 안보리 제재에다가 한국과의 거래도 끊긴 북한은 중국과의 제한된 교역에 기대어 간신히 생존해 나가고 있다. 북한의 대對중국 경제 의존도는 90%를 넘어섰다. 2000년 이후 불과 16년 만에 북한의 대중 경제 의존도는 3배 이상, 그리고 북·중北中 교역은 12배 이상 증가했다. 중국의 역량과 의지를 고려하지 않는 어떠한 대북 제재도 효과를 거두기 어려운 이유이다. 북한도 대중 경제 의존 심화가 정치적 의존을 가중시킬 가능성을 우려하고 있다. 2014년경 완공된 제2 압록강 대교가 아직 개통되지 않고 있는 것은 중국에 대한 북한의 방어기제가 작동하고 있는 것이 한 가지 이유이다.

북한이 붕괴할 가능성이 있는가? 북한이 붕괴할 경우 확실한 대책은 있는가? 국가 체제가 붕괴하는 것은 내부 불만이 시위와 폭동 형태로 표출되면서 강대한 후원국의 지원이 중단됐을 때가 일반적이다. 1990년대 초 소련의 후원이 끊어진 동유럽 사회주의국가 붕괴가 대표적이다. 북한 김정은 체제는 이에 해당되지 않는다. 다소 소원해졌다고는 하나 북·중 관계는 여전히 유지되고 있다. 쿠바, 미얀마, 이란, 베네수엘라 모두 장기간 제재를 받았지만 체제가 무너지지는 않았다. 경제제재로 인해 무너진 국가는 없다. 버웰 벨 전 주한미군 사령관은 2016년 5월 미국의 소리VOA 방송과의 인터뷰에서 "강력한 이웃나라가 지원하는 상황에서 독재정권이 붕괴된 사례는 거의 없다."면서 "중국이 자국 이익을 위해 수십 년 째 대북 지원을 계속하고 있어 (북한의) 붕괴 가능성은 없다."라고 진단했다.

우리 정부는 북핵 문제 해결에 외교력을 쏟아부어 왔다. 사드 한국 배치도 결정되었다. 그런데, 2008년 미국 발 세계경제 위기 이후 대다수 아태지역亞太地域 국가들의 최대 경제협력 파트너는 미국에서 중국으로 바뀌었다. 2018년 중국의 대(對)미국 무역(상품수지)흑자는 4,190억 달러에 달했다. 일본을 제외하고는 "중국은 우리의 친구가 아니다."라고 말할 수 있는 아시아 국가는 더 이상 없다. 미국의 '아시아 복귀 정책'과 대對중국 무역전쟁은 서태평양 등에 대한 영향력 확보를 목적으로 하는 중국의 해양굴기海洋崛起 저지가 주목적이다.

미국은 최신 전자·정보통신ICT 기술을 활용한 글로벌 정보통신망 GIG을 기초로 중동에서 동아시아로 이어지는 유라시아 대륙 연안rim에서 미군과 동맹국군, 우방국군을 통합·운용함으로써 군사력 운용의 효율성을 제고하려 한다. 이런 의미에서 한국에 배치된 고고도미사일 방어체계THAAD, 사드의 신형 버전 '사드 2.0'은 GIG의 한 부분으로 미사일 방어MD를 포함한 사이버 협력 시스템에 편입될 수밖에 없다. 사이버 전략무기 개발에 몰두하고 있는 중국은 여기까지 내다보고 사드 한국 배치에 극력 반대하고 있다. 6·25전쟁 시 중국은 한국군이 아니라, 미군이 38선을 돌파할 경우 군사 개입하겠다고 여러 차례 경고한 후 파병했다. 사드도 미국의 세계전략 수행에 필요한 핵심 무기라는 이유로 한국 배치에 반대하고 있다. 게다가 중국은 사드가 북한이 아닌 자국을 겨냥하는 것으로 본다. 중국이 한국의 수출에서 차지하는 비중은 1/4를 상회하며, 한국 무역흑자의 1/2 이상이 중국과의 교역에서 발생한다. 사드 한국 배치 문제를 두고 한·중 관계가 더 악화되면 한국은 경제적 타격을 입게 됨은 물론, 경제력 약화에 따라 안보 기반까지 손상당할 우려가 있다. 우리가 2017년 10월 중국에 '①사드 추가 배치는 없다. ②미국 주도 동아시아 미사일방어체제(MD)에 참여하지 않는다. ③한·미·일 군사동맹에 가입하지 않는다.' 등 3불(三不)에 합의해 준 것은 바로 이 때문이라 한다.

한 나라의 안보 문제에는 군사 외에 외교와 경제 부문도 포함된다. 군, 특히 북한에 대한 대처를 우선시할 수밖에 없는 육군의 논리가 압도하는 안보정책은 재검토되어야 한다. 동아시아의 안정과 평화를 유지케 하는 △미·중 협력관계, △일본의 평화헌법, △한반도 비핵화 등 3개 축軸 가운데 앞의 2개는 거의 허물어졌고, 한반도 비핵화도 이미 무너졌다. 우리 안보는 우리 군과 함께 △28,500명의 주한 미군, △한·미 상호방위조약, △미군의 전시작전권 행사 등에 의해 보장되어 왔다. 중국도 북한의 행동을 제약하고 있다. 미국이 최강대국이기는 하지만, 중국이 배후에서 버티고 있는 한 북한을 붕괴시킬 수 없다.

우리는 미국, 중국, 일본, 러시아, 북한 등이 모두 관계된 동아시아의 지정학적 상황을 정확히 이해하고, 우리에게 가장 적합한 안보정책을 모색해야 한다. 1592년 임진왜란, 1894년 청·일 전쟁, 1950년 6·25전쟁과 같이 대륙세력 중국과 해양세력 일본의 국력이 어느 한쪽으로 기울기 시작하면서 한반도에 인화물질이 쌓이기 시작했다. 누가 성냥불을 댕기면 불이 붙을 상황이다.

북핵 문제를 해결하기 위해서는 군의 억지력을 강화하는 것과 함께 북한과 데탕트를 모색해야 한다. 통일되든 안 되든 남·북이 서로를 위협하며 살 필요는 없다. 미국·일본과 중국 간 건곤일척乾坤一擲의 대결을 눈앞에 두고 있는 지금 우리는 스스로의 힘으로 국가를 방어할 수 있는 시스템을 구축해야 한다.

IV. 지금 한반도는 백척간두 한겨레 21. 2016년 12월

큰 나무는 비바람이 아니라 뿌리와 줄기가 썩어 쓰러진다. 국가도 마찬가지다. 외침外侵이 있기 전 부패와 혼란으로 인해 안에서부터 무너진다. 1894년 3월 전라도 고부에서 전봉준을 중심으로 한 동학군이 봉기했다. 같은 해 5월 전주를 점령한 동학군과 흥선대원군이 모의하여 고종을 폐위시키려 한다는 정보를 입수한 민씨 일족 민영준민영휘로 개명은 청나라에 원병을 요청했다. 청나라가 파병을 결정하자 일본도 톈진조약 제3조조선 파병 시 통보 의무를 빌미로 조선에 군대를 보냈다. 조선 정부가 동학군을 진압하기 위해 청나라 군대를 끌어들인 것이 일본군의 조선 침공을 불러왔다. 일본은 1894년 6월 시작된 청·일 전쟁에서 승리하여 조선으로부터 청나라 세력을 몰아냈다. 조선은 이번에는 러시아를 끌어들여 일본을 견제하려 했다. 러시아의 남하를 우려한 영국과 미국은 일본을 지원하기로 결정했다. 영·미의 지원을 받은 일본은 1904~1905년 뤼순과 선양 육전, 그리고 대한해협 해전 등에서 러시아를 연파하고, 1910년 조선을 식민지로 만들었다. 이 과정에서 조선 정부가 보여 준 것은 무능과 무책략, 대외 의존밖에 없었다.

중국의 부상浮上, 일본의 보통국가화 추진, 트럼프의 등장, 브렉시트 등 동아시아를 포함한 세계가 새로운 질서를 향해 꿈틀대고 있다. 지금은 청나라, 일본, 러시아, 미국 등 모두가 한반도를 탐내던 19세기 말과 유사한 점이 많다. 미국의 국력이 상대적으로 쇠퇴한 것은 분명하지만, 미국의 대외정책은 여전히 한국과 북한은 물론, 중국과 일본, 러시아 등 세계 모든 나라에게 상수常數로 작용한다. 트럼프는 '미국 제일주의America First'를 주창하고 있다. '미국 제일주의'는 미국의 국력이 상대적으로 약화되었다는 것을 인정하고, 미국의 국익 보호를 위해서는 '선택적 관여selective engagement'가 더 효율적이라는 판단하에서 나왔다. '미국 제일주의'는 먼로식전통적 고립주의와는 다르게 필요시 관여engagement도 할 것이라는 점에서 '신고립주의neo-isolationism'라 할 수 있다. 미국이 환태평양경제동반자협정TPP을 탈퇴하고, 캐나다와 멕시코에 북미자유무역협정NAFTA 개정을 강요한 것은 아·태 국가들과 멕시코 등을 더 이상 경제적으로 포용할 만한 국력이 없다는 것을 고백한 것에 다름이 아니다. 미국은 2015년 약 8,000억 달러의 무역적자를 기록했는데, 중국과의 교역에서만 3,700억 달러의 적자를 보았다. 이에 반해, 중국은 급성장한 경제력에 힘입어 역내포괄적경제동반자협정RCEP 체결을 주도하는 한편, 아시아인프라투자은행AIIB을 출범시키고, 일대일로—帶—路 정책과 세계 제2위 규모의 내수시장을 무기 삼아 새로운 동아시아 질서, 즉 지경학에 입각한 중국 중심 신질서를 구축하려 한다.

동아시아의 3대 안보 이슈는 △남중국해 문제 포함 중국의 굴기, △중국-타이완 관계, △북한 핵문제인데 이 모두가 미·중 관계는 물론, 한국의 현재 및 미래 안보와도 직·간접적으로 연결되어 있다. 미국은 전 세계에 전개해 놓은 군사력과 기축통화달러 발권력 등을 통해 패권을 유지하고 있다. 미국 경제의 상대적 약화는 중장기적으로 군사력 약화와 함께 기축통화 발권력 상실로 이어질 수 있다. 이를 잘 알고 있는 트럼프는 미국의 군사력 증강을 추구하면서, 한국과 일본, 북대서양조약기구NATO 회원국 등 동맹국들에게 재정 기여 확대를 요구하고 있다. 트럼프는 국방 부문 연방 예산 자동 삭감 조치시퀘스트를 폐기하고, △군함270척→350척, △전투기1,100대→1,200대, △해병대23개 대대

→36개 대대 증강을 추진하고 있다.

트럼프의 미국은 어떠한 세계질서를 추구할 것인가? 러시아, NATO와의 관계는 어떻게 정립할 것인가? 러시아는 다소 개선은 되었지만 여전히 경제난을 겪고 있으며, 러시아 국민의 푸틴에 대한 지지 열기도 예전 같지 않다. 푸틴은 정권 안정이 흔들릴 경우 러시아 민족주의에 기대기 위해서라도 우크라이나나 발트 3국을 대상으로 하이브리드 전쟁을 벌이려 들 가능성이 있다. NATO가 우크라이나 등을 포기할 경우 NATO의 무기력은 만천하에 드러나게 되며, NATO는 아마 붕괴할 것이다. 이런 극단적 상황까지 상정되는 상황에서 트럼프의 미국이 NATO를 포함한 환대서양transatlantic 관계를 계속 경시할 경우 유럽 최강국 독일은 단독 또는 프랑스와 함께 재무장을 시도할 수밖에 없을 것이다. 유럽이 1939년2차 세계대전 발발 이전 질서로 복귀할 가능성마저 배제할 수 없다.

시진핑 단일지도체제로 이행移行한 중국은 저속성장을 감내하면서 점차 개혁해 나간다는 신창타이New Normal 경제를 운용 중이다. 시진핑은 정치·경제 두 가지 부문 모두에서 불확실성을 관리해야 하는 상황에 직면해 있어 국민들에게 민족주의와 결부된 동·남중국해 및 북한 문제와 관련하여 미·일의 압력에 밀리는 모습을 보여 주기 어렵다. 미국은 중국이 일대일로 정책이나 동아시아포괄적경제동반자협정 체결 등을 통해 새로운 동아시아 질서, 즉 신新조공질서를 구축하려 한다면, 두고 보고만 있지는 않을 것이다. 트럼프의 미국은 이미 '아시아 복귀, 재균형 정책'보다 더 강하게 중국을 압박하고 있다. 미국이 중국을 계속 압박할 경우 중국은 미국에 대항하기 위해서라도 북한을 지렛대로 이용하려 할 것이다. 2019년 2월 말 하노이 개최 제2차 북·미

정상회담이 성과 없이 끝난 지금 북한의 중국, 러시아 접근 가능성은 더 커졌다. 이 경우 북한 핵문제 해결은 더 지체될 가능성이 있다. 미·중 두 나라가 일본의 어깨너머로 동·남중국해 문제를 해결하려 할 경우에는 일본의 안보 불안감은 증대될 것이며, 일본은 민족주의를 바탕으로 핵과 탄도미사일 무장 등 군사력 강화를 시도할 가능성이 있다.

일본은 미국을 등에 업고 중국을 견제하고 있는데, 일본이 군비를 증강하기 위해서는 경제력의 뒷받침이 필요하다. 그런데, 미국은 TPP를 탈퇴했다. 이는 미국, 호주, 베트남 등과의 경제협력을 강화함으로써 정치·경제 관계 증진과 함께 경제력 회복도 추구하던 일본에게 큰 타격이다. 미국은 일본의 엔화 대폭 약세를 용인하는 방법으로 일본 경제 회복을 지원했다. 일본은 중국의 경제성장이 지속될 경우에는 어쩔 수 없이 중국 주도의 동아시아 질서를 받아들이되, 중국의 경제성장이 정체될 경우에는 미국과 손잡고 중국에 대항하려 할 것이다. 이를 위해 일본은 미국을 배경으로, 한국을 하위 파트너로 삼아 중국에 대항하는 군사협력체제를 만들려 한다. 이를 위해 동원된 것 중 하나가 한·일 군사정보보협정GSOMIA 체결이다. '체약 상대국으로부터 제공받은 군사정보를 제3국에 알려주어서는 안 된다.'는 요지의 GSOMIA는 미국의 요청도 있고 하여, 재협상을 시작한지 1개월도 채 안돼 속전속결로 추진되어 2016년 11월 23일 우리 국방장관과 주한 일본대사 서명으로 발효되었다. 우리나라는 러시아 포함 24개국과 GSOMIA를 체결 중이지만, 일본과 GSOMIA를 체결하는 과정에서 대對국민 설명이 부족했다.

일본과 군사정보를 교환할 필요성은 있다. 일본은 정보수집위성 5기, 이지스함 6척, 탐지거리 1,000㎞ 이상의 지상레이더 4기, 조기경보기 17대, 해상초계기 77대 등 막강한 정보자산을 보유하고 있기 때문이다. 하지만, GSOMIA는 양날의 칼이다. 북한과 중국, 러시아에 대한 정보 획득에는 도움을 줄 수 있지만, 일본 자위대의 한반도 진출 단서를 제공해 줄 수 있기 때문이다. 북한이라는 여우를 피하려다가 일본과 중국이라는 호랑이와 곰을 불러들일 수도 있다는 뜻이다. GSOMIA 다음 수순은 한·일 상호군수지원협정ACSA 체결이라는 관측이 유력하다. 지난 2012년 한·일 정부는 GSOMIA와 ACSA 병행 체결을 추진했다. 하지만 '밀실 추진' 논란으로 GSOMIA 체결이 무산되면서 ACSA 논의도 자연스레 묻혔다. ACSA는 한반도 유사시 일본군자위대 수송기나 함정 등이 한반도에 투입되는 법적 근거로 이용될 수 있다.

군수물자를 주고받으려면 협정 체결국 간 군사비밀에 대한 정보 교환이 불가피하다. 군수물자 교환을 위해서는 협정 체결 상대국 공항과 항만 등의 위치에 대한 정보를 미리 알아야하기 때문이다. 두 협정을 따로 떼어놓는 것이 불가능하다는 점에서 GSOMIA와 ACSA는 '이란성 쌍둥이'라 할 수 있다. 미·일의 중국에 대한 대응과 관련 한국이 일본의 하위 파트너 역할을 하게 될 경우 중국의 북한에 대한 집착은 더 강화될 것이며, 북한 감싸기는 지속될 것이고, 따라서 북한 핵문제 해결 가능성은 어려워질 것이다. 한반도 통일이 난망해질 것임은 말할 필요도 없다.

중국이 한국에 대해 저강도 경제 압박을 수시로, 그리고 지속적으로 가할 경우 경제력 약화는 물론, 안보 기반까지 손상당할 우려도 있다. 우리는 1894년 일본이 톈진 조약을 빌미로 조선에 파병하고, 청·일 전쟁과 러·일 전쟁을 일으켜 조선을 병탄한 것이 남·북 분단과 6·25 전쟁, 분단 고착화로까지 이어졌음을 잊지 말아야 한다. 추위에 발이 얼었다 하여 오줌을 누어 해결하려 해서는 안 된다. 언 발에 오줌을 누면 당장은 발을 덥힐 수 있지만, 곧 발이 더 차가워지는 것은 물론, 더러워지기까지 하기 때문이다.

V. 균형 잃으면 독립도 없다 한겨레 21, 2017년 1월

5,200만 명이나 되는 많은 사람들을 실은 배가 폭풍우 몰아치는 밤바다를 건너 항구港口에 무사히 도착하기 위해서는 여러 가지가 필요하다. 뛰어난 선장과 항해사가 있어야 하며, 나침반을 포함한 좋은 장비도 갖추어야 한다. 무엇보다 중요한 것은 선장과 항해사, 승객 모두 배가 현재 어디에 위치해 있으며, 가려는 항구는 어디에 있는지 분명히 알아야 한다는 것이다. 우리나라는 지금 어디에 위치해 있고, 어디를 향해 가고 있는가? 중국의 부상浮上, 트럼프의 등장, 북핵 문제 등이 우리나라를 포함한 세계를 초불확실성의 시대로 밀어 넣고 있다. 우리는 우리가 현재 어디에 있는지? 그리고 어디로 가야 안전과 번영의 항구에 닻을 내릴 수 있는지 잘 모르고 있다. 미국은 중국의 서태평양 진출을 저지하기 위해 일본, 한국, 호주, 베트남, 인도 등과의 결속을 강화해 왔다.

중국의 수도 베이징은 동아시아의 요충 중의 요충 보하이만渤海灣 깊숙이 자리하고 있다. 보하이만은 우리 서한만, 경기만과 연결된다. 중국의 침공을 저지하려 하거나, 반대로 중국을 공격하기 위해서는 모두 한반도가 필요하다는 뜻이다. 미·중 간 갈등이 격화되면 될수록 한반도의 지정학적 가치는 상승할 것이다. 중국의 동아시아 패권을 우려하고 있는 일본은 세계 3위 경제대국이자 막강한 군사잠재력 military potential을 갖고 있다. 한국도 지정학적 가치에 더하여 세계 10위의 경제력과 7위의 군사력을 갖고 있다. 미국은 한국에 고고도미사일방어체계사드를 배치하여 중국의 동향을 상시 감시하는 한편, 늘 아웅다웅하는 일본과 한국을 화해시켜 중국과 북한의 위협에 공동 대

웅케 하려 한다. 박근혜 시기 한·일 종군위안부 협상 타결은 이러한 배경 하에서 나온 것이다.

사드 한국 배치 문제와 관련하여 안보가 허물어지면 경제가 잘 굴러가도 아무 소용없다는 말이 들린다. 하지만 안보와 경제는 불가분의 관계이다. 안보를 위해 당장 필요한 것은 군사력이지만, 경제력이 뒷받침되지 않는 군사력은 오래 갈 수 없다. 김훈의 소설 『칼의 노래』에서 이순신 장군이 말한 것과 같이 '닥쳐 올 한 끼 앞에서 지나간 모든 끼니는 무효'이다. 병사는 먹지 않고서는 싸울 수 없으며, 전투기와 탱크도 석유 없이는 움직이지 못한다. 2차 세계대전 때 독일군과 일본군이 영·미-소련 연합군에게 패한 것은 무엇보다 미국의 경제력이 독일과 일본의 경제력을 압도했기 때문이었다. 소련이 40년 넘게 지속된 미국과의 냉전에서 패배한 끝에 붕괴한 것도 미국과의 군비경쟁을 지탱해줄 경제력이 취약했던 탓이다. 사드 한국 배치 문제 와 관련 중국의 경제 압박에 대한 대책으로 2012년 중·일 간 센가쿠 열도조어도 충돌 이후 단행된 일본의 대응책을 원용할 수 있을까? 일본은 중국에 대한 무역의존도를 낮추기 위해 줄곧 노력한 끝에 2015년 대對중국 무역의존도를 17.5%까지 낮추는 데 성공했다. 하지만 우리나라 무역의존도는 일본의 5배나 된다. 한국은 무역 없이 살아갈 수 없는 나라이다. 일본의 대응은 좋은 참고가 될 수 없다. 우리는 어쩔 수 없이 안보를 위해서는 미국, 중국 두 나라 모두와 좋은 관계를 유지할 수밖에 없다. 중국에 대한 무역·투자의존도를 줄이기 위한 노력, 예를 들어 신북방, 신남방 정책 등은 강력하게 추진해 나갈 필요가 있다.

2척의 항모航母를 보유한 중국은 다롄과 상하이 등에서 항모 4척 추가 건조에 들어갔으며, 남중국해 도서들을 요새화하는 등 서태평양-인도양 방향으로의 팽창 의도를 명백히 하고 있다. 이런 점에서 트럼프 미국 대통령의 '힘을 통한 평화peace through strength 구상'이 도전자로 떠오른 중국을 겨냥하는 것은 일견 당연해 보인다. 트럼프는 2017년 초 취임하기 전 이미 언론 인터뷰에서 미국은 더 이상 '하나의 중국 원칙'에 얽매이지 않을 것이라고 말했다. 남중국해 및 북핵 문제 해결과 관련하여 '하나의 중국 원칙'도 협상 수단으로 사용할 수 있다는 뜻이다. 중국이 2017년 1월 초 1호 항공모함 랴오닝함으로 하여금 타이완 해협을 가로지르게 한 것은 '하나의 중국 원칙'을 건드리지 말라는 경고였다. 중국은 거의 같은 시기 주력전투기 J-11 4대와 전략폭격기 H-6K 6대를 동원하여 한국과 일본의 방공식별구역ADIZ을 침범했다. H-6K 폭격기 사정권에는 사드가 배치된 경북 성주도 들어 있다.

중국은 경제적 압박에 더하여 군사력까지 동원하여 사드 한국 배치 추진에 반발하고 있다. 중국의 한국, 일본 ADIZ 침범은 지금도 계속되고 있다. 6·25전쟁 시 중국은 미군 주축 UN군이 38선을 돌파할 경우 상응 조치를 취할 것이라고 여러 차례 경고한 다음 군대를 투입했다. 중국은 사드가 자국을 겨냥한 '미국의 전략무기'라는 이유로 한국 배치에 반대한다. 트럼프는 취임 며칠 전 가진 유럽 언론과의 인터뷰에서 EU와 NATO로 대표되는 현 유럽체제에 반대한다는 뜻을 밝혔다. 트럼프는 또한 영국의 EU 탈퇴 시도를 높이 평가하고, 러시아와 관계를 개선할 용의가 있다고 말했다. 러시아에 대한 각종 제재도 해제할 뜻이 있다고 언급했다. 트럼프는 당시 '러시아와 연합하여 중국을 제압한다.'는 '연로제중聯露制中' 의사를 표명했다. 트럼프는 오바마 시기 미국이 푸틴을 악마시하여 러시아에 대한 제재를 강화하는 바람에 러시아가 중국의 파트너가 되어버린 현실을 비판적으로 보고 있다.

동북아시아는 유럽보다 상황이 더 복잡하다. 북한은 경제 개발 등 정권 생존을 위해 핵과 미사일 개발을 함께 추구해 왔고, 중국은 여전히 '북한이 망하면 중국도 위험하다.'는 '순망치한脣亡齒寒'의 시각에서 북한의 붕괴를 걱정하고 있다. 미국은 한국에 사드를 배치해서라도 중국을 견제하려 한다. 일본 역시 미국을 등에 업고, 군사력을 강화하고 있다. 트럼프는 지경학적 시각으로 무역과 환율 등 경제·금융정책을 동원하여 중국의 팽창을 저지하려 한다. 동아시아−서태평양 지역은 더 이상 미국이 일방적으로 주도하는 단극질서가 아니라, 중국도 강력한 영향력을 가진 다극체제로 진입했다.

미·중 갈등 격화는 북핵 문제로 인해 불안정해진 한반도에 폭풍으로 다가올 수 있다. 19세기 말 20세기 초 우리가 균형을 상실했을 때 독립도 상실했다는 것을 분명히 깨닫고, 진영 논리에 함몰되지 말고 국제 정세 변화를 면밀히 관찰하면서 다차원적 균형을 유지해 나가야 한다. 아무리 어렵더라도 우리는 미·중 모두 받아들일 수 있는 북한 문제 해결 방안을 찾아야 한다.

미국과 중국 가운데 어느 한 쪽을 택하면 피해는 우리가 입게 되어 있다. 미·중 모두 북한의 핵무장에는 반대하므로 북핵 문제 해결 관련 미·중의 공조를 이끌어 내야 한다. 미·중이 타협해야 북한핵 포함 한반도 문제 해결의 문이 열릴 수 있다. 미·중 타협을 기초로 북한을 설득하여 동아시아 모든 나라가 공존·번영할 수 있는 길을 찾아야 한다. 한·미 양국은 북핵 문제와 관련하여 중국이 북한을 설득할 수 있도록 △한·미 합동군사훈련 조정 △남·북 대화 지속 △북한에 대한 국제 제재 완화를 추진할 필요가 있다. 동북아 문제에 대한 한·미·일 공동 대응을 어렵게 만드는 종군위안부, 강제징용자 문제 등과 관련하여 미국은 일본을 설득하여 한국이 일본에 대해 갖고 있는 뿌리 깊은 원한을 해소케 해 주어야 한다. 부산 주재 일본총영사관 앞 소녀상 설치와 관련하여 일본이 한국과의 통화 스와프를 종식시키고, 주한 대사 등을 귀국시킨 조치는 유사시 한국을 중국 쪽에 서게 만들 수도 있는 전략적 실수로 이해된다.

중국 역시 경제·군사 레버리지를 동원한 한국에 대한 제국주의적 압박을 즉시 중단해야 한다. 한국의 약점을 이용하여 한국을 미국으로부터 떼어 놓으려는 시도는 성공하지 못할 뿐더러 중국에 대한 동아시아 인근국의 두려움과 혐오감만 키울 것이다.

동·서 냉전이 절정을 향해 달려가던 1975년 소련은 서유럽 전역을 사정권으로 하는 SS-20 중거리 탄도미사일을 폴란드와 체코슬로바키아에 배치했다. 이에 대응하여 미국은 1983년 신형 중거리 탄도미사일 퍼싱II 108기를 서독에, 그리고 중거리 순항미사일 그리폰Gripon 460기를 영국과 이탈리아, 네덜란드 등에 배치하기로 했다. 미국은 갈등이 증폭되는 상황에서 소련에 SS-20 미사일 철수와 퍼싱II, 그리폰 미사일 배치 철회를 연동시킨 병행 결정dual track decision 협상을 제안했다. 이 협상은 널뛰기를 계속하다가 협상 시작 6년 만인 1987년 12월 타결되었다. 냉전이 종식된 1991년에는 사거리 1,000~5,000㎞의 모든 중거리 미사일이 철수·폐기되었다. 당시 콜 총리와 겐셔 외상이 주도한 보수CDU/CSU-중도FDP 연립정부는 동·서 데탕트를 추진해야 독일의 미래가 있다고 판단하여, 여론의 흐름을 타면서 미·소 간 대타협을 이끌어 냈다. 이 과정에서 서독은 미·소 어느 쪽도 실망시키지 않는 외교력을 발휘했다. 우리도 당시 서독과 같은 상상력 풍부한 외교를 해야 한다.

　　외교안보 정책과 관련하여 무엇보다 중요한 것은 우리끼리 편을 가르고, 상대편을 상종 못할 적으로 몰아붙여서는 안 된다는 것이다. 안에서 새는 바가지 밖에서도 샌다. 우리끼리 서로 싸우면 대응력이 약화된다. 이명박 정부 청와대에서 고위 외교안보직을 지낸 한 인사는 2017년 초 유력 신문 칼럼에서 사드 한국 배치를 반대하는 이들을 '친북 좌파'라고 지칭했다. 지금도 정계 포함 우리 사회 일각은 반대진영을 외부 세력보다 더 강하게 비판하는 행태를 종종 보인다. 조선 숙종시대 당쟁이 절정에 이르던 무렵 노론과 소론·남인은 서로 반대당파 인사를 찢어 죽여도 시원치 않다고 할 정도로 증오했다. 우리의 상대는 북한이나 미국, 중국, 일본이지 우리 내부의 생각이 다른 사람들이 아니다. 같은 배에 타고 있고, 도착하고자 하는 항구도 같은 우리는 서로를 갈라 칠 것이 아니라, 하나로 뭉쳐 외부세력에 대응하는 데 있어 유연성과 함께 주도력을 발휘해야 한다. 정부와 기업, 학계 등 사회 모든 분야가 초불확실성이라는 캄캄한 시대의 폭풍우에 맞서 집단지성을 모아야 한다. 이것이 우리가 살 수 있는 길이다.

중동·중앙아 문제

|

Ⅰ. 유라시아 그레이트 게임Great Game, 월간조선 2004년 5월

2003년 12월 3일, 럼즈펠드 미美 국방장관을 태운 미국 공군 특별기가 카스피해 서안西岸에 위치한 산유국 아제르바이잔의 수도 바쿠에 도착했다. 그는 12월 1일부터 2일까지 브뤼셀에서 개최된 북대서양 조약기구NATO 회원국 국방장관회의에 참석하고, 곧바로 아제르바이잔으로 날아왔다. 럼즈펠드 장관은 알리예프 대통령과 아비예프 국방장관을 만나 아제르바이잔에 미국 공군기지를 설치하며, 미국이 바쿠 근처 아제르바이잔 군항의 시설 증강을 지원키로 하는 데 합의했다. 다음날, 럼즈펠드 장관을 태운 특별기는 기수를 동쪽으로 돌려 힌두쿠시 기슭에 자리 잡은 아프가니스탄의 수도 카불로 향했다. 럼즈펠드 장관은 카라자이 대통령과 파힘 국방장관을 만나 알카에다와 탈레반 잔당 소탕을 비롯한 아프가니스탄의 국방·안보 문제에 대해 협의하고, 다시 특별기에 올랐다. 럼즈펠드 장관을 태운 특별기는 다음 목적지인 우즈베키스탄의 수도 타슈켄트로 향했다.

특별기가 아프가니스탄과 국경을 이루는 우즈베키스탄 테르메스시 상공을 막 통과할 무렵, 우즈베키스탄 하나바드 미국 공군기지로부터 짙은 안개 때문에 타슈켄트 공항 착륙이 불가능하다는 보고가 날아들었다. 우즈베키스탄 방문을 취소한 럼즈펠드 장관은 흑해 동안東岸에 자리잡은 그루지야조지아의 수도 트빌리시로 향했다. 12월 5일 그루지야에 도착한 럼즈펠드 장관은 미국 군사고문단이 훈련을 담당하고 있는 크트사니스키 특수부대를 사열하고, 샤카슈빌리 대통령과 테브자제 국방장관을 만나 미군 기동타격대의 그루지야 파견에 합의했다.

그루지야를 떠난 럼즈펠드 장관은 12월 6일 이라크에 도착, 이라크 북부 유전지대의 중심도시 키르쿠크에 주둔하고 있는 미국 82공수부대공정대를 기습 방문했다. 럼즈펠드 국방장관의 흑해, 카스피해, 중앙아시아 및 이라크 순방은 9·11 사태 이후 제국으로서의 성격을 강화해 나가고 있는 미국의 관심이 어디를 향하고 있는지를 말해 주는 대표적인 예이다.

중앙아시아 지역에 대한 미국의 정책 목표는, 첫째 이 지역이 러시아나 중국의 영향권 아래에 들어가는 것을 막고, 둘째 주민 대다수가 이슬람교를 믿는 이 지역 국가들이 이슬람 원리주의 세력의 근거지가 되는 것을 방지하며, 셋째 이 지역에 풍부하게 매장된 석유와 천연가스, 우라늄, 금 등 지하자원을 확보하는 것이다. (셰일가스 대량 생산 이후 약해졌기는 하지만,) 석유와 천연가스, 우라늄 등 전략 에너지 자원 확보를 위한 미국의 노력은 상상을 초월한다. 시니어 부시 전前 대통령 시절 국방장관을 역임한 바 있는 체니 부통령은 1991년 미국 의회 청문회에서 "페르시아만 유전을 지배하는 자가 세계 경제를 통제할 수 있다."고 증언했으며, 미래학자 앨빈 토플러는 "미국의 석유자원 통제는 중국과 러시아 등 경쟁국들의 목줄기를 틀어쥐는 것을 의미한다."고 설파한 바 있다. 미국의 수입 석유 의존도는 2003년 50% 수준인데, 2020년경에는 70% 수준에 도달하게 된다. 미국은 자체 생산 셰일가스에 힘입어 최근 석유류를 자급하게 되었다. 이 때문에 미국은 19세기 말부터 석유자원의 보고로 불리어 온 카스피해와 그 배후지인 중앙아시아에 대한 영향력 강화에 나섰으며, 9·11 사태에서 비롯된 아프가니스탄 전쟁을 통해 중앙아시아 지역에 막강한 영향력을 행사하게 되었다.

석유 자원의 통로 카스피해

석유 전문가들에 의하면, 카스피해 지역에서 확인된 석유 매장량은 2,200억 배럴이며, 천연가스 가채 매장량은 640조㎥로 세계 총 매장량의 16%에 달한다 한다. 소련 붕괴 이후 미국·영국·일본·프랑스의 석유 메이저들은 아제르바이잔과 카자흐스탄, 투르크메니스탄 유전과 천연가스전을 탐사하고, 생산된 석유와 천연가스의 수출을 위한 파이프라인 건설을 위해 이미 600억 달러 이상을 투자했다. 아제르바이잔의 수도 바쿠 앞바다를 비롯, 카스피해 곳곳에 석유 플랫폼이 설치되었다. 석유와 천연가스를 운반하는 파이프라인이 바쿠를 중심으로 사방으로 뻗어나가고 있다. 1997년 바쿠와 러시아의 흑해 항구 노보로시스크Novorossisk를 잇는 BN바쿠-노보로시스크 파이프라인이 설치된 데 이어, 1999년에는 바쿠와 그루지야의 수도 트빌리시를 거쳐 흑해 항구인 숩사를 연결하는 BTS바쿠-트빌리시-숩사 파이프라인이 완공되었다. 2004년 말 바쿠에서 트빌리시를 지나 터키의 지중해 항구 제이한으로 이어지는 총 연장 1,760㎞의 BTC바쿠-트빌리시-세이한 파이프라인이 건설되었으며, 2007년 초 바쿠-트빌리시-에르주룸터키의 내륙 도시 간 가스 파이프라인이 완공되었다. 카자흐스탄의 악타우에서 카스피해를 횡단하여, 바쿠로 이어지는 AB악타우-바쿠 파이프라인과 투르크메니스탄의 카스피해 항구 투르크멘바쉬에서 바쿠로 이어지는 카스피해 해저 가스 파이프라인이 완공됨에 따라 카스피해와 그 주변은 그야말로 거미줄 같은 파이프라인 망網으로 뒤덮여 있다.

미국은 아프가니스탄 정세가 안정될 경우, 카스피해-아프가니스탄-파키스탄또는 인도을 잇는 파이프라인 건설을 통해 세계 제1위 규모인 투르크메니스탄과 우즈베키스탄의 천연가스를 인도양으로 실어 내려 하고 있다. 16~17세기 무적함대를 이끌고 동·서로는 카리브해에서 필리핀까지, 남·북으로는 캘리포니아에서 칠레까지 대제국을 건설했던 스페인에 이어, 영국은 18~19세기 막강한 해군력을 바탕으로 인도·캐나다·오스트레일리아·이집트·남아공·홍콩 포함, 5대양 6대주에 걸친 해가 지지 않는 영광의 대영제국을 건설했다. 미국도 강력한 해양세력이다. 미국은 아프가니스탄 전쟁 이전까지는 대륙으로 깊이 들어가기보다는 해안선과 가까운 곳에 군사기지를 건설하는 방식으로 옛 소련과 중국을 비롯한 대륙 세력에 대항해 왔다.

러시아, 중국 견제 전략

키신저에 의하면, 미국의 글로벌 위상은 로마제국의 위상을 능가한다 한다. 브리타니아영국-라인강-다뉴브강을 잇는 북부 전선과 아르메니아-시리아-팔레스타인을 잇는 동부 전선, 그리고 이집트-튀니지-

모로코로 이어지는 남부 전선에 병력을 집중 배치해 두었던 로마제국은 전선의 상황에 따라 병력을 증강하기도 하고, 감축하기도 하는 등 매우 탄력성 있게 군대를 운용했다. 이와 마찬가지로 부시 대통령 시절 미국은 이란과 북한 등 미국이 말한 '악의 축'들이 세계 안정의 저해 요인으로 작용하고 있는 가운데 이슬람 원리주의 세력이 새로운 위협요인으로 대두하고, 중국이 급성장하는 등 변화된 세계 안보 환경에 맞추어 유럽, 동아시아 등 해외 주둔 미군의 재배치와 재편을 추진하고 있다. 미국은 독일 등 중서부 유럽에 대규모 미군을 계속 전개하는 것이 군사전략상 더 이상 효율적이지 못하다는 판단 아래 유럽 주둔 미군의 재배치를 시도하고 있다. 폴란드와 루마니아 포함 중동부 유럽에 미군을 재배치함으로써, 나토NATO의 동부 방위선을 동진시키려 하고 있다. 또한 코카서스의 아제르바이잔에 공군기지를 건설하여, 이미 미군기지가 있거나 군사고문단이 파견되어 있는 우즈베키스탄, 키르기스스탄, 아프가니스탄 및 그루지야와의 연결을 시도하고 있다.

미국은 중세 유럽의 해양강국 베네치아가 아드리아해, 에게해, 동지중해의 요충지 항구와 주요 항로를 연결하여 '바다의 고속도로'를 건설했던 것처럼, 발트해-흑해-카스피해-중앙아시아-몽골-동해로 이어지는 유라시아 대륙 중남부 벨트에 일종의 '군사기지 고속도로'를 건설하려 하고 있다. 유라시아 대륙 중남부 벨트에 대한 미국의 군사적 영향력 강화는 이란과 이라크, 사우디아라비아 등으로 향하는 러시아의 길목을 차단하는 것을 의미한다. 알렉산더 대왕의 마케도니아군이나 칭기즈칸의 몽골군, 그리고 메메드 2세의 오스만터키군이 최정예 부대로 하여금 적진의 중심부를 돌파하여 적진을 양단, 포위함으로써 전투에서 승리한 것처럼, 미국도 유라시아 대륙 중남부에 장대한 군사기지 고속도로를 건설함으로써, 이란·시리아·레바논 헤즈볼라 등과 러시아 간 연결을 차단시켜 이들을 동시에 견제하려 하고 있다. 미국은 이 군사기지 고속도로를 중국의 신장과 몽골까지 연장함으로써, 중국도 견제하려 하고 있다. 몽골 고원에서 만주 벌판을 지나면 미국 지상군이 주둔하고 있는 한반도와 일본열도로 이어진다. 이를 통해 미국은 중국, 러시아, 중동을 최적의 비행거리로 동시 타격할 수 있게 되어, 중국과 러시아에 대한 전략적 우위를 굳히게 되었다. 공교롭게도 이 군사 고속도로는 전 세계 석유 부존량의 4분의 3 이상을 차지하는 걸프페르시아만와 카스피해의 주요 석유·천연가스 생산지에서 500~800㎞ 이내에 위치하고 있다. 전폭기로 5~10분 이내에 도달할 수 있는 거리이다.

중국과 러시아의 대對미국 전략

미국은 중국, 러시아 등에 대한 전략적 우위를 확고히 한 것 이외에도 중앙아에서 중동에 이르는 지역을 직·간접적으로 통제할 수 있게 됨으로써, 세계 석유자원의 4분의 3 이상에 대한 영향력을 강화할 수 있게 되었다. 중국의 국력이 예상을 뛰어넘는 속도와 수준으로 강화될 경우, 미국은 중국의 에너지 공급원에 영향을 발휘하는 방식으로 중국을 통제하려 할 수도 있다. 미국·중국·러시아·일본 등 4대 강국의 이해관계는 동북아시아에서와 같이 중앙아시아에서도 첨예하게 부딪히고 있다. 특히 중국과 접경하고 있으며, 톈산산맥과 파미르고원으로 에워싸인 산악국가 키르기즈키르키스스탄와 타지키스탄, 중앙아시아의 중심국 우즈베키스탄은 4대 강국의 이익이 날카롭게 대립하고 있는 대표적 국가들이다. 미국은 9·11 사태 이후 아프가니스탄에 대한 군사작전을 위한 공군기지로 활용키 위해 키르기즈의 수도 비슈케크 교외 마나스 공항을 장기 임차하였다나중 철수. 키르기즈는 종주국이 던 소련러시아가 계승의 영향력 아래에 있었으나, 9·11 사태 이후 미국과 러시아가 반테러라는 공통의 이해관계를 기초로 상호 접근함에 따라, 공항시설을 미국 등 서방국가들에 제공하는 등 이들과의 관계를 긴밀히 해 나갔다. 타지키스탄 역시 미국·일본·독일 등 서방 국가들과의 관계를 강화했다.

미국의 중앙아 진출을 가장 우려하는 나라는 중국이다. 중국은 급속한 경제성장에 필요한 석유 확보를 위해 1993년 이후 해외 유전개발에 많은 노력을 기울여 왔다. 중국은 부족한 석유 자원을 중앙아시아 및 카스피해 지역과 남중국해, 아프리카 그리고 시베리아와 사할린 등 해외 유전에서 보충하려 한다. 2003년 일본을 제치고 동아시아 최대 원유 수입국이 된 중국현 세계 최대 원유 수입국은 자국 경제의 미래가 걸린 해외 유전과 석유 수송로에 대한 미국의 영향력이 강화되고 있다는 사실을 잘 알고 있다. 중국은 일대일로 정책을 통해 중앙아와 카스피해, 중동으로 진출하고 있다. 중국은 신장新疆의 서단 카슈가르까지 철도와 도로를 건설하고, 이 철도와 도로를 키르기즈와 우즈베키스탄으로 연결하는 한편, 카스피해 유전과 신장의 석유 산지인 타림분지를 연결하는 장거리 파이프라인을 건설하고 있다.

중국은 2004년 1월 1일 투르크메니스탄 정부와 유정 개·보수 계약을 갱신했으며, 카자흐스탄·타지키스탄·키르기즈에 경제 원조를 하는 등 교역과 투자 확대를 꾀하고 있다. 또 신장과 접경한 카자흐스탄 국경지역 황무지에 중국 농민 3,000~4,000명을 이주시키는 대규모

농업 개발 프로젝트도 추진했다. 이 프로젝트들은 일대일로 정책의 밑거름이 되었다. 이에 더하여, 중국은 중앙아 지역에 대한 미국의 영향력 증대에 긴장하고 있는 러시아와 함께, 1996년 '상하이-5'라는 이름으로 창설된 상하이협력기구SCO 참여를 강화하고 있다. 중국은 알카에다, 살라피스트 그룹 등 국제테러조직과 연계된 '동투르케스탄 이슬람운동'과 '우즈벡 이슬람운동' 등 테러리스트들의 준동에 대응한다는 것을 명목으로 2003년 8월 초, 중국과 카자흐스탄 국경 양쪽에서 러시아·카자흐스탄·키르기즈 병력들과 함께 합동 군사훈련을 실시했다. 이 합동훈련에서 키르기즈군이 중국 영토 신장 내부로 진입했다. 외국군이 훈련을 목적으로 중국 영내로 진입한 것은 현대 중국 역사상 최초 사례이다. 이에 앞서 2002년 10월에는 중국군이 6·25전쟁 참전 이후 처음으로 외국인 키르기즈에 파견되어 키르기즈군과 합동군사훈련을 실시했다.

해양과 내륙 양측에서 견제받고 있는 중국

미국은 아프가니스탄 탈레반 정권이 무너진 이후에도 아프가니스탄은 물론, 이웃 우즈베키스탄과 키르기즈에 장기 주둔할 움직임을 보이고 있으며, 최근에는 몽골에도 관심을 보이고 있다. 이에 따라 중국은 1,000만여 명으로 추산되는 신장 위구르족 문제와 함께 란저우蘭州군구가 담당하는 서북 국경지역의 안보를 우려하게 되었다. 이 지역 사정에 밝은 전략문제연구가에 의하면, 중국은 러시아와 함께 반反테러를 주목적으로 한 상하이협력기구를 정치·경제기구로 전환시키려 하고 있으나, 우즈베키스탄·키르기즈 등 중앙아시아의 회원국들은 이 기구를 개방적인 반反테러 국제기구로 계속 유지시키기를 원한다 한다. 미국이 키르기즈의 마나스 공군기지에 최첨단 레이더 시설과 최신형 전폭기 등을 배치함에 따라, 위협을 느낀 러시아는 마나스 기지에서 동북 방향으로 불과 60km 떨어진 칸트 러시아 공군기지를 대폭 보강, 확장하였다. 러시아는 칸트 공군기지에 중동과 중국 대부분 지역을 커버할 수 있는 첨단 레이더 시설과 전폭기들을 배치하고 있다. 마나스 미국 공군기지와 칸트 러시아 공군기지는 2003년 말 중국이 유인 우주선 선저우호神舟號를 발사한 간쑤성甘肅省 주취안酒泉기지로부터 직선거리로 약 2,700km 떨어져 있는데, 이는 전폭기로는 1~2시간 이내의 거리다. 중국이 키르기즈 주둔 미군과 러시아군의 증강에 위협을 느끼는 것은 당연하다.

　　19세기 말 영국·러시아·일본 등 제국주의 국가들의 청나라 침략 이래 중국은 외부로부터의 위협에 대한 방어에 우선순위를 정했다. 동중국해·남중국해·서해 등 해양으로부터의 위협을 더 위험시하는 리홍장 계열의 해방파海防派와 신장과 티베트, 내몽골 등 내륙으로부터의 위협을 더욱 중시하는 쭤쭝탕 계열의 새방파塞防派로 나뉘어 왔다. 쭤쭝탕은 신장新疆을 방기한 청나라 정부의 방침에 맞서, 1877년 트란스 옥수스아무다리아와 사르다리아 사이의 땅 페르가나 계곡으로부터 침입한 야쿠브 벡의 이슬람군을 격퇴하여, 신장을 지켜낸 바 있다. 1940년대 말부터 1990년대 초까지의 냉전 시기, 중국의 대외정책은 친소 정책에서 협미協美 정책으로 변경되었다. 이는 해방파적反美·協蘇 정책에서 새방파적協美·反蘇 정책으로 변경되었음을 의미한다.

친미·반중 경향

옛 소련 붕괴 후 러시아가 약화되고, 중국이 급성장함에 따라 해양세력 미국과 일본은 러시아보다는 중국을 안보상 더 위협적인 존재로 인식하게 되었다. 중국의 급성장에 위협을 느낀 미국이 동아시아에서 일본, 타이완 등과 함께 미사일방어체제 도입을 추진하는 등 중국에 대한 압력을 강화하자, 중국은 해방파적 방향반미·협러으로 대외정책을 조정해 나갔다. 그러나 미국이 신장과 인접한 키르기즈와 우즈베키스탄에 공군기지를 설치하여 북서부로부터도 압력을 가하자 중국은 상하이협력기구의 활동을 강화하고, 란저우 군구를 보강하는 방식으로 대응해 나가고 있다. 중국에 더 이상 해방파와 새방파의 구분이 무의미한 시대가 도래한 것이다. 우즈베키스탄·카자흐스탄·키르기즈 등 중앙아 국가들은 미국의 압력에 대한 중국의 대응 조치가 야기할 결과에 대해 우려하고 있다. 중앙아 국가들의 우려에는 1970년대 말부터 계속되어 온 중국의 고속 경제성장과 중국산 저가제품의 급격한 유입, 국경분쟁, 역사적 갈등 등이 혼재해 있다. 국가별로 다소 입장 차이는 있으나, 우즈베키스탄·카자흐스탄 등 중앙아시아 국가들에는 중국산 저가제품의 범람이 이들의 취약한 산업기반을 붕괴시키거나, 산업기반 구축 자체를 무산시킬지도 모른다는 우려가 팽배해 있다. 중국은 일대일로정책을 통해 키르키즈의 인프라 건설을 유상 지원했다. 이에 따라 키르키즈의 대외채무는 2008년 900만 달러에서 2017년 17억 달러로 190배 급증했다.

중국과 카자흐스탄, 키르기즈, 타지키스탄 간에는 8세기747년 고구려계 고선지가 지휘한 당나라군의 타슈켄트 원정을 원인遠因으로, 18세기 청나라군의 신장, 트란스 옥수스우즈베키스탄 등 지방으로의 영토 확장과 19세기 제정러시아의 신장 영토 잠식에 기인한 영토 분쟁 문제가 아직 해결되지 않고 있다. 중국이 분쟁 중인 영토 문제에 대해 가능한 한 양보하는 태도를 취하고 있지만, 중앙아 국가들의 중국에 대한 우려는 끊이지 않고 있다. 아우에조프 전前 주중국 카자흐스탄 대사는 2003년 6월 "19세기의 중국과 21세기의 중국은 분명 다른 나라이나, 한 가지 공통점은 팽창의 욕망을 갖고 있는 것이다."라고 말했다. 아우에조프 대사는 중국이 카스피해 유전 개발에 참여하고, 카스피해-신장 간 파이프라인 건설에 나설 경우, 5~6만 명의 중국인석 유탐사 기술자·근로자·상인·요리사들이 대거 유입되어 카자흐스탄은 카자흐인, 러시아인, 중국인과 기타 소수민족으로 사분오열될 것이라고 주장했다.

키르기즈 정부는 1996년 체결된 중국과의 국경협정에 따라 3만 헥타르를 이미 중국에 양도했고, 1999년 새 국경협정에 의거, 다시 9만 5,000헥타르를 중국에 양도키로 결정했다. 이에 대해 키르기즈의 민족주의 정당인 '누스푸브'의 아샤바 부총재는 2003년 5월 "중국군이 키르기즈에 도착하기도 전에 키르기즈는 멸망하게 될 것이다."라고 정부의 영토 양도 결정을 비난했다. 이와 같이 대부분의 중앙아 국가들은 대체로 이 지역에 중국이 진출하는 것에 대해서는 우려하고, 미국의 진출은 환영하고 있다. 미국의 중앙아시아 장기 주둔 가능성을 의심하는 국가들은 러시아를 중국의 대항세력으로 보고 있으며, 상하이협력기구 내에서 러시아가 중국의 대항마對抗馬 역할을 해주기를 기대하고 있다. 새뮤얼 헌팅턴의 '문명의 충돌' 가설에 비추어 볼 때, 지리적으로 인접해 있고 문화적·인종적·종교적 배경이 상이한 러시아와 중국은 장기적으로는 대립할 수밖에 없는 관계다. 중국의 만주 내 인구가 1억 명이 넘는 데 반해, 러시아 극동 인구는 600~700만 명에 불과하다.

일본의 실크로드 외교

일본은 '비단길 외교Silk Road Diplomacy'를 모토로 일본국제협력단 JAICA 활동과 경제지원 및 문화행사 등을 통하여 우즈베키스탄, 아제르바이잔, 키르기즈, 타지키스탄, 투르크메니스탄 등 중앙아 국가들에 대한 영향력을 강화해 나가고 있다. 중국이 급성장해 감에 따라, 일본은 언젠가는 중국과 정면충돌하게 될 것으로 보고 있다. 일본은 몽골, 베트남, 라오스, 미얀마, 인도, 네팔, 아프가니스탄, 타지키스탄, 키르기즈, 카자흐스탄 등 북한을 제외한 중국과 국경을 접하고 있는 모든 나라들에 대사관을 설치했다. 일본은 톈산산맥과 파미르고원에 에워싸인 타지키스탄과 키르기즈에 대해 직접적인 이해관계가 적음에도 불구하고, 최근 두 나라에 대사관을 개설하고, 경제 지원을 통해 관계를 강화해 나가고 있다. 2003년 8월 말 타지키스탄의 수도 두샨베에서 개최된 '세계 담수淡水의 해' 포럼 때 일본은 장관급 인사를 수석대표로 한 대규모 대표단을 특별 전세기에 태워 보냈다. 일본은 에너지 전략 차원에서 오래 전부터 카스피해 주변 국가들과 자원외교를 강화해 왔다. 일본은 중동의 불안정에 대비, 카스피해와 지중해를 잇는 바쿠-트빌리시-제이한BTC 파이프라인 건설 프로젝트에 대규모

우즈베키스탄 히바와 사마르칸드의 이슬람 유적

투자했으며, 2005년 상반기부터 초대형 유조선을 이용, 지중해의 터키 항구 제이한에서 일본까지 카스피해 원유를 수송할 준비를 하고 있다. 미·러·중·일 등 열강의 중앙아 진출에 대해 이 지역 국가들은 자국이 처한 상황에 따라 다양한 반응을 보이고 있다. 러시아인이 총인구의 30% 이상을 차지하며, 러시아와 국경을 맞대고 있는 카자흐스탄은 러시아 쪽으로 기울고 있고, 미국 등으로부터의 경제 지원을 기대하는 우즈베키스탄은 미국 쪽으로 기울고 있다.

중앙아 국가들의 한 가지 공통점이라고 할 수 있는 것은 모든 나라가 일방주의적 태도를 보이고 있는 미국과 가급적 좋은 관계를 유지하려 하고 있는 반면, 중국에 대해서는 그다지 호의적이지 않다는 점이다. 중앙아는 지리적으로 만주-몽골-중앙아시아-킵차크볼가강-돈강평원-헝가리로 이어지는 '초원의 길' 중심에 위치해 있다. 중앙아시아는 아직도 우리가 뚫고 들어갈 곳이 많다. 우리의 미래는 남북통일을 통해 사실상의 도서국가 상태를 면하는 한편, 대륙 철도와 도로를 연결하여 중앙아시아·카스피해 지역의 석유, 천연가스, 우라늄 등 전략 에너지 자원과 농산 자원을 가져오고, 이 지역을 우리 시장으로 만들 수 있느냐 여부에 달려 있다고 할 수 있다.

유라시아 물류기지 중앙아

우즈베키스탄은 톈산고원과 파미르고원에서 발원하는 시르다리아와 아무다리아로 에워싸인 인구 3,500만 명의 중앙아 최대 국가다. '다리아'는 터키 계통 언어로 강江을 의미한다.

우즈베키스탄은 카자흐스탄, 아프가니스탄 등 중앙아시아 6개국 모두와 국경을 접하고 있는 지리적 중심 국가다. 타슈켄트우즈베키스탄의 수도 공항은 중앙아시아 허브공항이다. 제2의 도시 사마르칸드 부근 나보이에는 유라시아 물류기지가 있다. 브레진스키 박사도 인용한 바와 같이, 중앙아시아에는 고대로부터 "아무다리아와 사르다리아 사이의 땅트란스 옥수스을 지배하는 자가 중앙아시아를 제패하고, 중앙아시아를 제패하는 자가 인도 대륙과 이란·메소포타미아를 지배한다."는 말이 전해져 왔다. 역사상으로도 셀주크터키제국, 티무르제국, 무굴제국 및 오스만터키제국이 모두 우즈베키스탄에서 기원한 나라들이다.

우즈베키스탄에는 1937년 스탈린에 의해 연해주 등지로부터 강제 이주당한 고려인과 그 후손 25만 명이 거주하고 있다. 독립국가연합CIS 거주 고려인 절반이 우즈베키스탄에 몰려 살고 있다.

우즈베키스탄은 천연가스, 석유, 우라늄, 금 등 풍부한 지하자원을 보유하고 있다. 국제원자력기구IAEA 최근 보고서에 의하면, 우즈베키스탄의 27개 광상鑛床에 분포된 우라늄의 가채 매장량은 약 20만 t으로 세계 4위 규모이며, 연간 우라늄 생산량은 1,800t으로 세계 5위라 한다.

우즈베키스탄은 투르크메니스탄에 이은 중앙아시아·카스피해 지역 제2의 천연가스 생산국으로, 추정 매장량은 80~90조㎥에 달한다. 우즈베키스탄은 적은 량의 국내 소비분을 제외한 천연가스의 대부분을 러시아, 카자흐스탄, 키르기즈 등 외국으로 수출하고 있다. 우즈베키스탄은 중장기적으로 미국, 투르크메니스탄과 함께 아프가니스탄 통과 파이프라인을 건설하여 자국산 천연가스를 파키스탄이나 인도의 인도양 항구를 통해 한국, 일본, 중국 등 동아시아 국가로 수출하려 하고 있다. 천연가스는 가스가 기체라는 특성상 수요가 있어야 개발할 수 있다.

우리나라 외교가 장차 지향해야 할 방향이 미국·일본·유럽축과, 아세안·인도·중동축, 그리고 극동러시아·중앙아시아·서부러시아축이라면, 우즈베키스탄은 극동러시아·중앙아시아·서부러시아를 연결하는 지정학적 중심국가로 우리가 중장기적 차원에서 염두에 두고 관계를 강화해 나가야 할 대상이다.

우즈베키스탄 등 중앙아·카스피해 지역 국가들과의 관계증진을 위해 최고위층의 방문이 필요한 시점이기도 하다. 중앙아와 같이 동북아 지역에서도 미국, 중국, 러시아, 일본 등 열강의 이해관계가 대립하고 있다. 중국이 고구려사를 자국 역사에 포함시키려 하고, 일본이 독도 영유권 주장을 강화하고 있는 데서 알 수 있는 것처럼, 중국과 일본에는 배타적 민족주의가 화두로 등장하고 있다.

생존·번영키 위해서는 스스로 강해져야

10년, 20년 후의 동북아시아는 한층 더 강력해진 대륙세력 중국과 미국을 등에 업고 중국에 대항하려는 해양세력 일본이 맹렬한 기세로 충돌하는 일대 격전장이 될 가능성이 있다.

우리 민족의 발전에 큰 장애가 되고 있는 북한을 조속히 통합하지 못하고, 강력한 중국과 미국을 등에 업은 일본 간 경쟁이 한층 더 격화될 경우 남한은 해양세력권으로 북한은 대륙세력권으로 분리될 가능성도 있다. 고구려 멸망 이후 고구려 유민의 일부는 신라에, 다른 일부는 발해에, 나머지는 당나라와 돌궐突厥, 투르크에 흡수되어 별도로 발전해 갔던 역사가 있다. 19세기 중엽 남진하는 러시아와 종주국이던 이란 사이에 끼여 갈팡질팡하다가 급기야는 남부는 이란에 영구 병합당하고, 북부만이 옛 소련 붕괴 이후에야 겨우 독립할 수 있었던 아제르바이잔의 과오를 오늘을 사는 우리는 되풀이하지 말아야 한다.

최근 우리 사회 일각에서 미국보다 중국을 더 가까이 해야 한다는 목소리가 나오고 있다. 우리가 아무리 중국과 가까이 하려 해도 중국은 아직 미국이 제공하는 경제·안보이익을 제공해 줄 능력이 없다. 민주 제도도 갖고 있지 않다.

우리가 중국 영향권으로 편입될 경우, 지리적 인접성과 중국의 경제적 흡인력 및 문화적·인종적 유사성이 우리의 자주독립에 어떤 영향을 미칠지는 조선과 명나라 간 관계를 보면 쉽게 알 수 있다. '먼 나라와 가까이 하고, 가까운 나라와는 선린우호善隣友好 관계를 유지'하는 것은 중국 최초 병법서인 태공망서太公望書 이래 모든 나라의 외교·국방정책의 기본이다.

상대적으로 작은 나라가 상호 의존적인 세계 질서 속에서 자주적 외교·안보정책을 추진하기 위해서는 고도의 외교 기술과 외교 담당자에 대한 전폭적인 지원이 필요하다. 미국과의 동맹을 우선시할 경우에도, 필리핀에 대한 미국의 우월권과 한반도에 대한 일본의 우월권을 맞교환한 태프트·카쓰라 밀약1905이 증명하듯이, 스스로 강해지지 않고서는 결코 민족의 생존과 번영을 보장받을 수 없다는 것을 깊이 인식해야 한다.

자기 민족 포용 않는 국가에 미래 없다2004년

'로마는 하루아침에 이루어지지 않았다.'는 말이 있다. 로마는 로마의 울타리 안에 들어오고자 하는 주변 모든 민족들을 포용함으로써, 작은 도시국가에서 출발하여 서유럽, 북아프리카와 동지중해 연안을 영토로 하는 대제국으로 발전할 수 있었다. 세계 유일의 초강대국 미국 역시 유럽과 아시아, 아프리카 등으로부터 이주한 사람들로 구성된 복합사회이다. 미국은 외부 세계에서 받아들인 새 구성원들을 통해 새로운 생각과 문화를 받아들이고, 끊임없이 자기혁신을 해 나감으로써 오늘날과 같이 강대국으로 발전할 수 있었다.

우리 사회는 매우 배타적이다. 그것은 우리 민족이 역사, 문화, 언어, 핏줄 등 모든 면에서 갖고 있는 동질성에 기인한다고 볼 수 있다. 한국 국민이 갖고 있는 동질성은 다른 어느 나라 국민보다도 높다. 민족의 순수도, 사람들의 선호도, 관심거리, 가치관 등이 대동소이한 정도가 불과 수백만의 인구를 가진 국가보다 높다. 한국의 인구는 5,200만 명이며, 북한 인구까지 합치면 8,000만 명 가량이 되는데, 이는 세계 14위에 해당한다. 한국남한만으로 세계 12위의 경제력 보유이 평화적으로 남북통합을 달성하면, 몇 년이 지나지 않아 독일 정도의 국제적 위상을 확보할 수 있다. 남북통합에 방해가 되는 요소는 무엇인가? 필자는 그중 하나를 우리가 가진 지나친 배타성이라고 본다.

필자가 근무하는 우즈베키스탄은 유라시아 대륙 한 가운데에 위치하고 있어 고대로부터 동-서양 문명의 교통로 역할을 해 왔다. 대상隊商 활동과 전쟁과 정복, 이주를 통해 다양한 인종들이 우즈베키스탄에 모여 살게 되었다. 우즈베키스탄에는 우즈벡인은 물론 타직인, 러시아인, 카자흐인, 타타르인, 키르키즈인, 고려인, 그리스인, 폴란드인, 독일인, 몽골인 등 각양각색의 120여 개 민족이 거주하고 있다. 고려인은 약 25만 명으로 우즈베키스탄 총인구의 1% 미만이다. 1937년 스탈린은 당시 연해주에 거주하던 고려인들이 일본군을 지원할 것을 우려한 나머지 이들을 황무지나 다름없던 중앙아로 강제 이주시켰다. 당시 고려인과 함께 볼가 독일인과 유태인 등도 중앙아시아로 강제 이주당했다. 오늘날 중앙아시아와 러시아에는 약 50만 명의 고려인이 살고 있다.

우즈베키스탄으로 강제 이주 당한 고려인들은 반사막 황무지에 물길을 만들고, 늪지대를 개간하여 논밭을 일구었다. 옛소련 시절 연방 내 분업구조에 따라 우즈베키스탄은 면화와 쌀농사 등 농업부문에 특화하였다. 근면한 데다가 우수한 농업기술을 갖고 있던 고려인들은 상대적으로 높은 소득수준을 누릴 수 있었다.

옛 소련 해체 이후 러시아 수입시장의 붕괴와 우즈베키스탄 정부의 농산물 수매가격 하향조정 및 우즈베키스탄 경제의 부진으로 인해 고려인들의 생활수준은 저하됐다. 우즈베키스탄 정부는 우즈벡화Uzbekization 정책을 추구하면서, 우즈벡어를 유일 공식 언어로 채택했다. 이에 따라, 우즈벡어를 구사하지 못하는 고려인은 행정부, 군대, 경찰 등 공공부문뿐만 아니라 민간기업에서도 간부로 진급하기 어렵게 됐다. 이로 인해 상당수의 고려인들이 농사를 지을 수 있으며, 어느 정도 판로도 확보된 남부 러시아와 우크라이나 등으로 이주하고 있다. 영사과에 근무하는 류바Lyuba와 총무과에 근무하는 나탈리Nataly, 한국국제협력단KOICA 우즈베키스탄 사무소에 근무하는 인나Inna 등 필자가 매일 얼굴을 마주하는 사람들이 모두 고려인들이다. 그중 류바는 아버지만 고려인이다. 류바와 인나는 한국에서 공부하고 싶어 한다. 이들은 필자에게 한국도 미국이나, 일본과 같이 외국 가운데 하나로 느껴진다고 종종 말한다. 고려인들 대부분이 한국에 가고 싶어 하나 돈이 없고, 우리 정부가 쉽게 입국을 허락하지도 않는다.

에티오피아에 살던 검은 유태인들을 살리기 위해 에티오피아의 전 독재자 멩기스투에게 수천만 달러를 지불하고, 특별기를 동원하여 이들을 이스라엘로 공수해 온 이스라엘 정부의 민족정책까지는 아니더라도, 같은 핏줄을 타고난 고려인을 지금과 같이 대하는 것은 남북통합에 부정적인 영향을 미친다. 한인들은 1860년대 연해주 일대에 정착했으나 1937년 8월 21일 소련 공산당 서기장 스탈린의 한인이주 명령에 따라 1938년 봄까지 중앙아시아로 옮겨졌고, 이 중 60%는 다시 이주 당했다. 해외 교포의 수는 약 740만 명에 달한다. 남북한을 합한 인구의 10분의 1에 조금 미달하는 숫자다. 미국, 캐나다, 호주 교포들과 같이 자발적으로 이민한 사람들도 있지만, 중앙아시아나 중국, 일본 교포들과 같이 가난이나 일제의 압제를 피해 이민한 교포들도 있다. 재미, 재일 동포들과 같이 우리나라보다 잘 사는 국가들에 거주하는 교포들도 있지만, 고려인, 조선족 등 해외교포의 3분의 2 이상은 우리보다 가난한 나라들에 거주하고 있다. 분단시대를 사는 우리의 중요한 국가목표 중의 하나는 남북통합이다. 남북통합을 이루기 위해서는 북한 동포들에 앞서 현실적으로 가능한 고려인과 조선족을 먼저 끌어안아야 한다. 우즈베키스탄으로 강제 이주 당한 소수민족 가운데 독일인과 유태인은 거의 대부분 독일이나 이스라엘로 이주했으며, 러시아인들도 러시아로 돌아가고 있다. 고려인만 모국으로부터 외면받고 있다.

중국은 국가통합을 유지·강화키 위해 자국 거주 소수민족이 세운 고대·중세 국가의 역사도 자국사로 취급하고 있다. 일본은 19세기 말 20세기 초 남미로 이주한 일본인의 후손도 받아들이고 있다. 멸망한지 1,336년2019년 현재 1,351년이나 지난 고구려의 역사는 소중히 생각하면서 같은 시대를 사는 고려인과 조선족을 외면하는 것은 모순이다. 고려인과 조선족을 받아들이지 못하는 우리 국민들의 정서는 이해하기 힘들다. 우리 외교의 방향이 일본-미국-유럽축과 아세안-인도-중동축 및 중국-중앙아시아-러시아축이 되어야 한다고 볼 때 고려인과 조선족은 우리 외교의 소중한 자산이다. 우리가 고려인들을 받아주어야 중앙아시아와 러시아에 남게 될 고려인들도 한국에 대해 한층 더 애정을 갖게 될 것이다.

우리 사회는 빠른 속도로 고령화하고 있다. 출산율2018년 0.987 도 매우 낮다. 고려인과 조선족은 우리 사회의 새로운 활력 요소가 될 수 있다. 러시아어를 자유자재로 구사하는 고려인과 중국어를 유창하게 구사하는 조선족은 우리 사회를 보다 다양하고 풍부하게 할 것이다. 200만 명의 조선족과 50만 명의 고려인도 포용하지 못하면서 어떻게 남북통합을 달성할 것인가?

북한 주민 수의 10분의 1에 불과한 고려인과 조선족을 포용하지 못하는 사회가 남북통합 이후에 밀어닥칠 북한 주민들은 어떻게 감당해 낼 것인가? 독일은 통독이라는 어려운 시점에서도 독일 이주를 희망하는 중앙아 독일인들을 모두 받아들였으며, 이스라엘은 '테러와의 전쟁' 와중에서도 원하는 유태인들을 모두 받아들였다. 자기 민족도 포용하지 못하는 국가에는 미래가 없다. 로마는 어제까지 적으로 싸웠던 사람들까지 국민으로 포용했다.

Ⅱ. 중동의 키key 이라크 신동아 2002년 11월

2002년 10월 초 미국 휴스턴 한 호텔에서는 미국과 러시아 간 색다른 회담이 열렸다. 미국과 러시아 석유산업 관계자들이 머리를 맞대고 이라크 유전에 대한 이권을 조정하고 미·러 양국이 협력하여 세계 원유시장을 안정시키는 방안을 협의했다. 미국 정부 인사들이 러시아, 중국, 프랑스, 독일 등 이라크 공격에 미온적인 국가들을 설득하느라 동분서주하던 그때에, 막후에서는 사담 후세인 이후 이라크 유전에 대한 이권 분할문제가 협의되고 있었다. 이라크 공격에 아랍권은 물론 미국의 기존 동맹국들도 협력을 망설인다. 군사적 위험도 크지만 상당한 정치·경제적 부작용이 예상된다. 그럼에도 미국은 왜 이라크를 공격하려 하는가? 이라크는 어떤 나라이고, 미국과 이라크의 관계는 어떠했는지 알아보기로 하자.

이라크 북부 기독교 교회

미국의 괴뢰傀儡 사담 후세인

이라크는 인류 문명이 탄생한 '비옥한 초승달'의 중심지 메소포타미아에 위치한 이슬람 국가다. 4,041만 명 인구 가운데 아랍계가 75%이고, 고대 미디아인의 후손 쿠르드계가 20%, 앗시리아인, 투르크멘인, 예지디족, 아람인 등이 나머지를 차지한다. 이라크는 고대에는 수메르, 바빌로니아, 앗시리아의 중심지였고, 중세에는 사라센과 몽골계 일한국의 중심지였다. 미국과 사담 후세인간 관계는 1963년으로 거슬러 올라간다.

1963년 미국 중앙정보국CIA이 친소련 카셈 정권을 붕괴시키기 위해 아메드 알 바크르al-Bakr와 사담 후세인이 주도한 바트BAATH당 쿠데타를 지원한 것이다. 1차 쿠데타는 실패로 끝나고 후세인은 이집트로 망명했다. 1968년 31세에 불과한 후세인은 마침내 2차 쿠데타를 성공시켜 부통령으로 취임했다. 이슬람 혁명으로 인해 이란에 대한 영향력을 상실한 미국은 1979년 대통령을 승계한 후세인을 사주하여 혁명 후 혼란에 처한 이란을 공격하게 했다. 우호관계를 유지해오던 미국과 이라크는 후세인이 핵무기 등 대량살상무기WMD를 개발하고 이스라엘에 대해 극도의 적대적 정책을 펴면서 악화됐다. 후세인이 더 이상 미국의 괴뢰대변자가 되기를 거부한 것이다.

강력한 전차군단을 동원하여 '비옥한 초승달' 지역을 통일한 신바빌로니아 네부카드네자르느부갓네살 대왕의 선례를 따라 중동 통일에 나선 후세인은 1990년 8월 쿠웨이트를 기습, 점령했다. 미국은 쿠웨이트가 이라크에 넘어갈 경우 석유 에너지에 의존하는 세계경제가 위험에 빠지게 될 것이라고 판단했다. 이에 미군을 중심으로 한 연합군이 1991년 초 이라크군을 격파하고 후세인으로부터 사실상의 항복

을 받아 냈다. 그러나 여기서 멈추지 않았다. 제1차 대對이라크 전쟁
이 종식된 지 10년이 경과한 2001년 9월 11일 중동지역을 다시 한 번
전쟁의 소용돌이에 빠지게 할 사건이 중동이 아닌 미국에서 발생했
다. 미국의 경제력과 군사력을 상징하는 뉴욕 국제무역센터와 워싱턴
국방부 건물이 동시에 테러리스트들의 공격을 받은 것이다. 9·11 테
러 이후 미국 지도자들은 미국의 안전을 확보하기 위해서는 세계전략
을 수정하고 테러의 근본 원인을 제거해야 한다고 생각했다.

중동의 쐐기 이스라엘

미美정부는 빈곤한 아랍 국가들에 경제 원조를 하고 동東예루살렘을
수도로 하는 팔레스타인 국가 창설을 지원해야 한다는 일부 진보적
인사들이 주장한 문제 해결 방식보다는 군사적 해결방식을 택했다.
미국의 첫째 목표는 중동문제의 주요 고리인 이라크로부터 대량살상
무기를 제거하는 것이다. 그러나 이라크가 생화학무기를 제외한 대
량살상무기를 제조 또는 보유하고 있는지 여부는 확인된 바 없다. 그
런데도 미국이 이라크 공격을 서두르는 이유는 다음과 같이 해석된
다. 현재 확인된 세계 석유 매장량의 65%가 페르시아만을 비롯한 중
동에 부존되어 있다. 메소포타미아 유전지대의 총 매장량은 사우디아
라비아와 카스피해 지역에 이어 세번째 규모로 알려져 있다. 제2차 걸
프전쟁1990~1991 이후 미국 등 서방의 봉쇄조치로 사실상 개발이 중단
된 이라크의 유전을 신기술로 개발할 경우 1일 600~700만 배럴까지
생산해 세계 원유시장을 좌우하게 된다. 중동 문제 전문가들은 이라
크를 공격하려는 미국 지도부의 배후에는 미국 석유 메이저들과 군산
복합체가 자리 하고 있는 것으로 분석한다. 미국 석유 메이저들은 러

시아와 프랑스 석유회사들에게 넘어간 이라크 유전에 대한 이권을 되찾고 싶어 한다. 또 미국이 이라크를 공격하려는 배경에는 급속히 강대국으로 부상하고 있는 중국 견제라는, 더 큰 이유도 숨어 있다. 과거 독일이 소련을 침공하고 일본이 진주만을 기습하여 태평양전쟁을 일으킨 것도 유전 확보를 노려서다. 이라크를 공격하려는 미국 지도부의 의중에 이라크 석유 통제권 확보가 내포되어 있다는 것은 조금도 이상한 일이 아니다.

중국은 1993년 원유 순수출국에서 순수입국으로 바뀌었다. 중국의 대도시와 공업지대는 주로 연안에 있다. 이에 반해 중국의 주요 유전은 일부를 제외하고는 신장, 북만주 등 공업지대와는 거리가 먼 내륙에 분포해 있다. 운송비용을 감안할 때 연해 도시와 공장들에는 동남아나 중동산 원유가 오히려 싸다. 중국 경제가 연 9~10%의 속도로 계속 성장한다면 원유 수입량이 매년 10%씩 늘어날 것이다. 이런 비율로 나아갈 경우 2005년에는 47%, 2010년에는 65% 정도를 해외에서 수입해야 한다. 고도의 경제성장을 지속해 나가기 위해서는 원유 등 에너지 수급문제가 우선 해결되어야 한다. 중국이 수입하는 원유 가운데 중동산 석유는 1997년 48%에 이르렀다. 2010년에는 80%에 달할 전망이다. 중국도 내심으로는 후세인이 제거되고 중동지역이 하루빨리 안정을 되찾기를 기대하고 있다. 그러나 다른 한편 중국은 미국이 이라크 공격에 성공하여 이라크 유전에 대한 통제권을 장악할까 봐 두려워한다. 미국이 이라크 유전을 장악하게 되면 중국의 대對미국 석유 의존도는 한층 더 높아질 것이다. 천안문 사태 여파로 인해 서방으로부터 각종 제재를 받던 1991년 중국은 이라크 공격과 관련, 미국이 주도한 10개의 유엔 안전보장이사회 결의안에 모두 찬성표를 던

진 바 있다. 미국의 국익이 걸린 중요한 국제 문제에 중국이 'No'라고
말하기는 당분간 어려울 것이다.

　이스라엘이 중동지역에서 미국의 가장 중요한 동맹국임을 부
정할 사람은 없다. 『문명의 충돌』로 유명한 새뮤얼 헌팅턴Samuel
Huntington에 의하면, 이스라엘은 이집트, 사우디아라비아 등의 친서
방 정권이 붕괴되고 중동지역이 혼란에 빠질 경우 미국을 직접 지원
할 능력이 있는 유일한 중동국가라 한다. 이스라엘은 미국이 중동에
박아놓은 쐐기인 셈이다. 1982년 레바논 침공 때까지 이스라엘의 전
쟁 상대는 이집트, 시리아, 요르단, 레바논 등 인접국들이었다. 그러
나 1979년 이란의 팔레비 샤 정권이 붕괴되고 1988년 제1차 걸프전
이란-이라크 전쟁이 끝난 이후 이스라엘의 주적主敵은 이라크와 이란으
로 바뀌었다. △아랍민족주의, △사회주의, △세속주의secularism를 주
장하는 바트BAATH당이 집권하면서 이라크가 아랍국가들의 맹주를
자임하고 나섰다. 아랍민족주의를 내세운 이라크와 유태국가의 말살
을 추구하는 이란 신정체제의 등장은 이스라엘에 크나큰 위협이었다.
고대 유태국가를 멸망시킨 신바빌로니아와 페르시아 제국의 후손들
이 다시 적대세력으로 등장한 것이다. 중동의 안정을 위협하는 팔레
스타인 문제의 핵심은 예루살렘의 지위와 팔레스타인 난민의 귀환이
다. 이스라엘인들에게 예루살렘은 유태교 신전神殿 자리가 있는 민족
의 탯줄 같은 곳이다. 팔레스타인인들도 예루살렘을 결코 양보할 수
없다. 이슬람교 선지자 마호메트가 승천한 곳으로 알려진 예루살렘은
이슬람교의 3대 성지 가운데 하나이기 때문이다.

　이스라엘은 2만 770㎢ 면적에 900여 만 명 인구가 거주하는 인
구 과밀국이다. 팔레스타인은 600만 명에 달하는 난민 중 귀환을 원

하는 전원을 받아달라고 이스라엘에 요구하고 있는데, 이스라엘의 국토면적을 감안할 때 이는 도저히 수용할 수 없다. 팔레스타인은 이란 및 아랍국가들의 지원을 배경으로 이스라엘에 동예루살렘을 수도로 하는 팔레스타인 독립국가를 세울 수 있게 해달라고 줄기차게 요구해 왔다. 압도적인 군사력을 가진 이스라엘은 자살공격을 앞세운 팔레스타인의 저항을 철저히 진압해왔다. 그러나 팔레스타인은 이란 및 아랍국가들의 지원과 피압박 민족이라는 대의명분을 바탕으로 이스라엘에 맞서고 있다. 이스라엘과 팔레스타인 모두 상대방을 철천지 원수로 증오할 수밖에 없는 상황이다. 중동 문제 전문가들은 팔레스타인 문제는 결코 해결될 수 없으며 더 이상의 악화를 방지하는 관리 management만 가능할 뿐이라고 본다. 미국이 계획하고 있는 이라크 공격과 팔레스타인 문제는 어떤 관계가 있을까? 미국이 2002년 초 북한과 함께 이란, 이라크를 '악의 축'으로 지목한 것은 두 나라가 테러단체를 지원하는 한편, 핵무기와 생화학무기 등 대량살상무기를 개발하고 있다고 의심해서다. 이란과 이라크는 국토의 면적, 인구수, 자원부존량 등 여러 측면에서 이스라엘을 위협할 수 있는 잠재력을 갖고 있다.

사담 후세인과 이란의 이슬람주의자들은 유태국가를 지구상에서 없애버리겠다고 여러 차례 공언했다. 이스라엘의 장래를 우려하고 있는 미국 내 유태인 커뮤니티는 미국 정부에 이라크와 이란에 강력히 대응할 것을 요구해왔다. 리버만 상원의원 등 유태계 정치인들은 부시 행정부에 이라크에 대한 강경책을 주문했다. 유태인들의 유전자에는 '바빌론 유수幽囚', 디아스포라離散에 대한 공포가 흐르고 있다.

아버지와 아들

미국이 이라크 공격을 밀고 나가는 것은 아버지 부시 대통령이 끝내 해결하지 못한 두통거리를 반드시 해결하고야 말겠다는 아들 부시 대통령의 집념 때문으로 이해된다. 또 다른 이유 중 하나가 이란 문제다. 시아파 이란은 특유의 저항의식으로 수니파인 역대 오스만터키 황제들이 제일 큰 골칫거리로 여겼을 정도다. 이란은 미국에도 크나큰 고민을 던져주고 있다. 공산주의가 지구상에서 사실상 사라진 지금 이슬람 근본주의는 미국이 주장하는 신자유주의와 극명하게 대립되는 사상이다. 후쿠야마가 말한 '역사의 종말'을 굳게 믿고 있는 미국 지도자들에게 이란식 이슬람 신정은 목불인견目不忍見 체제이다. 이란은 미국의 경제봉쇄 조치로 인해 경제력이 약화된 상황인 데도 수 백 명의 군사고문단을 레바논, 수단, 보스니아 등에 파견하여 군사 훈련을 지원하는 등 노골적인 반反미국, 반反이스라엘 정책을 펴고 있다. 미국의 이라크 점령은 이란의 옆구리에 비수를 들이대는 형국이 될 것이다. 이란은 이미 동에서 아프가니스탄, 북에서 아제르바이잔, 남에서 사우디아라비아와 카타르에 주둔하는 미군에 포위되어 있다. 미군의 이라크 장악은 이란 신정체제 지도자들을 공포에 빠뜨릴 것이다. 미국은 이란을 포위함으로써 혼란과 변화를 유도하려 할 것이다. 그러면 미국이 과연 이라크를 공격할 것인가? 만약 공격한다면 언제 어느 방향으로, 얼마큼의 군사력을 동원할 것인가? 미국이 이라크를 공격하리라는 것은 어느 정도 예견되고 있다. 9·11테러 이후 새로운 세계 전략 아래 영구 평화체제를 구축해온 미국에 대량살상무기 개발을 시도하고, 산유국 쿠웨이트를 점령하며, 반反이스라엘 정책을 취하는 한편, 테러단체에 동조해온 후세인은 탈레반 다음의 목표가 될 수밖에 없다.

미국의 이라크에 대한 공격 여부는 이라크의 대응 태세보다는 미국 내 여론과 의회의 태도 등 국내 사정과 이라크 공격을 반대하거나 협력을 주저하는 러시아, 독일, 프랑스와 이슬람 국가들의 태도에 영향 받을 것이다. 여론과 의회가 지지할 경우 세계여론과 유럽 일부국가가 목소리 높여 반대한다 해도 미국은 이라크를 공격할 것이다. 독일은 미국이 이라크를 공격할 경우 쿠웨이트 주둔 독일 화생방부대를 철수할 것이라고 선언하는 등 미국에 맞서고 있다. 전통적으로 유럽 대륙에서 프랑스가 하던 일을 독일이 대신하고 있다. 요시카 피셔 독일 외무장관은 이라크가 알카에다와 연계되어 있다는 구체적인 증거가 없다면서 이라크 공격에 반대한다.

이라크 공격과 관련하여 러시아의 최대 관심사는 러시아가 미국의 이라크 공격을 반대하지 않는 대신 그루지야 내 판키시 계곡에 도피한 체첸 게릴라 진압에 대해 미국의 양해를 얻는 것이다. 러시아는 또한 이라크와 일일 생산량 50만 배럴 규모의 유전과 400억 달러 규모의 상업계약 체결 및 무기시장을 유지하고 싶어 한다. 러시아 민족주의자들은 푸틴 정부가 미국의 ABM탄도탄요격미사일협정 탈퇴와 NATO의 중동유럽 확대를 용인하고 중앙아시아-코카서스 미군 주둔을 양해하는 등 크게 양보했으나, 러시아가 얻은 것은 별로 없다고 비난하고 있다. 러시아의 이라크 내 이권이 엄청나고 보수파들이 친미정책을 반대하고 있지만 러시아는 미국과 타협할 것이다. 한편 중국은 2001년 4월 자국 전투기와 미국 정찰기간 충돌로 발생한 '하이난섬 사건'에도 불구하고 지속적으로 미국과 관계를 개선해왔다. 그 덕분에 2008년 올림픽을 유치하는 데 성공했다.

터키남부 앗시리아 기독교회

2010년 상하이 세계박람회를 유치하려는 등 경제개발에 주력하고 있는 중국에는 국제정세의 안정이 무엇보다 중요하다. 신장 위구르족의 테러에 직면한 중국은 이라크와 위구르족 문제가 반테러라는 동일선상에서 다루어지기를 원한다.

이슬람 세계의 분열

국민 여론과 의회의 지지를 얻을 경우 미국 정부는 러시아, 중국, 프랑스, 독일 등을 설득하거나 압박하여 어떠한 방식으로든 이라크 공격에 대한 명시적 또는 묵시적 동의를 이끌어 낼 것이다. 이와 관련, 럼스펠드 국방장관은 우방국이나 적국에 주춤하지 않고 공세적으로 나아가는 자세를 보여야 하며, 약하게 보이면 적국의 공격을 초래하거나, 우방국의 지원을 얻지 못한다고 믿는 것 같다. 대부분의 이슬람국가가 명시적으로는 이라크 공격에 반대하지만, 급진 이슬람 근본주의자들로부터 내부에서 공격받고 있는 사우디아라비아, 이집트 등은 미국과 장기간 불편한 관계를 유지할 형편이 못된다. 카타르, 바레인, 쿠웨이트 등 걸프 소국들은 군사안보를 미국에 의존하고 있다. 이들은 군사기지를 제공하는 등 미국의 이라크 공격에 협조할 수밖에 없다. 한편, 이란 지도부는 이라크에 공격 구실을 주지 말라고 요청하는 등 적극적 중립정책을 취하고 있다. 이라크 다음의 목표가 자국임을 잘 알기 때문이다.

미국은 2만 명 이상의 미군을 이미 이라크 주변에 배치했다. 또 터키에 공군기지 이용 및 지상군 영토 통과허가를 요청했다. 파월 국무장관은 지난 10월 초 이라크 북부 쿠르디스탄을 방문하여 쿠르드족 의회에 참석했다. 쿠르드족이 미국의 동반자임을 선언한 것이다. 파월은 이 자리에서 이라크의 장래에 대한 계획을 쿠르드족과 공유한다고 천명했다. 이런 정황으로 미루어 미국은 공습과 함께 지상군과 쿠르드족 민병대를 활용하여 사담 후세인 정권을 전복하기로 결심한 듯하다. 쿠르드족 의회는 독립헌법을 의결했다.

쿠르드족은 고대 미디아 왕국 이후 수천 년간 한 번도 독립했던 적이 없다. 쿠르드족 출신 살라딘살라흐 앗-딘이 이집트에 아이유브 왕조를 세웠을 뿐이다. 쿠르드족은 이라크 북부와 터키 동남부, 이란 서부, 시리아 북동부, 그리고 소수가 아르메니아와 아프가니스탄 등에 흩어져 살고 있다. 그렇다 해서 그들이 이번 사태를 계기로 독립할 수 있을지는 의문이다. 왜냐하면 2,000만 쿠르드족의 절반 이상이 거주하고 있으며, 미국의 주요 동맹국인 터키, 그리고 시리아가 자국 영토 통합과 안정에 심각한 위협이 될 쿠르드 독립국가 창설에 결코 동의하지 않을 것이기 때문이다.

이라크는 북부와 동부 산악지역 일부를 제외한 거의 전 국토가 사막기후로 몹시 더운 까닭에 겨울철을 제외하고는 군사작전이 쉽지 않다. 남부의 바스라는 여름철 기온이 섭씨 50도를 넘기도 한다. 미군의 이동 특성, 기후 등을 고려할 때 금년 크리스마스 무렵 또는 내년 초가 이라크 공격 시점으로 적당하다는 관측이 나오고 있다. 미국은 공습 및 함포 사격과 함께 지상군과 쿠르드족 민병대가 남쪽과 북쪽 요르단으로부터 동시에 바그다드로 진격할 것이다. 미군의 작전은 로마군과 몽골군의 주특기였던 밀집 포위 공격이 될 것이다. 후세인은 미국이 공격할 경우 바그다드에서 시가전을 벌이겠다고 공언하고 있으나 이라크 군부가 패배가 예정된 독재자에게 계속 충성을 바칠지는 미지수다. 더구나 미 지상군과 쿠르드족 민병대가 투입될 경우 바그다드 시가전도 오래 지속되지는 못할 것이다.

포스트Post 후세인

그러면 미국은 사담 후세인 이후의 이라크를 어떻게 할 것인가. 바스라 중심의 시아파 남부와, 바그다드를 중심으로 한 중부, 북부의 쿠르디스탄으로 분할·독립시킬 것인가?

미국이 이라크를 분할할 경우 발칸반도에서처럼 소국분열이 우려되며 종족 간 갈등은 한층 심화할 것이다. 이라크 쿠르드족이 독립할 경우 터키 동남부와 이란 서부 쿠르드족 지역이 불안해지고 중동은 다시 혼란에 빠질 개연성이 있다. 그러나 미국이 이라크를 점령할 경우 아랍세계는 총체적 무력감에 빠지고, 지원세력을 상실한 이슬람 테러단체의 활동 역시 수그러들 수밖에 없을 것이다. 그러나 다수 중동 전문가들은 미국의 이라크 공격은 중동을 더 큰 혼란에 빠뜨릴 가능성이 높다고 본다. 이는 수니파 근본주의 집단 IS의 대두로 증명되었다. 수니파 출신 후세인이 시아파 주도 이란의 서진西進을 막아왔다는 점을 들어 후세인이 축출되고 나면, 이란이 한층 더 팽창할 가능성이 크다 한다. 일부 외교 전문가들은 미국이 중동질서의 완전한 재편을 기도하고 있다고 본다. 즉 요르단에 팔레스타인 독립국을 세워 팔레스타인 문제를 해결하고 이에 대한 보상으로 요르단의 하시미트 왕가에 이라크 대부분을 넘겨주려 한다는 것이다. 이는 가능성이 크지 않아 보인다.

미국의 이라크 공격으로 중동이 심각한 혼란에 빠져들 가능성이 크다. 이라크는 국경 밖으로 전쟁을 확산시킬 군사력을 가지고 있지 못하지만, 연쇄반응을 일으킬 가능성이 있기 때문이다. 경제적 측면에서 미국의 대對이라크 전쟁은 세계경제의 안정을 저해하는 요인으로 작용할 수 있다. 석유 가격은 현재보다 10~20% 상승할 것으로 전망된다. 이라크 전쟁은 세계의 물류를 방해하고 민간소비를 위축시킬 것이다. 9·11테러 이후 국가 간 자본의 흐름이 감소하고 있는데 이로 인해 브라질 등 일부 개도국이 다시 경제위기를 맞을 가능성도 있다. 우리는 어디에 서야 하는가? 국익이 걸린 문제에 감상적 접근은 금물이며 국민정서에 의존하는 외교는 실패하기 마련이다. 한때 지중해와 동부유럽, 중동의 패자覇者였던 오스만터키가 1차 세계대전을 앞두고 국민과 일부 지도자들의 친독일 성향 때문에 큰 이해관계 없던 독일을 지원, 결국에는 국가 자체가 해체되고만 뼈아픈 사실을 염두에 두어야 할 것이다. 미국은 2003년 3월 있지도 않은 대량파괴무기(WMD) 보유를 이유로 이라크를 공격했으며, 사담 후세인은 축출된 후 살해되고, 재스민 혁명과 수니 과격파 IS 출현, 시리아와 예멘 내전 등 중동의 혼란은 계속되고 있다.

III. 아프가니스탄 전쟁과 카스피해 석유 중앙매거진. 2002년 10월

9·11 테러가 일어나기 불과 50여 일 전인 2001년 7월 23일, 세계 제2의 유전지대인 카스피해에서 일촉즉발의 전운戰雲이 감돌았다. 1990년 8월 옛 소련으로부터 독립한 신생국 아제르바이잔이 중동의 전통 강국 이란의 군사위협에 강경대응하면서 전쟁 위기로 치달은 것이다. 이날 이란은 함정과 헬기를 동원하여 아제르바이잔의 수도 바쿠 동남방 300km 지점에 위치한 알로브Alov 유전지대에서 석유탐사 중이던 영국 BP사 시추선에 위협사격을 가했다. 이란은 뒤이어 아제르바이잔과의 접경지역으로 지상군을 전진 배치했다. 그러자 아제르바이잔도 강력히 반발하고 나섰다. 사실 아제르바이잔은 이란에 정면 대응할 처지가 못 되었다. 아제르바이잔은 독립 직후 자국령 내에 위치한 아르메니아인 거주 지역 나고르니 카라바흐Nagorno Karabakh의 영유권을 둘러싸고 벌어진 아르메니아와의 전쟁에서 패해 14,000km²의 영토를 점령당한 상태이다. 그럼에도 불구하고 아제르바이잔이 이처럼 강력하게 이란에 반발할 수 있었던 배경에는 석유와 함께 터키계의 종주국 터키가 있다. 정확히 말하자면 카스피해 석유자원에 대한 영향력을 유지하려는 미국·영국과 터키가 아제르바이잔 뒤에 버티고 있었던 것이다. 아니나 다를까 사건이 일어나자 미국과 터키는 즉시 아제르바이잔을 지지하는 성명을 발표하였다.

이 사건으로 인해 미국과, 미국으로부터 '악의 축'의 하나로 지목된 이란의 관계는 한층 더 악화됐다. 이 사태는 표면적으로는 더 이상 아무런 상황도 발생하지 않은 채 묻혔다. 이 사태는 미국이 9·11 테러를 응징한다는 명분으로 일으킨 아프간전쟁의 실체를 파악할 수 있는 단초를 제공한다.

카스피해 석유와 9·11

카스피해 지역에서 일촉즉발의 전운이 일다 사라진 50여 일 뒤, 미국 본토에서 9·11 테러가 터졌다. 미국은 즉시 '테러와의 전쟁'을 선포하고, 한 달여가 지난 2001년 10월 8일 아프간 공습을 감행했다. 주목해야 할 부분은 외견상 테러의 배후로 지목된 오사마 빈 라덴과 알 카에다에 대한 응징처럼 보이는 아프간 전쟁의 이면에 또 다른 미국의 세계전략적 의도가 숨겨져 있다는 것이다. 바로 카스피해 지역의 풍부한 석유자원과 중앙아 지역에 대한 군사교두보 확보였다. 아프간 전쟁의 '또 다른 이유'를 따라 카스피해 지역을 다시 한 번 살펴보자. 소피 마르소가 본드걸로 출연한 007 시리즈 영화 〈the world is not enough〉의 무대이기도 한 카스피해는 일본 면적과 유사한 37만㎢로 세계 최대의 짠물 호수鹽湖다. 현지 주민들은 7~10세기경 러시아 남부 평원과 트랜스 코카서스를 영역으로 한때 사라센 제국과 패권을 다투었던 터키계西突厥係 하자르족의 이름을 따서 '하자르해'라고 부른다. 러시아·이란·카자흐스탄·아제르바이잔·투르크메니스탄 등 5개국에 둘러싸인 카스피해와 그 주변 지역에는 페르시아만 다음 가는 세계 제2위 규모 2,500억 배럴의 원유와 수조~수십조㎥의 천연가스가 매장되어 있는 것으로 추정되고 있다.

이에 따라 미국의 Exxon-Mobil·Unocal·Amoco, 영국의 BP, 프랑스의 Total-Fina, 러시아의 LUKoil 등 국제 석유 메이저들은 1990년대 초반부터 약 250억 달러를 투자하여 카스피해 연안국들과 함께 원유·천연가스 채굴과 이를 수송할 파이프라인 건설 프로젝트를 추진 중이었다. 특히 미국은 이란과 러시아를 견제하고, 이스라엘이 유일한 이슬람권 우방국이던 터키로부터 원유를 직접 공급받을 수 있게 하는 한편, 친미 성향인 조지아그루지야의 러시아에 대한 에너지 의존도를 낮출 수 있도록 하기 위해 영국·터키·아제르바이잔 등과 함께 카스피해와 지중해를 연결하는 바쿠-트빌리시-제이한BTC 파이프라인 건설 프로젝트를 주도적으로 추진하고 있었다. 이와 함께 터키의 협력하에 우즈베키스탄-아제르바이잔-그루지야를 연결하는 동서 방향의 세력권 구축을 시도해 왔다. 여기에 카자흐스탄·투르크메니스탄·아프가니스탄·타지키스탄·키르기스스탄을 포함한 '트랜스 카스피해 영향권'을 구축하여 유라시아 회랑corridor인 이 지역을 자국 세력 범위 내에 넣고자 했다. 이를 통해 미국은 세계 제2의 유전지대인 카스피해 지역에 대한 영향력을 증대시키고, 눈엣가시인 이란의 세력확장을 저지하며, 러시아의 영향력을 중앙아시아카스피해 지역으로부터 점차 줄여나가는 한편, 중국의 서진西進을 막고자 했던 것이다.

제2의 발칸 코카서스

이 가운데 특히 아제르바이잔은 소위 '제2의 발칸'이라고 불리는 중앙아시아카스피해 지역의 '지정학적 목구멍'에 위치한다. 아제르바이잔의 바쿠 유전은 19세기부터 개발되기 시작해 제2차 세계대전 때는 소련의 주요 원유 공급기지 역할을 했다. 유명한 스탈린그라드 전투도 바쿠를 점령하기 위한 독일군의 전격전Blitzkrieg에서 비롯되었다. 이러한 배경으로 인해 9·11 테러는 '문명 간 충돌Clash of Civilizations'이라는 이름으로 분식粉飾되기도 하는 탈레반·알카에다 같은 '급진 이슬람 근본주의 세력'의 도전으로 인식되면서 미국 등 서방에 대한, 현존하는 최대의 위협임을 다시 한 번 확인시키는 계기가 되었다. 결국 9·11 테러는 또한 미국의 기존 카스피해 전략을 변경하지 않을 수 없게 하였다. 2001년 10월 8일 미군의 공습과 함께 시작된 아프간전쟁은 수니파 이슬람 근본주의 세력인 탈레반과 알카에다의 패배로 끝났다. 1979년 소련군의 개입 이래 20년 이상 계속된 내전으로 황폐화돼 있던 아프가니스탄은 이번 전쟁으로 완전 초토화됐다. 그 결과 한때 탈레반군과 알카에다군에 쫓겨 타지키스탄 국경까지 밀려났으며 카리스마적 지도자 마수드Ahmmad Shah Masoud마저 자살 폭탄 테러로 잃어버린 타직계 북부동맹Northern Alliance군이 수도 카불에 복귀했다. 이어 카불에는 아프가니스탄 최대 종족인 파슈툰Pashutun·Afghan족 출신으로 한때 미국에 거주했고, 지금도 상당수의 친족들이 미국에 거주하는 카르자이Hamid Karzai를 대통령으로 하는 친서방 정부가 수립되었다. 아프가니스탄은 파슈툰아프간족, 타직족이란계, 우즈벡족, 하자라족몽골계 등으로 구성되어 있다. 아프가니스탄에는 미국의 그림자가 짙게 드리워져 있다. 지난 9월 5일 칸다하르에서 대낮에 시도된 카르자이 대통령에 대한 암살 기도마저 미군 호위병이 저지할 정도다. 그만큼 카르자이 정부는 미국·영국·독일·터키 등 국제사회의 군사·경제적 지원 없이는 단 며칠도 버틸 수 없을 만큼 취약한 것으로 알려지고 있다.

CIA가 만든 탈레반

아프가니스탄의 상황을 보다 자세히 이해하기 위해서는 이로부터 몇 년을 더 거슬러 올라가야 한다. 1992년 나지불라 공산정권을 붕괴시키는 데 성공한 이슬람 무자헤딘 군벌들은 곧 권력투쟁을 벌여 아프가니스탄 전역을 극도의 무질서로 몰고 갔다. 카불·칸다하르·헤라트·마자레 이 샤리프 등 주요 도시들에서는 하루도 총성이 멎는 날이 없었다. 이러한 혼란을 종식시킨 세력이 피난지인 파키스탄 서북부 코란학교마드라사스 출신들로 구성된 '이슬람학생운동Students of Islamic Knowledge Movement' 즉, 탈레반Taliban이었다. 탈레반 전문가인 라시드Ahmed Rashid에 의하면 오마르Mohammed Omar 포함 탈레반 지도부는 종족적으로는 아프간족이고, 사회계층적으로는 룸펜 프롤레타리아이며, 종교적으로는 수니파 이슬람 근본주의인 와하비즘Wahabism을 신봉한다 한다. 미국은 1989년 2월 옛 소련군을 아프가니스탄에서 축출하는 데 성공하자 곧 아프가니스탄에 세력 부식을 시도했다. 카스피해와 중앙아시아 지역의 석유자원을 손에 넣고자 함이었다. 인도양과 중앙아시아를 연결하는 회랑corridor에 위치한 아프가니스탄은 카스피해산 석유 수송을 위한 파이프라인 건설에 절대적으로 필요했기 때문이다. 미국의 목표는 석유자원 확보 외에 또 하나가 있었다. '악의 축'으로 규정한 이란 포위였다. 이란은 1979년 이란혁명 과정에서 '인질 사건'으로 미국에 일대 치욕을 안겨준 바 있고, 이후 미국의 대對중동-중앙아시아 정책에 사사건건 딴죽을 걸고 있었다.

『문명의 충돌』로 유명한 새뮤얼 헌팅턴Samuel Huntington이 그의 저서 『21세기 일본의 선택Japan's Choice in the 21st Century』에서 밝혔듯이 이란은 지정학적 위치로 인해 어떠한 체제를 택하든 중동-중앙아시아 지역에서 미국의 이익과 충돌할 수밖에 없는 나라이다. 이란은 타지키스탄이나 아프가니스탄이란어 계통 다리어 사용 지역과는 언어·역사·문화 및 인종적 유사성 내지 동질성을 갖고 있는 데다 큰 바다로 나가는 해항海港이 없어 원유 수출에 어려움을 겪는 투르크메니스탄 등이 지역 신생국들에 페르시아만 항구와 철도 이용권을 제공하는 방식으로 중앙아시아 지역으로의 영향력 확대를 추구해 왔다. 아프가니스탄의 혼란은 석유자원 확보와 이란·러시아 견제라는 세계전략을 추진하던 미국에는 결코 유리하지 못했다. 미국의 시선은 곧 신흥 세력으로 부상하던 탈레반을 주목하게 됐다. 미국은 친이란 무자헤딘 세력이 아프가니스탄을 장악하는 것을 막기 위해 탈레반 세력을 이용하기로 하고 탈레반 지원에 나섰다.

카르자이 정부와 대립하고 있으며, 무자헤딘 정권 하에서 총리를 지낸 바 있는 친이란파 이슬람 근본주의자 헤크마티야르Gulbuddin Hekmatyar는 미국 중앙정보국CIA이 1994년 상반기 파키스탄 정보부와 함께 탈레반을 조직하고 이들에게 군사 원조를 제공하여 1996년 9월 카불에서 무자헤딘과 대치하는 정권을 수립할 수 있게 하였다고 주장한다. 처음 탈레반의 진격 속도는 눈부셨다. 1994년 11월 지도자 오마르의 고향 남부 전략요충지 칸다하르에 처음 모습을 드러낸 탈레반은 1995년 9월 이란과의 접경지역에 위치한 헤라트를 차지했고, 1996년 9월에는 수도 카불을 점령해 새 정권을 수립했다. 탈레반의 공세는 계속되었다. 탈레반은 카불 입성 채 2년이 지나지 않은 1998년 8월 우즈베키스탄과의 접경지역 발흐박트리아주 주도州都이자 군사요충지 마자레 이 샤리프를, 이어 9월에는 굽타 양식의 석불상摩崖佛으로 유명한 몽골계 하자라족 중심도시 바미얀을 손에 넣었다. 수니파인 탈레반은 마자레 이 샤리프에서 시아파인 하자라족 출신 8,000여 명을 학살했다. 수니파 근본주의자 오마르는 2000년 5월 이슬람을 모욕하는 우상偶像이라는 이유로 바미얀 석불상을 로켓포를 동원하여 완전 파괴했다. 2001년 9월 초에는 '판지르 계곡의 사자'로 불리던 북부동맹의 카리스마적 지도자 마수드를 암살하는 데 성공하여 아프가니스탄 통일을 눈앞에 두었다.

이 기간 동안 미국은 CIA와 석유메이저 Unocal(United Oil of California)을 중심으로 탈레반을 지원했다. 미국은 심지어 마수드에게 탈레반에 빨리 항복하라고 권했다. 파키스탄·사우디아라비아·아랍에미리트UAE 등도 탈레반 지원에 동참했다. 파키스탄은 자국민 상당수가 탈레반 지도부를 구성하고 있는 파슈툰아프간족이라는 점을 살려 아프가니스탄을 후방기지화하기 위해 탈레반 정부를 승인하고 군사원조를 제공했다. 파키스탄은 2001년 10월 8일 미국의 아프가니스탄 공습이 개시된 이후에도 탈레반에 몇 차례 특사를 파견해 미국과 탈레반 간 중재를 시도하는 등 탈레반의 생존에 강한 집착을 보였다.

사우디아라비아와 아랍에미리트UAE는 수니파 근본주의 이슬람인 와하비즘을 신봉하는 탈레반이 시아파 이슬람 근본주의 국가이자 아라비아 반도로 영향력 확대를 추구하고 있는 이란을 배후에서 견제해 줄 수 있는 세력이었던 데다, 국내 이슬람 근본주의 세력도 무마하기 위해 탈레반을 승인하고 경제원조도 제공했다. UAE, 바레인은 이란과 페르시아만 유전 지대 몇몇 도서에 대한 영유권 분쟁을 벌이고 있다.

아프가니스탄 통과 파이프라인

미국으로서는 '악의 축' 이란을 포위하고, 카스피해 산 원유를 이란을 거치지 않고 해외로 수출하기 위해서는 아프가니스탄을 경유하는 파이프라인 건설이 필수적이었고, 이를 위해서는 아프가니스탄 정세가 조속히 안정되어야 했다.

미국은 탈레반이, 1996년 9월 카불에서 퇴각한 뒤 북부동맹 Northern Alliance으로 재편된 무자헤딘군을 단기간 내에 제압하고 아프가니스탄을 안정시키기를 기대하였다. CIA는 빈 라덴Osama bin Laden이 1996년 8월 이집트·사우디아라비아·알제리·수단·체첸·방글라데시 출신 등으로 구성된 알카에다 병력 7,000~8,000여 명과 함께 수단에서 아프가니스탄으로 건너가자, 그를 이용하여 러시아로부터의 독립을 요구하는 체첸 반군을 암암리에 지원하기도 했다. 탈레반은 카불 입성 후 점차 미국의 기대를 배반해 갔다. 탈레반은 우즈베키스탄-타지키스탄 국경 지역까지 밀려난 타직계 북부동맹군을 소멸시키지 못했을 뿐만 아니라, 알카에다 지도자 빈 라덴과 함께 아프가니스탄을 수니 이슬람 근본주의 수출기지로 만들어 나갔다.

그러다 총 301명이 사망한 1998년 8월 7일 케냐와 탄자니아 주재 미국대사관에 대한 폭탄테러 참사와 함께 미국의 전략은 수정이 불가피하게 되었다. 이에 앞선 1998년 2월 빈 라덴은 "유태인과 십자군에 저항하는 세계 이슬람의 지하드"를 발표하여 미국 등 서방과 이스라엘, 부패한 이슬람 정권을 아울러 심판하자고 주장했다.

케냐 및 탄자니아 주재 미국대사관에 대한 폭탄테러 공격의 배후에 빈 라덴의 알카에다가 있다는 것을 확인한 미국은 그해 8월 20일 알카에다 기지로 간주되는 아프가니스탄 몇몇 지역에 대한 미사일 공격을 감행했다.

악화되어 가던 미국과 탈레반의 관계는 9·11 테러 사건으로 극도의 긴장상태에 돌입했다. 탈레반이 9·11 테러의 배후로 알려진 빈 라덴 인도를 거부하자, 미국은 10월 8일 아프가니스탄 공습을 개시했다. 미군의 공습과 북부동맹군의 지상군 공격에 맞서 항전하던 탈레반과 알카에다는 전쟁 개시 2개월이 지나지 않아 헤라트·바미얀·마자레 이 샤리프·카불·쿤두즈·잘랄라바드·칸다하르 등 전략 거점들을 차례로 내주고, 파키스탄에 인접한 아프간 동부 산악지역으로 후퇴해 간헐적으로 저항하고 있다. 미군은 2011년 5월 특공대를 동원하여 파키스탄 수도 이슬라마바드 외곽에 은신해 있던 빈 라덴을 사살했지만, 탈레반은 아프가니스탄에서 꾸준히 세력을 회복하고 있다. 2019년 7월 현재까지도 아프가니스탄은 혼란에서 벗어나지 못하고 있다.

|참고문헌|

가노 요코(양지연 역), 『왜 전쟁까지』, 사계절, 2018.

김명호, 『중국인 이야기』, 한길사, 2015.

김종대, 『노무현 시대의 문턱을 넘다』, 나무와 숲, 2010.

김한규, 『티베트와 중국』, 소나무, 2002.

런즈추·원쓰융(임국웅 역), 『후진타오』, 들녘, 2004.

문재인, 『대한민국이 묻는다』, 21세기북스, 2017.

문정인, 『중국의 내일을 묻다』, 삼성경제연구소, 2010.

밀워드 제임스(김찬영·이광태 역), 『전쟁의 역사』, 천일문화사, 2013.

박태균, 『한국 전쟁』, 책과 함께, 2007.

백범흠, 『중국』, 늘품플러스, 2010.

송민순, 『빙하는 움직인다』, 창비, 2016.

시오노 나나미(오화정 역), 『국가와 역사』, 혼미디어, 2015.

외교부, 『중국 개황』, 2017.

외교부, 『미국 알기』, 2017.

유인선, 『베트남과 그 이웃 중국』, 창비, 2016.

이수혁, 『북한은 현실이다』, 21세기 북스, 2011.

이용준, 『게임의 종말』, 한울, 2010.

이종석, 『칼날 위의 평화』, 영신사, 2014.

이진호·김종현·김우람, 『합동성 강화를 위한 무기체계』, 북 코리아, 2015.

자오쯔양(장윤미·이동화 역), 『국가의 죄수』, 에버리치홀딩스, 2006.

정재호, 『중국의 부상과 한반도의 미래』, 서울대학교 출판문화원, 2011.

조세영, 『봉인을 떼려하는가』, 아침, 2004.

천지센(홍순도 역), 『누르하치』, 돌베개, 2015.

최금란, 『추억의 하늘에서 반짝이는 별들』, 연변인민출판사, 2010.

최명해, 『중국·북한 동맹 관계』, 오름, 2009.

최영진, 『新조선 책략』, 김영사, 2013.

클레멘스 클레이(권영세 역), 『서독 기민당/기사당의 동방 정책』, 나남, 2009.

태영호, 『3층 서기실의 암호』, 기파랑, 2018.

한명기,『병자호란, 푸른 역사』, 2017.

한용섭,『국방정책론』, 박영사, 2014.

한우성,『아름다운 영웅 김영옥』, 북 스토리, 2017.

Bolton, John,『Surrender is not Option』, Simon & Schuster, 2007.

Burleigh, Michael,『The Third Reich』, Pan Books, 2001.

Diamond, Jared,『Guns, Germs & Steel』, Norton Paperback, 1999.

Freedman, Thomas,『From Beirut to Jerusalem』, Anchor Book, 1995.

Halberstam, David,『The Coldest Winter』, Hyperion, 2007.

Hopkirk, Peter,『The Great Game』, Kodansha International, 1994.

Jacques, Martin,『When China Rules the World』, Penguin Books, 2009.

Kaplan, Robert,『The Revenge of Geography』, Random House, 2012.

Kim, Byung-Yeon,『Unveiling the North Korean Economy Collapse
and Transition』, Cambridge, Uni. Printing House, 2017.

Kinross, John,『The Ottoman Centuries』, Perennial, 2002.

Kundnani, Hans,『The Paradox of German Power』, Oxford Uni.
Press, 2015.

Marshall, Tim,『Prisoners of Geography』, Elliot & Thompson, 2015.

Morgenthau, Hans,『Politics among Nations』, Random House, 1985.

Oberdorfer, Don,『The Two Koreas』, Basic Books, 2001.

Schäuble, Wolfgang,『der Vertrag』, Deutsche Verlags-Anstalt, 1991.

Yergin, Daniel,『The Prize』, Free Press, 1992.

Zelikow, Philip & Rice,『Condoleeza, Germany Unified and
Europe Transformed』, Harvard Uni. Press, 2002.